甲午战争

——一个意大利人的记述

〔意〕弗拉基米尔 著
孔祥文 译
孔祥茹 校订

2018年·北京

Vladimir

THE CHINA-JAPAN WAR COMPILED FROM JAPANESE, CHINESE, AND FOREIGN SOURCES

Charles Scribner's Sons, 1896

根据美国斯克里布纳之子出版公司1896年版本译出

致我的读者们

我写这本书的主要目的就是把这场战争叙述得既清晰又有趣。这个目的是不容易达到的。关于一场战争的历史叙述必须是完整而真实的,并且要达到一定的深度,而且还必须要具有一定的专业水平。而且当涉及带有费解名称的遥远之地时,就要冒着使大多数读者感到莫名其妙和乏味的风险。因此我不得不尽可能地避免对细节进行过多的描述,只提到少数地名和人名以保持与叙述相一致和明了。我只采用了一小部分搜集到的资料来达到这个目的。这些资料是从所能接触的来源中获得的,有中国方面和日本方面的记述,还有外国人的报道,无论这些外国人是在场,或是在军舰上,还是在陆地上。我首先承认应归功于日本的军事出版物,至少到目前为止,没有这些出版物,就不可能编写出一篇关于这场战争的有见地的报道。日本同时从海陆两方面提供了大量而丰富的有关战争的文献资料,但这并不是这场战争中最令人感到震惊的事情之一。除了众多的小册子以外,还有两种随着战争进程而定期出版的刊物,这两种刊物在战争结束前已出版过数辑。它们所包含的每一条与战争有关的信息都是非同寻常的,对于能使公众对战争进程有所了解的每一细节都进行了详细的记载。

我对日本方面资料的偏重不会影响叙述的公正性——因为日本人对待他们的对手比对待他们的同胞更加公正。在胜利者一方的历史记载中,总是比在失败者一方的历史记载中更容易找到真相。前者对待自己更冷静,对于事件的了解更清楚,而且会更加努力做到公正。

导　言

不要认为中日战争是两个奇特国家之间的远距离较量中的一场；只有为了满足对陌生事物有好奇心的读者，才对中日战争感兴趣。这场战争是一个已经产生重大影响，并且有望产生更大影响的事件，而且被列为本世纪①重大事件之一。事实上，从其规模、性质以及影响的持续性来看，我们认为它将成为本世纪的重大战争。在第一次战斗发生后的几个月里，我们发现这场战争迅速地改变了公众的看法。日本——一个被嘲笑为可怜的小精灵——总是模仿任何事物，尽管这种模仿是一种矛盾的、浮躁的模仿，而且是没有任何结果的、孩子般的模仿。世界震惊地发现这个被认为只是"徒有其表"的文明国家已经拥有了与欧美实力相当的海军和陆军。它的胜利因无法想象而更加辉煌。那些研究远东，形成西方对远东的认识的严肃作者，没有一个考虑到日本的军事力量；所有重要的关注都集中在中国，中国被认为是大英帝国的联盟，唯一有足够力量可以抵制俄国在远东军事扩张的国家。所有这些文章都是关于中国这个东方巨人潜在的军事力量，而日本却被视为风情画意之国。

从这些资料中形成自己观点的人们认为，这场战争在开始的时候是可笑的。他们禁不住嘲笑小小的日本胆敢跟中华帝国较量的念头（但他们忘了大部分欧洲国家，无论在人口上还是在幅员

---

① 本书中所出现的"本世纪"指的是19世纪。——译者注

上都不及日本）。而且，当考虑到两种力量在数量上的不同时，这些普遍性的谬误就貌似成理。数量比质量更容易使人判断，因为它不需要耗费更多的脑力。那些研究日本历史的人，用仔细的眼光，哪怕是短短一瞥，走遍这个国家的人，了解受过教育的日本人的人，对这场战争的前景形成一种大不相同的认识。他们指出，日本一直是一个好战的国家，日本人甚至阻止了处于巅峰时期的蒙古人对日本的占领，日本在最近二十年里所完成的进步不是虚假的①，而是扩展到整个民族和整个国家的进步；在另一方面，中国从来就不喜欢战争，它在本世纪与欧洲军队相遇时，就总是扮演一个可怜的小角色。然而，即使是最钦佩日本的国家以及日本政治家们，都没有料到日本会取得一系列如此辉煌的胜利。

没有人怀疑日本军人们的勇敢，但是这场战争向世界展现了日本陆海军将领们的战略能力和冷静。为了公正地评价日本的优点，了解它吸收外国文化的速度，有必要记住目前这场战争是日本在最近三百年的对外战争中，首次尝试采用西方新式武器和战术。尽管如此，每一样东西都应用得娴熟，仿佛是在进行常规军事演习。但是，平心而论，有一点要多加注意，在朝鲜和满洲②进行作战所需要的兵员、武器弹药和战争物资等，所有这一切都必须通过海上运输，这对日本的运输系统来说困难重重，但是日本人冷静地面对这些困难，没有费任何力气就克服了这些困难。有机会得以目睹大批日军登陆的场面的欧洲军官们承认：训练有素并得到有效运输保障的西方军队是不会比日本军队做得更好。

---

① "最近二十年"指的是19世纪最后二十年，即日本明治维新时期。——译者注
② 满洲，满族的旧称。1635年皇太极改女真为满洲，辛亥革命后称满族。旧时指我国东北一带。——译者注

这些意想不到的胜利的秘诀可以从日本古代和当代的历史中窥见一斑。几个世纪以来，岛国的孤立和封建制度使日本人养成忠诚的情感，坚定不移地把自己的一切奉献给首领，由此而发展成为一种英勇的坚韧不拔的和好战精神。在最近二十五年中，日本引入各项先进科学和西方先进事物。由此，当日本决定将自己的全部力量投入对外战争时，它已经拥有一批为效忠天皇和维护国家尊严而随时准备乐于迈向死亡的军人，还拥有得益于从西方数百年来的战争所获取的经验，学习在拿破仑（Napoleon）和毛奇（Moltke）时代臻于完善的军事学的军官和将领。

日本还从与它毗邻的中国及与中国的长期交往中获得了巨大的好处，它从中国接受了早期文明和文字。这些独特的中国文字——它们表达的是意思而不是读音，就好比阿拉伯数字，从芬兰到葡萄牙，它们的意思相同，读音不同——能使受过教育的日本人即使在他们不能读出一句话的情况下，也能看得懂中国人的书籍和文章。这种共同的文字媒介不仅有利于研究敌对国家和敌军，而且在作战过程中有数不尽的好处。所有通过文字来传输的信息都可以轻易地获得，既不必担心错误，又不需要解释，唯一需要的则是与文盲和无知的人进行沟通。这种快速获取信息的方法在战争中可以获得很大的好处，每一种知识都是成功的重要因素。正是由于这种原因，日本在对中国的战争中，取得了比英国和法国更大的胜利。

当我们关注日本军队辉煌胜利的同时，我们不能忽视日本军队的辉煌胜利是由中国的相应弱点所激发的。这个国家，虽然拥有悠久的历史，却很少拥有辉煌的军事胜利：它经常被比它小的民族征服。在两个半世纪前，它被一个强悍的北方少数民族——

满洲所征服。中国人的教育和公众的观点都倾向于不鼓励任何国家好战的倾向。军人职业受到歧视；身列军人阶层的满洲官吏级别通常低于文职；兵丁被认为是最下等的人，也是一种不体面的称呼，而且也不适合当兵。在这种情况下，中国士兵不甚勇敢是很自然的事情，而且他们总是不情愿把自己的生命献给对他们的贡献不屑一顾的祖国。他们的饷银少得可怜，而且经常被狡诈的上级所克扣；对于残废和阵亡的士兵来说，抚恤金也少得可怜，甚至不提供医疗救护和对伤员的照顾。一场战争的结束对于在危险时刻匆匆入伍的人来说，通常就意味着被遣散。

中国的下层阶级也不喜欢战争，而且也不被鼓励好战。上层阶级对西方文明几乎一无所知并且厌恶它，他们把它的到来视为他们寡头政治衰落的一种先兆。他们认为，他们的体制得以存在的唯一希望就是使老百姓继续处于愚昧状态。这不仅发生在其他国家，而且发生在中华帝国的其他省份里。所有谋取自由的尝试完全被窒息；不允许修建铁路，甚至也很少在国内修建良好的普通道路，以至于水路就成为能游遍中国更多地方的普遍方式。在知识领域中甚至更加糟糕：大部分所谓有学问的中国人，他们的无知是不可想象的；他们缺乏在西方被认为是受教育者所必备的，已经在彻底改变欧美人思想的所有科学分支中产生清晰的普遍原理的数学教育。在中国，唯一的军事考试则是拉硬弓、举重和剑术。

如果我们留心所有这些同时制约两国行动的事实，我们就会发现这场远东战争不单纯是一场两个国家之间的战争，而是过去和现在，西方文明和衰落的古老东方文明的零星幸存者之间所进行的一场战争；是阿伽门农（Agamemnon）在特洛伊（Troy）战争中运用的战术和毛奇所能构想出的战术之间的碰撞。

虽然我们认为中国是一个过去的胜利者，但我们不要认为它会持久地扮演它的角色：它对古代世界的崇拜与其说是对昔日伟人的一种由衷依怀，不如说是为了避免变革所带来的困境的一种遁词。它从不遵循过去伟人们的教导行事，世界上可能没有哪一个国家如此缺乏古代遗迹——而事实上它们简直可以说是完全缺乏。而且有必要消除因无知而产生的错误认识：中国从未改变；几乎没有哪一个国家经历过这么多的政治变迁兴衰。它的历史包括二十四个朝代①，许多朝代是在外族的血腥征服下才得以建立的。每一次政治变迁带来的是服装、习俗以及内部管理上的重要变革。一般人认为日本可能比中国更加保守，因为它在整个历史过程中只有一个朝代，内部的变迁远远少于它的邻国；同时它崇拜古代伟人，他们的英雄事迹仍存在于现在民众的心中。

关心远东的作家普遍把着重点放在将来会威胁世界的不可思议的和让人畏惧的过程——"中国的觉醒"。这些关于未来的推测使他们无法认识到将来真正要发生的事情——日本的觉醒：这是一个种族的现象，日本已经在那美丽的海上故乡沉睡了几个世纪，一串串的岛屿让人想起了希腊，它几乎被周围世界所遗忘，除了偶然到来的佛教传播者、朝鲜艺术家或者被波涛丢过来的欧洲人；它突然唤醒了一种意识，并在世界上占有一席之地，它坚信自己将成为一个辉煌而光荣的国家。

---

① 实际上中国历史上并不止二十四个朝代，作者可能误把中国二十四史当作二十四个朝代的史书，所以有"二十四个朝代"之说。——译者注

目　录

第一部分　有关朝鲜问题的历史

第一章　三国历史关系的梗概 3

　忽必烈大汗舰队 10
　丰臣秀吉入侵朝鲜 13

第二章　朝鲜近代历史梗概 20

第三章　战争爆发前的突发事件 30

　刺杀金玉均 30
　东学党 34
　中国陆军 41
　中国海军 47
　日本陆军 51
　日本海军 58

第二部分　朝鲜战役

第一章　战争爆发...........65

日军攻占朝鲜王宫...........65

丰岛海战...........68

第二章　第一次军事行动...........75

牙山之战...........75

宣　战...........81

亚瑟港和威海卫前的海军示威...........84

第三章　平壤之战...........86

初步叙述...........86

混成旅的行动...........93

朔宁支队的行动...........97

主力师团的行动...........99

元山支队的行动...........100

平壤和中国军队...........101

第四章　进攻平壤 103

混成旅 103
朔宁支队和元山支队 106
主力部队 111
中国军队撤退和平壤陷落 112

第三部分　中国会战

第一章　海洋岛海战 117

第二章　第一军入侵中国 134

渡过鸭绿江 134
第五师团的行动 140
第三师团的行动 141

第三章　摄政王之剑半岛之战 145

第二军登陆 145
攻占金州和大连湾 147
攻占亚瑟港 154

第四章　第一军在满洲 168

　　第五师团或第一军的右翼 168
　　第三师团或第一军的左翼 172

第五章　第二军的前进 182

第六章　威海卫之战 187

第七章　第一个议和使团 209

第八章　满洲战斗的继续 212

第九章　第二个议和使团 221

结　尾 225

附　录 229

　　附录A　日使大鸟劝韩廷厘治纲目 229
　　附录B　开战前中日政府有关朝鲜问题的信件 232
　　　第一号 232
　　　第二号 233
　　　第三号 233
　　　第四号 234

第五号...235
　　第六号...235
　　第七号...236
　　第八号...237
　　第九号...238
附录C　高升号毁灭幸存者之陈述.................................239
　　汉纳根大尉关于高升号商船被日本军舰击沉之证言.....243
　　沉没的高升号的大副证言.................................248
　　高升号船长高惠悌之证明.................................255
附录D　两国宣战诏书...259
　　日本宣战诏书...259
　　中国宣战诏书...260
附录E　关于在上海引渡两名日本人之报告.........................261
附录F　伊东祐亨和丁将军往来之书信.............................265
　　信件1：伊东祐亨致丁将军.................................265
　　信件1：丁将军致伊东祐亨.................................267
　　信件2：伊东祐亨复丁将军.................................267
　　信件2：丁将军复伊东中将.................................268
　　信件3：伊东祐亨致北洋水师总督书.........................268
附录G　威海卫投降协定...270
附录H　牛道台（昶昞）与伊东往来之书信.........................272
　　牛昶昞与伊东往来之书信一.................................272
　　牛昶昞与伊东往来之书信二.................................272
附录I　广岛和平会议...273
　　译文一...273

译文二..273
译文三..274
译文四 备忘录..275
译文五..275
译文六..276
译文七..276
译文八 备忘录..278
译文九..279

附录J 停战条款...282
附录K 和平条约之文件（摘自北京和天津时报）..........284
 和平条约日本首次之草稿...................................284
 中国之回复..288
 中国被要求明确表达之提案.................................295
 中国拟改和约底稿...296
 日本对于拟改和约之建议和降低要求之回复...............300
 日本之最后通牒...303
 中国最后抗议和请求......................................304
 日本之最后答复...305

第一部分

有关朝鲜问题的历史

第一章　三国历史关系的梗概

　　导致中日之间爆发战争的朝鲜问题是有其深刻的历史渊源的，为了更进一步地理解它，了解三国之间的相互关系是绝对必要的。

　　中国、朝鲜和日本是一组由某种特殊纽带联系起来的国家。对欧洲的读者来说，要理解它们之间的关系是有困难的。这不仅是因为它们在地理上接近，以及它们所共同拥有的诞生于中国北部并逐渐传播到朝鲜和日本的古代文明；而且也不仅是因为佛教的扩散——中国从印度接受了佛教，并将其传播到它的东方邻国，佛教使它们有了彼此关联的感觉，而主要是因为汉字的应用。汉字创制于中国，然后传播到朝鲜和日本，并沿用至今，尽管这两个国家都有自己的拼音文字。汉字不表示读音，它们主要是用来表达思想和目的，尽管在这三个国家里它们的发音是完全不同的，但却成为这三个国家进行交流的媒介。把这个事实清楚地介绍给不了解汉字的读者是有困难的，但是下面一些发生在西方的类似事情可能会对读者有某些帮助。所有的欧洲国家都使用阿拉伯数字，尽管在大陆上的每一个国家有不同的发音，但是旅行者能明白商店门牌号码和火车发车的时刻，虽然他不会用别国的发音来读这些数字。这些事实存在于欧洲，也同样存在于远东的文字之中。一个受过良好教育的中国人、日本人或朝鲜人，尽管他不能用对方的语言读出来，但同样明白任何两个邻国所书写的每一句话的含义。这种共同的交流媒介，尤其适用于那些通过文字来表达和传递的较高级的思想形式。可能正是因为这个自然的、小小的共同点，使得国家之间形成了一种更深层次的联系。

事实上，这三个国家的人民在身体和头脑方面是非常不同的：日本人是朝气蓬勃的、爱好艺术的和好战的，并且随时准备接受外国的先进事物；大部分中国人是安静、勤劳、平和并反对变革的；朝鲜人在经历了几个世纪的压迫之后，对任何不了解他们的外国人，都表现出某种迟钝和漠不关心。除了通过文字和宗教输入的文化外，三个国家的语言在结构上也是不相同的。现代日文充满了汉字和汉语表达，但这些汉字和汉语表达如同英语里有许多法语和拉丁语词汇，波斯语中有许多阿拉伯语词汇一样，只是对一种方便的现成文字的借用，虽然这可以增加人们思想交流上的储备，但它并不影响语言的结构。

根据中国的传统，朝鲜拥有它自己的文明，甚至拥有自己的政权，一位名叫箕子的中国政治流亡者，于公元前1100年前迁入此地。在那儿，他建立了一个名叫朝鲜（朝日鲜明）的国家，与现在的朝鲜并不等同，它只包括现在朝鲜的北部；但在另一个方面，现在中国的一部分也包括在它的版图之内。半岛的南部被分成几个部分，这几个部分在随后几个世纪的战争中，连同朝鲜（后来被北部的入侵者改名为高丽①）在10世纪形成了一个国家。在这个统一完成之前，朝鲜不得不多次进行对外战争，这些战争

---

① 此处"高丽"应为高句丽。——译者注

经常是由于交战中的一些地区要求中国或日本的帮助而挑起的。

中朝之间最持久和最恐怖的战争发生在隋朝（581—618）和唐朝（618—907）①。臭名昭著的隋炀帝，在位期间下令挖掘大运河。他因纵情酒色、残酷和保护文化而著称。他计划从海陆两路发动大规模的侵略战争。第一次远征据说调动了30万军队，途中遇到灾难。陆军在雨季中行军，因辽东②无法逾越的沼泽地而改变路线；由于粮草供给车无法前进，军队被饥饿和瘟疫所摧毁。海军从山东莱州港出发，途中遇到了风暴，大部分船只在风暴中被摧毁。隋炀帝没有因失败而气馁，再次准备更大规模的远征。他那颗已被扰乱的心似乎怀着一种庞大而不正常的需求；乱伦和弑亲玷污了他所获得的宝座；世界上最大的人工杰作之一——大运河的开凿耗费了他的臣民的生命，这条运河历经数年才得以完成；如果历史学家没有夸大的话，炀帝聚集了中国庞大的军队投入朝鲜战场。据说大约有上百万的军队远征朝鲜。然而他们所获甚少。这支行动笨拙的军队的不同部队之间拥挤不堪，在防守坚固的朝鲜城市前寸步难进。一名将军曾经到达首都（现在的平壤），但他中了计，错误地认为朝鲜军队的人数超过了自己，在朝鲜军队不断骚扰进攻和自身供给缺乏的情况下，他下令撤退，随后撤退变成了一场溃散。海军也曾抵达朝鲜首都。由于他们对周边军队的疏忽，也开始撤退。像这样庞大的军队如此惨败是不可想象的。由此可见，可能是历史学家们夸大了军队的数量，或是只有很少的一部分军队曾经抵达朝鲜，而主力部队却在路上逃跑

---

① 此处作者误写成汉朝（Han）。同时，误将隋、唐两朝的始迄时间写作（589—618）和（618—905）。——译者注

② 位于中国东北，靠近朝鲜。

了。即使在排除这些因素之后，它也肯定是一场巨大的军事灾难。尽管炀帝仍旧坚持他的侵略计划，但他没能在有生之年实现这一目标——一群阴谋者，再也无法忍受他的暴政，结束了炀帝的性命并推翻了他的统治。

中国人一方面不愿意支持炀帝的疯狂计划，但在另一方面他们又无法忍受在朝鲜战争中所遭受的耻辱，新的王朝即中国历史上著名的唐朝①，被迫继续执行对朝鲜的作战政策。战争爆发有许多原因，除了洗刷隋朝失败所带来的耻辱外，还包括朝鲜仍占领着曾经属于中国的领土，一个篡夺者在一次宴会上杀死了朝鲜的国王②和几个大臣。③这些事件很快就得到了解决，中国同意篡夺者以领主的身份统治领土；但是当新罗（朝鲜南部的一个小国）要求中国保护，反对篡夺者的入侵，而这个篡夺者不服从停止侵略的命令时，唐朝皇帝决定用战争来解决这个问题。

战争就这样开始并且持续了半个世纪，其间，中国换了几个皇帝，最后还是占领了朝鲜的北部和西部（然后分成高丽和百济）。在此期间，出现了中国历史上最著名的人物——一位可以同罗马最杰出的皇帝相媲美的皇帝唐太宗。唐太宗——唐朝第一位皇帝的儿子，是真正缔造他的皇室荣誉的人。当他们父子二人处于臣属地位时，他鼓动他的父亲造反，用他的才智保住了被残暴的炀帝恶行所侮辱的父亲。他亲自带兵远征朝鲜，身先士卒，

---

① 唐朝是中国诗歌的全盛时期，中国南方人喜欢称他们自己为"唐人"，北方人更喜欢称他们自己为"汉人"。

② 政治暗杀似乎是朝鲜国土上惯有的现象。不幸的是，在12个世纪后党派仍使用相同的手段。

③ 这一事件即泉盖苏文的次子泉男建和三子泉男产联手驱逐长子泉男生的宫廷政变，但是泉男生并未死于非命，而是投奔唐朝。——译者注

以仁慈对待他的士兵,他吃最简单的食物,亲自给他的马备鞍,亲自慰问生病和受伤的士兵。他运用他的才能统率军队,并赢得节节胜利;作为男人的勇敢使他作为将领的能力增辉。在攻占城池时,当士兵忙于堆筑一座高过城墙的土台时,皇帝抬起一大块泥土,飞快地跑到城墙下,把泥块放在正在加高的土台顶上。①他的出征没有完全成功并且在最后围攻中失败了。但这个挫折没有激起他的虚荣心,他仍冷静地保持着平和的心态。当撤国的命令下达后,英勇保卫这块地方的朝鲜地方官出现在城垛上,向后撤的皇帝鞠躬。太宗不但没有惩罚他的对手,而且赐给他们大量的财物。这位唐朝皇帝宽宏大量并不止于此例。当他的士兵抱怨他们不能抢掠一座城镇时,他的回答是他们的奖赏应由皇帝赐给。在出征结束后,这位皇帝赎回或释放了全部朝鲜俘虏,而不是把他们卖作全军的奴隶,因为这位皇帝的仁慈之心不能忍受母子分离、夫妻分散。一位朝鲜将军的遗孀,她的丈夫曾在战斗中进行过顽强抵抗,最后她落入太宗的手中,太宗赐给她许多绸缎和一辆轻便马车,让她把丈夫的尸体运回平壤。②一个男人因他的地位和行为而伟大,但他却过着和士兵一样简朴的生活,勇敢地面对危险境地,仍能保持一颗仁慈的心。这些关于他的传说,在当前形势的反衬下,读起来仍能使人身心愉悦。这些故事与当前时代的行为形成了对比,它显示中国也许仍是一个大国,如果它还崇尚它的昔日,立志效仿那些记载于它的历史中的高尚行为,而不

---

① 作者此处叙述有误。贞观十七年(645)三月,唐太宗率军抵达辽东城下,见士兵担土填平沟壑,就拿起一块分量很重的泥土,骑到马上,随从的官员也争相担土。见《资治通鉴》卷一百九十七,唐纪十三。——译者注

② 此事见于《资治通鉴》卷一百九十八,唐纪十四。——译者注

印有曾经侵略朝鲜的神功皇后像的日本纸币

是去维持已经随着时间流逝而失去意义的习俗。这些故事还说明，日本人说得对，他们在战歌中唱道：中国曾是圣贤英雄之邦。

太宗驾崩后不久（650），战争在其继承者统治期间断断续续地进行着，直到武则天（684—704）[①]（中国历史上最为显赫的人物之一）夺取了唐朝的政权。这位报复心强的女皇，继续态度强硬地推行对朝战争。她把大部分精力主要放在朝鲜。在经过漫长的血腥战争之后，朝鲜终于屈服了[②]，成为中国的附属国；并且如果朝鲜一时故态复萌，没有效忠，一场短暂战争通常足以唤起它的效忠。

我们已经深入探究了这个问题的一个方面：中国和朝鲜北部、南部之间的关系。我们现在来研究问题的另一个方面：日本和朝鲜东部之间的关系。正是因为这两个系列的历史事件的相互

---

① 原文此处作者将武则天在位时间误写为公元684—705年。——译者注
② 此处有误，最终击败高句丽的皇帝是唐高宗李治，而非武则天。——译者注

作用，才引起了第三个，同时也是后一个方面的冲突，导致三个国家最终卷入一场旷日持久的灾难性的战争之中。在朝鲜立国早期，日本就曾经侵略过朝鲜。根据日本的传说，大约公元前202年，著名的神功皇后，为了替在熊袭叛乱中被杀死的丈夫报仇，而远征朝鲜。这位像亚马逊（Amazon）般的女战士，在日本传说中被尊称为"应神天皇之母"、"战神"。她怀疑熊袭叛乱是由新罗①——统治朝鲜半岛东南部的一个小王国，位于现在的江原道和京城（今汉城）——引起的，她决定给新罗一个狠狠的惩罚。新罗国王难以抵挡这种可怕的侵略，不得不屈服于日本，向日本称臣。神功皇后把她的马鞍挂在新罗王宫的大门上，据说在门上写着"新罗国王，日本之狗"。

这个远征事件是个传说，但日本人为了保持其真实性，把她的肖像印在日本的纸币上来证明新罗曾屈服于神功皇后。直到1876年日本缔结旨在开放朝鲜对外贸易的条约时，这个宗主权的声明才被官方废除。②

对于保持一个虚构的主权来说，16个世纪是一个漫长的时间，但我们必须认识到，时间在东方似乎走得很慢，它的历史是以朝代而不是以君主来计算的；在欧洲历史上，有着类似的历史事件即英国对法国王位数个世纪的索求，并且拥有那个国家几个国王的头衔。

从3世纪起，神功皇后的远征影响了日本对朝鲜的政策。这个古老的传说在公众的内心打上了深深的烙印，导致焦躁不安

---

① 汉语读作新罗（Shin-lo）。
② 1876年，日本强迫朝鲜签订《江华条约》。——译者注

的日本武士和政客们急于投入到对朝鲜的战争,希望恢复神功皇后时代的荣耀。它也导致了问题的第三个方面:中国和日本之间的仇恨。早在7世纪,日本就曾派远征军帮助一个朝鲜半岛小国①抵抗中国,但被中国舰队的庞大规模所震惊,而且几乎全军覆没。②由此可见,13世纪所进行的这次军事远征,在中、日、朝三国的相互关系中产生了更深远的影响。忽必烈大汗的试探性侵略向日本显露了与其地位相应的实力。在度过那场国家危机后,日本开始成为远东的扩张因素。

忽必烈大汗舰队

近年来,日本人纪念这场远征的失败,并且根据皇家旨意,重新撰写这场远征的历史,经常将这场失败的远征与菲利普二世(Philip II)的无敌舰队(the Invincible Armada)进行比较。后者对每一位英语读者来说是熟悉的,而前者被赋予一些更为显著的特点。被中国历史学家称为元世祖的忽必烈大汗,几乎占领了整个亚洲大陆;蒙古势力向欧洲一直延伸到德国的边界。只有那个远在千里之外的岛国,还没有了解它的强大。开始的时候,他希望通过外交手段来完成对日本的征服。使者带着傲慢语气的书信前往日本。然而,蒙古此时终于碰到了一个能抵抗他们向来无法被战胜的军队的民族。日本人,浸润着骄傲和岛民所具有的独立

---

① 即百济。——译者注
② 这一事件发生在唐高宗时期,即公元650—684年。

精神，没有向忽必烈大汗屈服甚至没有给他简短的答复。蒙古皇帝决定用武力征服日本，他派遣300艘战舰和1.5万名士兵，但在壹岐岛附近被日本人打败。外交和军事上的失败使蒙古皇帝意识到自己低估了这个对手，于是准备了另一场更大规模的远征。据说集中了3,500艘战船和大约10万人。这支庞大的军队从一开始就事故连连：首领卧病不起，他的继任者对于指挥这样一支军队无法胜任。马可·波罗断定，蒙古将军们之间发生了分歧。当蒙古军队到达日本的时候，一场可怕的暴风雨（日本人把它归功于神的庇佑）摧毁了大部分舰只，只有少数舰只得以幸存，与失事后的幸存者一起被日本人砍成碎块。

这场对从黄海横扫到西里西亚（Silesia）和埃及边界的蒙古军队作战的重大胜利，自然增强了日本人的自信心。日本人决定对被迫协助蒙古人的汉人和朝鲜人进行报复。长期以来，日本受困于封建领主之间的战争，它的政府无法担负对外战争，但它的民众已经有足够的机会进行复仇。在元末和整个明代，即公元1368—1642年，日本海盗频繁地骚扰中国的沿海地区。他们的破坏是如此之大，以至于洪武——明朝的第一位皇帝（1368—1398）①不得不组织一支特殊的民兵队伍来保卫沿海地区，并在沿海地区建造瞭望塔。

日本海盗袭扰了中国整个沿海地区。由于他们大胆的入侵使得沿海地区没有一处地方是安全的。无疑，中部省份受害最为严重，从洪武到世宗末年（1368—1567），日本冒险者严重破坏中部省份，他们不仅袭击沿海地区，而且经常在有利的位置

---

① 原书误将朱元璋逝世时间写作1399年。——译者注

建立他们自己的据点,从据点他们可以出去烧杀抢掠。但是他们绝不能失去他们对海上的控制的据点,必须守护着他们的船只。当他们处境危险时,他们要么退回日本,要么就是转移到其他沿海地方。在对抗日本人袭击的过程中,中国人经常成功地捣毁他们的"窝巢"(他们称之为据点)并且烧毁船只,在某种程度上是对日本人的一种无差别杀戮。

但是中国史学家们还是记载了许多有关日本人的胜利。日本人在远离沿海的内地,进行他们的抢掠和残杀。史学家描述日本人的特点是:好战、对待危险和死亡的冷漠、准备以少数对抗多数。

这样的描述是乏味的,甚至笼统。日本人的侵扰是非常频繁的。以下几个事例充分证明了日本人的这种特性。明成祖十七年(1419),在辽东,即现在的亚瑟港(Port Arthur)附近[①],2,000名日本人被一连串的伏击和一位中国将军的智谋所消灭。明世宗三十二年(1553),当时日本海盗活动十分猖獗,海盗袭扰了从温州到上海的所有地区。当时并没有什么有效的办法来遏止这些可怕的入侵者,他们总是通过海上撤退,能快速地把他们的军事行动从一个省转移到另一个省。

在随后的几年里,日本以沉重的代价击败了中国军队,深入到这个国家进行抢掠。他们再次打败了中国军队,进入内地,切断了中国其他地区通往海上的道路。日本人的入侵造成了巨大的损失。历史学家们估计,在最频繁的七八年间,中国损失了数百万的货物,许多人被贩卖为奴,有超过10万名士兵和百姓被杀或被淹死。为了在我们的历史中找到相似的事件,我们必须

---

① 亚瑟港系当时西方人对旅顺口的称呼。——译者注

回到黑暗时代。那时欧洲最好的地区也遭受着来自北方的诺曼人（Normans）和来自南方的撒拉森人（Saracens）的疯狂掠夺。

丰臣秀吉入侵朝鲜

这些海盗式的掠夺大多是个人冒险者的突发行为，但接着就是日本历史上规模最大的战争。足利家族幕府的无道统治，终于被织田信长和丰臣秀吉推翻。后者，一位出身奴仆的大名，凭着他的勇气和军事才能，使人们忘记了他的卑微出身，以绝对的权力把国家纳入天皇的名下。他深受士兵的拥护，打赢每一场战斗，即使他在日本没有敌人的情况下，仍旧热衷于对外扩张。数世纪以来含混不清的朝鲜宗主权争议是日本为挑起同那个国家进行战争的一个借口，这只是对中国发动战争的第一步，也是在他年轻时就已经怀有的梦想。据说这个计划在丰臣秀吉的心中策划已久，直到他拥有权力时，才将它付诸实施。有一次，在京都的清水寺，当所有游客都沉浸在大自然的美景之中时，他却为失去儿子而感到悲痛，他转向随从说："一个伟人能在千里之外驾驭他的军队，而不是屈服于悲伤。"他试图通过这个巨大的野心来抑制内心的悲伤。在他的计划中，早已把将要占领的中国分配给他的将军们。这位杰出人物的骄傲和野心在送给朝鲜国王的信中暴露无遗，当时是这样说的："他，作为一个卑贱种族的最后子孙是命中注定的。""太阳无论在什么地方闪耀，都将屈从于他，他的事业如同升起的太阳，将照耀整个大地。"

同朝鲜联合侵华的阴谋遭到了拒绝，因为朝鲜国王认为这如同一只蜜蜂试图去蛰一只乌龟一样荒谬,于是丰臣秀吉决定对朝鲜发动战争。一支据说有15万人的庞大军队,依靠强大的后备支援,在朝鲜釜山附近登陆。士兵们不仅好战,习惯于胜利,而且拥有比朝鲜更先进的武器——从葡萄牙人那里学会制作的性能优良的枪炮。日本军队由小西行长和加藤清正两位将军率领,但是他们二人在年龄和性格上差距太大:小西行长是位年轻热情的基督徒,而加藤清正则是一位年岁稍长、执着的佛教徒。这些差异不久便使两位将军之间产生了分歧,后来证明他们的分歧对这场战争的结局是有影响的。

在远征出发之前发生了一件怪事。那时的日本士兵几乎同我们中世纪的骑士一样无知,他们告诉丰臣秀吉,如果接到中国将领的来信,他们将不知所措。丰臣秀吉决定派一些学过汉字的僧人去帮助他们。

起初,日本军队取得了惊人的成功,冲动的小西行长依靠高超的航海技术,率先在朝鲜登陆,并于同一天攻占东莱(位于釜山附近),然后沿着洛东江,攻占了尚州和忠州。他行动神速,很快进入首都汉城,从首次登陆到攻占首都,仅用了十八天。丰臣秀吉听到这个消息非常高兴,他大声宣布:"现在我的儿子又复活了。"

加藤清正于第二天登陆,他因年轻的对手到处率先得手而恼怒。对手的每一次行动都阻碍了他的前进,甚至把渡过首都前面的河流的必备船只也移走了。尽管存在着这些障碍,他还是与小西行长同时进入汉城。

快速入侵使得毫无准备的朝鲜宫廷惊慌失措。当忠州陷落的消息传到汉城时,引起了极大的恐慌。国王宣布退位,并从王室的马厩里牵马出逃。国王被迫逃到辽东,乞求中国援助,王子被送到东北。两位将军发现,同时行动是不可能的,就同意分头行动。加藤清正沿东路进军攻占咸镜道;小西行长向平壤推进,他在离开汉城三个星期后才到达。日本军队在这里渡过大同江时遇到了困难,但通过周密的计划,他们还是成功地打败了朝鲜军队,迫使朝鲜放弃平壤。

平壤这座古都和坚固堡垒的陷落,使得恐慌弥漫了整个朝鲜和中国辽东,惊慌失措的朝鲜人成群地四下逃亡。

冲动的小西行长希望能够巩固他的胜利,入侵中国,但他距离根据地太远,以至于被迫要求停泊在釜山的日本军舰予以配合。舰队根据命令在西海岸巡航,并驶入大同江。如果这个会合能够完成,那么丰臣秀吉的梦想就有可能实现。如果日本人能保持他们的快速前进,就不会遇到任何抵抗;无论中国还是朝鲜都没有完全进行战争的准备,日军在几个星期内就会占领朝鲜,而且会发现进入辽东不存在任何困难。但是对于丰臣秀吉和将军们的伟大计划非常不幸的是,舰队没有到达会合地。如果说朝鲜人在日本人进攻之初还犹豫不决,那么现在他们渐渐恢复了自己的勇气,在巨济岛成功地击败日本返航的军舰,并且迫使日军返回釜山。这场胜利证明朝鲜军舰比日本军舰更强大,拥有防御箭和子弹的厚板。这场失败阻止了小西行长的进一步行动。在16世纪著名的侵略中,大同江和平壤标志着日本军事行动的极限。日本舰队的战败被认为是这场战争的转折点,被马汉(Mahan)上校选作关于远东海军影响历史的理论例证。

当小西行长到达平壤时,加藤清正也到达了朝鲜北部沿海地区,包围了在会宁逃难的朝鲜王子们。王子们被移交给小西行长，要塞陷落。这些成功并没有使加藤清正满足，他通过边界进入乌梁海①：在这里发生了一个感人的传说，是日本艺术家感兴趣的一个话题。向东通过海洋，日本人看见了一座山的轮廓，错误地把它当成他们敬仰的富士山；加藤清正立刻摘下他的头盔并且向他的祖国敬礼。②

朝鲜国王逃到辽东，乞求中国的帮助。中国后来派遣一小部分军队，不久被日本军队打败。至此中国才意识到敌人的强大。于是准备派更多的军队。为了赢得时间，他们和日本人进行谈判。这只是众多外交使命中的第一次。在旷日持久的战争中，该地区和北京有许多使臣往来协商。当然，在谈判中，中国占据着非常有利的地位。当时他们雇用了许多精明的代理人，并且言而无信；出身于鲁莽士兵的日本将军又不懂中国字，被迫只能求助于他们的僧人。

日本军队从诡计多端的中国军队那里得到占领直到大同江的朝鲜国土，即他们已经占领的领土的承诺，而中国军队是被派来哄骗他们等待回复。然而，当他们在等待北京批准协议的答复时，一大队明军悄悄进发攻击他们在平壤的部队。此时日本人处境十分危险；朝鲜农民在暴动，而中国军队却支持他们。小西行长的勇气和信心使他没有气馁。他鄙弃后退的举动，勇敢地准备战斗。尽管中国军队人数众多，日本人还是把中国军队阻挡在凤凰山（平壤附近的一个强大据点）。但是到了晚上，日军还是被迫撤退。中国军队随后由李如松统领——一位曾经平息暴乱并与

---

① 目前，其为俄罗斯阿穆尔省（Amur Province）的一部分。
② 日本人说，这座山可能是在虾夷岛（Yezo）北面的岛屿的羊蹄岭（Yo-tei-rei），也可能是一些远离海岸的岛屿。

正在崛起的满洲人交过手的老手。他对日本人的逃跑感到非常愤怒，率领大约20万人立刻向汉城进军。这些人大部分是装备不精的朝鲜农民。小西行长决定在汉城给中国军队予以反击，他要求加藤清正和其他将军配合。中朝军队击败了日军先头部队，向首都进攻，在那里进行了一场流血最多的战役。起初，日军被人数占优势的敌军打败，但是他们依靠一位熟知兵书战策的老将军的计谋，以沉重的代价成功地把中朝军队赶回去。他依靠抢夺战利品来补充后备。当中国军队陷入混乱时，他鼓舞士兵进攻敌人并最终打败了他们。这个胜利使结局变得不确定起来。中国军队损失惨重，他们惧怕加藤清正，认为他还不会联合小西行长，但有可能从侧面发动进攻，于是他们撤回平壤。日军前进并夺取了许多被朝鲜军队攻占的要塞，但日军疲于长线作战，被朝鲜的游击战搞得疲惫不堪。拖延下去的战争在日本国内已经引起了饥荒，他们也不得不承受食物匮乏的压力。最后日军将领们同意签订和平条约，日军被限制在朝鲜南部三个道，承认中国的宗主权。但丰臣秀吉希望被承认和中国皇帝拥有同等权力——这一条并没有什么实际的意义，使得谈判受挫。在讨论这些条件期间，日本人撤出汉城并且退到海边，在那儿他们可以从日本得到补给。这就是第一次入侵的结果。日军由于将领们的意见不一，军舰支持的不足以及对中国狡猾外交策略判断的失误，导致在第一次战斗中取得的所有辉煌战绩全部丧失，但他们进攻的速度在当时被认为是不可想象的。

在谈判中，中国方面缺乏诚意，而丰臣秀吉一方却怀着庞大的野心宣称自己的权力。所有这一切的不协调所导致的结果就是，中国因日本入侵朝鲜而感到不满，丰臣秀吉也因没有从中国皇帝那里获得承认而感到恼怒，于是制订了第二次入侵计划。一支同第一次入侵力量相当的军队再次进入朝鲜这个不幸的国家。第二次进攻比第一次进攻稍显逊色。此时朝鲜在以往的战争中已得到锻炼且有所准备，同时还有一支强大的中国军队支持他们。日军在获得几个胜利之后到达首都；但他们被迫立刻后退，海军在进攻平壤时惨遭失败，丢掉了所有的供给。当冬天来临的时候，整个朝鲜由于长年的战争，物资极其匮乏，日军不得不退到沿海地区。日军此时意识到他们离家太久了，他们看到了自己的失败，决定对不幸的朝鲜人施加更多的苦难。他们在向南行军途中，抢掠、烧毁所有经过的城镇。撤退的军队最后驻扎在釜山和蔚山，一支中朝联军到达蔚山，为他们之前的失败和朝鲜国土惨遭蹂躏而向日军报仇。蔚山之围是这场战争的最后重要篇章，对于使朝鲜遭受多年痛苦和恐怖的入侵者来说，是最合适的结局。日本人了解他们敌人的数量和愤怒，加强了据点的防守。修筑三道环绕的高墙，还修筑侧翼塔楼来保护他们营地的三面，第四面朝向大海。在朝鲜的整个冬天，日本人在可怕的饥渴中顶住了敌人猛烈的进攻。日本人丰富的想象是如此的恐怖和荒唐，使得无数有关可怕的围困故事流传下来。射进要塞的箭枝是如此之多，以至于被围困的日军用它们来烧烤冻马肉。每一件装备都用来补充他们的匮乏部分。老鼠被捉来吃掉，并且用咀嚼纸张来缓解饥饿所带来的痛苦。忍饥挨饿的士兵遭受着寒冷天气所带来的痛苦，许多人坐着冻死在墙的南面有阳光照射的地方，在那儿徒劳地寻求一点可怜的温暖。中国军队在第一次进攻中夺取了第一道围墙；日本人发现，敌人控制了河流和水源，他们陷入缺水的困境。据说日本人被迫舔尸体上的伤口，咀嚼人肉以减轻饥渴。他们在饥渴中不得不做剧烈的活动。在极端寒冷的冬天，他们的甲胄被一层冻住的汗水所覆盖。日本的历史学家调侃地叙述道，士兵们的绑腿不断地往下掉，因为他们的腿瘦得像竹竿一样。在所有这些恐怖中，出现了一小段传奇的故事，非常适合有骑士风度和火热性格的日本人。一位在蔚山的将军浅野，写信给加藤清正诉说自己的苦恼，后来加藤向浅野的父亲发誓会帮助他的儿子，他立刻向蔚山进军去解救朋友的危险和困苦。被围困在蔚山的日军发出许多急信要求增援，但是直到他们被饿得大批死去，所剩无几时，一队日军人马才从釜山开拔，最后在拼死的战斗中击退了包围上来的敌军。

　　双方军队被冬季战役拖得筋疲力尽，都渴望进行一场决定性战斗，但军事行动却被限制在游击战中。这场战争的导演者丰臣秀吉的死亡迫使战争结束；他的最后命令就是从朝鲜撤军。战争以及各方面的谈判共持续了六年——从1592年中至1598年末。在这几年里，尽管日本在许多战斗中获得了胜利，但是日本还是被中国和朝鲜打败，物资匮乏迫使他们撤退。两次入侵的唯一结果是日军占据了釜山，成为军事功绩的纪念品，如同英国，在他们被赶出法国之后，仍占据着加莱（Calais）一样。有许多关于丰臣秀吉此次入侵朝鲜的历史记载①，这并不是多余的，它是日本历史上著名的事件，在日本人民的心中烙上了深深的印记。现代日本作家说，此次事件和欧洲历史上的十字军东征极其相似，丰臣秀吉入侵朝鲜使得日本人的视线一直集中在朝鲜。

---

　　① 除了本国的历史学家外，在远东出版的一份外国报纸上的一篇文章大量使用这个描述。

第二章　朝鲜近代历史梗概

丰臣秀吉死后不久，他的宏伟计划随之成为泡影。此后，在中国和日本国内发生了巨变。在中国，明朝的统治每况愈下，最后被现今仍统治中国的满洲所取代；在日本，世袭幕府的德川家族独霸权力，直到1868年才得以结束。

日本入侵的可怕经历激励着朝鲜人对独立的热爱。朝鲜人采取各种措施避免外国人渗透朝鲜。沿着北部边境，一条叫"中间区"的狭长地带把朝鲜和中华帝国隔离开来。政府曾经允许两国臣民在指定的边境集市上进行一年一次的贸易。随后不久，集市被关闭，如果在朝鲜领土上发现任何一个汉人（或一个满洲人），都可能会被打死。沿海各地严密警戒，并在山顶上建立起警报炮火系统，以便对任何接近朝鲜领土的陌生船只做出快速反应。任何因为遭遇海难而留在朝鲜的外国人，都会受到严密的监控而且不允许回国，即使是中国特使的探视也遭到拒绝。在17世纪，一群荷兰海员在他们成功逃跑前，被扣留在朝鲜长达14年之久。

为了避免同邻国发生冲突，朝鲜答应派朝贡使前往北京和江户，为了满足中国和日本的虚荣心，朝鲜国库承受着沉重的负担。对明朝的绝对服从导致朝鲜在17世纪早期爆发了同满洲的战争。满洲在随后几年就威胁到了明朝的统治。1627年和1637年的两次战争，使朝鲜调整了同满洲的关系，满洲随后成为龙廷的统治者，朝鲜不再纠结于它对西边宗主国的选择，并且得以在两个世纪中避免对外战争。不幸的是，某种不和与各种社会形态总是密不可分，因为这是整个有机世界的法则；谨慎的朝鲜尽量避免同它的邻国发生冲突，同时也避免更遥远、更先进国家的入侵，这不仅没有带来国内的相对和平，反而出现了许多党派，运用阴谋、政治谋杀，以及延续至今的家族世仇。

难以置信的是，当朝鲜的两个强大近邻被迫向世界敞开国门的时候，当外国舰队出现在朝鲜海岸的时候，这种奇特的分裂为朝鲜赢得了"隐士之国"（the Hermit Nation）和"禁锢之岛"（the Forbidden Land）的称号。外国人曾进行各种尝试，目的是为了冲破这个坚固的防线。不久，上个世纪末通过与在北京的朝鲜人的交往而渗透进这个半岛的基督精神鼓舞一些法国使团通过伪装（只能用这种方法）进入这个国家。法国使者的成功不久引起了一场暴力迫害。总是保护天主教使团的法国政府，几次试图为他们的信徒获取宗教庇护权。第一次远征的荣耀号（*La Glorie*）和胜利者号（*La Victorieuse*）因为航海图错误和朝鲜海岸的涨潮导致船队失事。由于没能从中国政府那里获得对日益加重的迫害的补偿，1866年法国决定直接强迫朝鲜打开国门。9月25日，黛洛尔德号（*Déroulède*）和塔里迪夫号（*Tardif*）载着赖德尔（Ridel）神父和三位朝鲜基督徒向导，停泊在汉城前，在朝鲜首都引起一阵恐慌，使得他们无法从附近的乡村获得食物。如果法国人仍然滞留下去，他们可能会签订他们想要的条款，但罗兹（Roze）上将拒绝听从主教的请求，返回芝罘，组织了一支更大规模的远征军。这支远征军由护航舰盖里埃勒号（Guerrière）、木帆海防舰拉普拉斯号（Laplace）和普里莫格号（Primauguet）、派遣船黛洛尔德号和肯香号（Kien-chan）、炮舰塔里迪夫号和黎布雷顿号（Lebreton）以及600名士兵组成。法军首次成功地占领了江华城，在随后的几次战斗中打败了朝鲜人；但是由于粗心大意，在攻占守卫严密的寺院时被击退。这个失败迫使将军下令撤退。这个无法解释的后退被朝鲜人夸大成民族的胜利，最终的结果是对基督徒的迫害更加残酷了。

与此同时，列强开始实施与朝鲜建立贸易关系的计划。1862年，拿破仑三世（Napoleon III）政府试图通过幕府将军（大君）的全权公使获取法国在朝鲜半岛的自由贸易权；拉塞尔（Russell）希望英国享有日本在釜山的特权；俄国人也在对马岛建立据点，虽然后来他们被迫放弃该据点。1866年，俄国派遣一艘战舰停泊在布劳顿湾（Broughton's Bay），要求获得贸易权，但却被告知需向北京政府申请。同年，冒险家奥波尔（Oppert）（《禁区》[Forbidden Land]一书的作者）发誓要打开朝鲜的大门。他两次访问朝鲜，第一次乘罗纳号（Rona），第二次乘皇帝号（Emperor）。与此同时，美国的舍门号（General Sherman）帆船也试图在大同江开展贸易，结果船毁人亡。

双重的感情迫使人们寻找突破朝鲜防线的新办法：一是传播"福音"的宗教热情；二是商业精神，即梦想在一个新开放的国家里拥有无数的财富。这些不同性质的感情始终交织在一起，形成了历史上一支最著名的远征军。在疯狂和残忍迫害的压力下，不得不像野生动物那样将自己隐藏起来的法国人，几乎达到精神错乱的边缘，不得不容忍朝鲜疯狂无知的计划，容忍他们对改革者的迫害。被一些朝鲜人称为摄政王①，并以残酷而闻名的李昰应非常迷信，以至于会千方百计地保护王家陵墓里的尸骨，这些陵墓里的东西可以成为换取宗教和商业自由的筹码。

我们前面已经提到过的奥波尔，在他所经历的1866年的两次商业旅行时，就已经开始同法国神父和他们的信徒建立了联系。1867年初，当一名法国传教士和4名朝鲜基督徒来到上海，把洗劫王家陵墓的计划放在奥波尔的面前时，奥波尔立刻就同意了这个计划，并在一些上海商人的帮助下，装备了一支包括680吨的中国运输船和60吨的蒸汽小船，随行有8个欧洲人、26个马来人和100多个中国人的远征军。这支由传教士和冒险家组成的远征军有些不伦不类，但他们有着共同的目的，就是要制止宗教迫害，让朝鲜向世界打开它的国门。为了达到这些目的，就必须接近这座陵墓，但谈何容易。最近的路线是在杰罗姆太子湾（Prince Jerome's Bay）的一条河，这条河只有在一个月中的某些

李昰应

在位朝鲜国王的父亲，在任期间的大院君

---

① 此处"摄政王"应为"大院君"。——译者注

日子借助潮汐才能通行。所有计划都必须周密精确，任何一点拖延就意味着前功尽弃。在此期间，有些时间上的耽误，远征军远航到长崎加煤，于1867年5月8日到达杰罗姆太子湾。一直等到最合适的潮汐时间的到来，他们才从补给船上岸。当最大的墓穴被发现后，挖掘工作开始了，但不幸的是，一块厚石板阻止了挖掘工作的继续，他们带来的铁锹无法撬动这块石板。而此时他们已没有时间再返回船上去取合适的工具。当快要退潮时，整个国家对他们行动的动机有所警戒。这样，整个远征计划就因为一块意想不到的石头而惨遭失败。

1871年，由于舍门号军舰失事，而且一直没有从朝鲜方面得到满意的答复，美国把注意力转向朝鲜，其目的是像打开日本大门那样使朝鲜开放门户。由旗舰科罗拉多号（*Colorado*）、小型护卫舰阿拉斯加号（*Alaska*）和贝尼莎号（*Benecia*）、炮艇莫诺凯西号（*Monocacy*）和帕洛斯号（*Palos*）组成了一支入朝远征军。他们到达几年前法国人曾经到达过的江华岛。在多次毫无结果的谈判后，美国的舰队向朝鲜的要塞开炮，759名士兵登上陆地，不久又占领了另一座朝鲜要塞。尽管美国人占领了所有五座要塞，但是没有起到效果。罗杰斯（Rodgers）上将和法国的罗兹上将一样，也提议撤退，但是朝鲜人的自负没有像美国人和法国人所想象的那样使自己麻痹大意，美国人同法国人一样，被勇猛的当地居民成功地拒之于门外。

当美国和欧洲从政府和个人两方面尝试打开朝鲜国门之时，这个国家的内部发生了重大变化，朝鲜与它的近邻中国和日本之间的关系也发生了巨大的变化。1864年，从1392年一直延续至今的李朝①，由于前任国王的驾崩而突然中断了，这位国王在临死前没有确立他的继承人。在一连串的宫廷政变之后，一个孩子被确立为国王，他的父亲取得大院君头衔。这位父亲就是李昰应，一个曾在远东因残酷迫害基督徒而闻名的人物。无休止的阴谋，使他的国家和邻国经常遭受骚扰。日本，由于历史上著名的变革，改变了它的政治组织和社会习俗，它摆脱了中国的影响，开始效仿欧洲。日本所采取的政策震动了整个远东，对大院君来说是极其令人厌恶的，他费尽心机反对所有的外国入侵，包括宗教和商业进入朝鲜，当日本相当鲁莽地要求朝鲜恢复其古代领地时，他乘机以一种傲慢的方式加以拒绝。这种侮辱引起日本极大的愤怒，形成了以萨摩藩的西乡为首的主战派。然而日本承担不起战争的费用，这个问题只好被搁置到后面来解决。

1875年，发生了两件事情。这两件事随后被忽略了，但现在我们发现它们是非常重要的，正是由于顽固派麻木无情的行为导致了中日战争的最终爆发。

中国和朝鲜之间有一块无主荒地是强盗经常出没的地方，强盗的抢掠破坏了中国地方的安宁。于是李鸿章派遣一支军队越过边界，在鸭绿江边用炮舰击败了抢掠者。这次军事行动的自然结果，是在1877年该地区被并入中国，中国边界因此扩大到鸭绿江。中国与朝鲜终于拥有了一条共同的边界线，紧紧相连，并且中国因此不得不对半岛上的事情更加关心。另一方面，1875年9月，日本云扬号的一些船员，为了取水而登上了江华岛，遭到朝鲜人的枪击。一支由30人组成的日本军队立即登陆，进攻要塞，

---

① 作者误将"李朝"拼写作"the Ni dynasty"。——译者注

并摧毁了朝鲜人的防线；事实上，他们达到的目标几乎等同于罗兹上将率领的 600 名法国人和罗杰斯上将带领的 759 名美国人的战果之和。敏锐的观察者也许已经看到，日本在对朝鲜或中国的战争中所得到的好处远远大于欧洲人。在这些突发事件之后，日本所有的党派都同意采取强硬措施，而且断定中国一定会保持中立；两艘军舰和三艘运输船，至少 800 人开拔前往朝鲜。日本如同美国在 22 年前所做的那样，要同朝鲜决一死战，他们效仿海军准将佩里（Perry）的策略，即在朝鲜人面前展示他们的军事力量；三个星期之后，即 1876 年 2 月 27 日，签订了条约，将釜山作为对日贸易的港口。1880 年，釜山、济物浦也被迫开放，此时日本发现自己已担负起使朝鲜进步的重任。

日本成功地迫使朝鲜打开了大门，不久其他列强也竞相挤了进来。1882 年，薛斐尔（Shufeldt）同朝鲜签订了朝美贸易协定，同年及随后几年，大部分欧洲国家也相继同朝鲜签订贸易协定。

"隐士之国"对外国人来说，是一个令人失望的国家。这个国家资源贫乏，国民懒散；欧洲人在对朝贸易中没有得到任何的好处：朝鲜依然是中日企业的领地。

日本人在开始的时候就表现出他们是这个国家的最高统治者，他们使朝鲜从与世隔绝的状态中脱离出来。他们修建了富丽堂皇的领事馆，向朝鲜移民，试图在朝鲜扮演一种角色，这种角色如同欧洲人在本世纪后半叶在中国扮演的角色一样。同样，他们也遭到朝鲜人的抵制：所有的朝鲜人反对进步，他们要么通过无知，要么通过懒散的方法与日本人为敌。原有的党派使朝鲜人自满了数个世纪，并使这个国家充斥着杀戮和冲突，已经不适应半岛上崭新而陌生的环境。开化党和保守派在朝鲜崛起，每一方都试图在邻国寻找支持者。

"大国"（伟大的国家）是中国在朝鲜的通称，我们知道国家都愿意做出巨大的牺牲去维护这个骄傲的名称。

中国认为它在这个半岛上是负有责任的，它不愿意朝鲜成为日本实践西方文明的场所，并且希望其适应在远东的环境。中国很快成为朝鲜保守派的支柱。

另一方面，日本认为它应该支持开化党，其目的在于继续推进开放政策，希望能把外国风俗引进朝鲜，使朝鲜同东方邻居的进步保持一致。对于在同一国家中——中国和日本都希望能够控制它——两个敌对党派的支持，这足以引起两种势力的冲突，在双方留下了不信任和猜疑，这是最危险的因素。每一次政治骚乱都是由于争夺国家领导权的阴谋而引起的（它们经常发生在像朝鲜这样混乱的国家，并且成为几百年来家族世仇的牺牲品）。谨慎的政治家尽量拖延冲突的到来，但事态总是不尽如人意。

1882年7月，在朝鲜发生的一起事件威胁到了这三个远东国家的平静状态。金玉均和其他朝鲜人前往日本。日本惊喜地发现，他们回国后，成为进步的开化党人和热情的亲日人士。这些思想是前摄政王或曰大院君这位仇恨一切外国事物的人所不能容忍的，于是他与闵派——朝鲜的强势派系——进行策划，决定通过武力将日本人赶出朝鲜。朝鲜士兵们因他们的粮饷遭到克扣而愤怒，于是散布日本人遍布首都的谣言。一群愤怒的朝鲜人开始杀害所能找到的手无寸铁的日本人。一个担任朝鲜军队教官的日本人和另外7个日本人在同一天内被杀；使馆遭到袭击并被烧毁；公使和28个日本人不得不通过汉城的街道夺路而逃，逃到海边。在那里，他们登上一艘船，最后被英国炮艇飞鱼号（*Flying*

Fish）救起并送回长崎。

　　日本政府立刻采取措施进行挽救：军队进入紧急状态，公使带领军队返回汉城。中国政府也派出一支人马到达朝鲜，但它不是来同日本进行对抗的，而是带着值得赞赏的意图想尽一切办法使这个狂乱的国家平静下来。实际上，在日本得到满足的同时，中国军队抓住了这个半岛上所有暴乱的组织者——大院君，随后将他送到中国，囚禁了七年。朝鲜政府派遣一名特使向日本道歉，向死者家属赔款，允许一部分日本士兵驻扎在汉城守卫使馆。同时，中国政府也在朝鲜首都驻扎一部分军队。

　　这样的和平只维持了两年。闵派占据了政府中的大部分要职，这引起了开化党的不满，开化党看到用和平的手段无法获得政权，只有通过暴力和暗杀才能达到目标。1884年12月，为庆祝邮政局开业，在汉城举行了盛大的庆祝宴会，所有的外国使节应邀出席大会，大部分朝鲜官员列席。当晚，宴会上发生了大火，禁卫大将闵泳翊（保守派官员）离开宴会去探查起火的原因，遭到了暗杀者的袭击，身受重伤。从而在宴会上引起了一场骚乱，大部分客人仓皇逃跑。这只是计划的第一步。当晚，七名保守派阁僚被杀。第二天早晨，由金玉均和其他开化党成员组成新政府，他们邀请日军派兵保护王宫。闵派不久就从打击中恢复过来，在中国军队的帮助下，打败日军。在战斗中，朝鲜国王仓皇逃跑，日本人丧失了所有的据点，新政府不再支持日军。日军撤回使馆，杀出一条通往街上的血路。1882年的那一幕再度上演。不久，使馆被攻占，日军士兵在广场上集合，此时他们的后路已被切断。日本士兵勇敢地突破了中国军队和朝鲜军队的包围圈，到达海边。

虽然发生在朝鲜的第二次暴乱与两年前发生的第一次暴乱是如此相似，但这一次却损失更加惨重并且可能会导致更严重的后果。日本使馆被焚烧，士兵遭到杀害，这不仅仅有朝鲜的暴徒而且还有中国军队士兵；这也是导致中日战争爆发的原因之一。日本立刻将这两件事分别对待。日本派遣一名公使前往朝鲜要求赔偿，条件与1882年类似：要求朝鲜向日本道歉，赔款并处罚杀害日军士兵的凶手，重建使馆。那时，中国和日本都派兵保卫自己在朝鲜的利益，幸运的是所有的混乱都避免了。

　　在处理完朝鲜的事之后，日本派伊藤博文和特使同中国进行谈判，中国由李鸿章作为全权大使（由吴大澂协助）。1885年4月，签订了《天津条约》，内容包括三条：第一条，两国同时从朝鲜撤军；第二条，两国不再派官员训练朝鲜的军队；第三条，将来任何时候，如果朝鲜发生暴乱，两国可以同时出兵，但必须事先通知对方。这个《天津条约》使得朝鲜处于长达九年的和平。对于这个纷乱扰攘的国家而言，九年是很长的时期。这一事实提升了人们对李鸿章和伊藤伯爵这两个谈判对手的远见的钦佩。

第三章 战争爆发前的突发事件

刺杀金玉均

上海人天性温和,除了对赛马的结果和交易行情的波动表现出兴奋外,对于其他的事情都能保持平静。但在1894年3月28日这一天,上海人却被发生在外国租界的著名人物被杀事件所震惊。金玉均,1884年朝鲜政变的领导人,他在党争失败后逃亡日本,同另一位朝鲜逃亡者朴泳孝住在一起,直到1894年3月。同年,在一位朝鲜人洪钟宇的劝说下,金玉均与朴泳孝一同前往上海。洪钟宇曾在巴黎居住多年,他在巴黎有许多熟人,著名的佩雷·雅辛托斯·劳颂(Père Hyacinthe Loyson)便是其中之一。3月27日,金玉均在其日本仆人的陪同下,到达上海,随行的人有洪钟宇和另一位中国人。他们一行人在美租界的日本旅馆里下榻。第二天,金玉均交给洪钟宇一张5,000美元的支票去中国的银行兑现。这是一张伪造的支票,因此在上海根本无法到银行去兑现。洪钟宇回到旅馆,告诉金玉均,经理出去了,他随后就去把钱取回来。同时他设法支开日本仆人。没有目击证人证明后来

发生了什么事情，但现场的情景表明：当洪钟宇抽出手枪向他开

金玉均

枪时，金玉均向右躺着，第一枪打在他的左脸上，当他转身时第二枪打在他的腹部。金玉均跳起来，然后冲向走廊。洪钟宇追着他，在后面给了他第三枪。这一枪打在肩胛骨的下面致使金玉均丧命，随后洪钟宇逃跑了。

当人们听到枪声冲进来时，发现在楼梯上的金玉均倒在血泊之中，随后他的尸体被运回自己的房间。刺客遭到巡捕的追捕，并于第二天早晨被逮捕归案。他似乎对自己的行为感到非常自豪，他说他受朝鲜国王的指示刺杀金玉均。在审问洪钟宇的时候，洪钟宇回答的竟是一些不相干的事情，当看见金玉均的日本仆人慢慢地向他走过来时——他浑身发抖，当日本仆人被带走之后，他才感到一丝轻松。

在上海的外国人虽然对死者没有什么同情心，但是对发生在他们地盘上的犯罪行为感到震惊。一份报纸报道了当时公众的观点："他是一位被处决的危险人物；但是无论刺客对他的国家是有利还是有害的，他都没有权利在我们的租界上采取行动。我们

不想使我们的租界成为朝鲜和日本政治逃亡者的庇护所,至少为此,洪钟宇必须受到惩罚。受国王委托的刺客们必须尊重在上海外国租界的主权。"虽然外国领事馆发表了这些公开的声明,但洪钟宇还是被移交给中国政府,金玉均的尸体也被移交给中国政府——尽管金玉均的日本仆人想把他带回日本。在囚禁期间,一名朝鲜官员探访了洪钟宇并向他下跪叩拜。4月6日晚,在重兵把守下,洪钟宇被带上一艘中国军舰,这艘船上还载有金玉均的尸体。当他们到达朝鲜后,大笔的奖赏堆在洪钟宇的面前。金玉均的尸体被大卸八块,分别被抛在王国各道示众。

在上海的外国人被这一问题的处理结果所震惊,虽然没有人预见可能出现的后果,但他们模糊地意识到自己犯下了一个错误。洪钟宇的行为在司法界引起了很大的争论。当时上海外国租界的司法权处于非常不规范的状态;他们或许把它比作1815年的克拉科夫(Cracow),其在奥地利、普鲁士、俄罗斯的保护下宣布独立。居住在此的外国人只遵守本国法律,只能接受自己国家法庭的审判;对于中国人,如果他们为外国人服务或同外国人有联系,那么他们不能受自己地方官的审判,除非他与外国人同谋犯罪。

金玉均和刺杀他的刺客都是朝鲜人,但当时朝鲜不是缔约国,而是被当作中国的附属国,决定采用什么样的法律和任命什么样的法官来审判朝鲜人是有困难的。领事团对此问题意见不一。葡萄牙总领事,高级领事瓦尔迪兹(Valdez),以一种彻底的方式处理了这一事件。他表明领事和工部局之间拥有立法权、行政权和司法权——所有这些才能构成一个真正的主权。他引用了在中国和使这个主权有效的外国的不同条约和条款,证明了外国人应该向中国皇帝交纳一小部分的土地税（根据中国政府的意思，全国土地都归皇帝所有，他的臣民只能租用他的土地）不会影响租界内的主权问题，也不会在其边界内仅仅通过一个附属国支付贡物而降低其主权。他证明，根据会审公廨的规定，中国的法官拥有极少的权力；并且所有的领事在每件案子上对于他们的国民拥有绝对的处理权；中国法官的权力在许多案件中因一个外国人在场而受到限制。在讨论了所有可能不同的法律条文之后，他完全否认朝鲜是一个附属国、对待朝鲜人应当同对待中国人一样这样荒谬的观点；中国皇帝不得干涉由不同条约和外交关系所组成的朝鲜主权。他认为这个案件应由一个领事团的成员并且根据他们国家的法律来审判。在领事团中，一些反对派阻止这个理性的结论，洪钟宇被移交给中国政府，其结果就是我们所看到的那样。瓦尔迪兹先生痛惜这个举动玷污了外国租界的旗帜，成为对避难所神圣权利的侵害，为无数犯罪打开了便利之门。任何一个让朝鲜宫廷不满的大臣在外国租界里都可能受到谋杀的惩罚，而且罪犯可能被移交给朝鲜当局并受到奖赏。

  实际上，许多外国人似乎已经忘记了那个时刻鞭策自己在中国应当完成的最高使命，即每个欧洲人和美国人在中国都应当把自己当作向这个古老国度传播现代文明的先驱者。将洪钟宇和金玉均的尸体移交给朝鲜是愚蠢的行为。这个行为表示了自己的懦弱，同时为野蛮可耻的行为大开方便之门。令人难过的是，白人忘记了自己种族的高贵，使自己从经过几个世纪才建造起来的基督教和哲学进步的高台上摔落下来，成为朝鲜政府野蛮行为的帮凶。现在已没有必要浪费口舌来指责这种行为，因为它已经受到了惩罚。本书的后面将会证明，对发生在上海这一事件所采取的措施是错误的,这是导致朝鲜问题尖锐化的根本原因,同时为中日战争爆发埋下了隐患。战争已经被前面所提到的两次事件所制止,如果进一步的挑衅行为一直没有激怒朝鲜半岛上活跃的政治党派,战争就有可能被拖延更长一段时间。那么中国就不会丧失成千上万的生命和巨额钱财,外国商人也不会因此而遭受痛苦。如果采取顺从中国政府的意愿的措施,这表明他们对远东问题真实方面的评价则是错误的;因此,对于中国最妥善的办法就是防止它再次犯错误,即忽视国际法和国际惯例所赋予它的责任和义务。真正的朋友永远不会是卑躬屈膝的,他们永远不会放弃他们的信仰和感受以屈从于自己感兴趣的人身上的缺点和偏见。

东学党

前面我们已经提到,在16世纪日本侵略朝鲜之后,朝鲜由于国内党派斗争而导致分裂,本世纪中,罗马天主教的传播引发了残酷的迫害,数年后,十分仇恨外国人和他们宗教教义的全琫准带头进行迫害。这些事实极大地扰乱了人民。内部的争斗导致统治的失误和极端的压迫,对商业征收重税。农民被迫服苦役,只有靠交纳罚款才能免除苦役。外国传教士的教义因为官方的迫害而更加引人注目,新的教义唤起人们去思考,因为这种教义与他们几百年来所接受的教诲是完全不相同的。本世纪后半叶,朝鲜人民由于沉重的赋税而不得不放弃经商和务农,被迫只能进行少量的劳动以避免自己的劳动果实被强夺,因而就有许多时间通过传播西方的道德思想来占据他们的头脑。结果导致了新宗教派别的诞生，由于受到这个国家环境的影响，这个宗教派别最后演变成另一个政治党派。

1859年，在釜山以北40英里远，隶属庆尚道（朝鲜东南部）的庆州，一个名叫崔济愚的人，由于天主教思想发展的深刻影响，他像其他狂热分子一样在生病的时候产生幻觉，得到了一种治愈他的疾病的方子，以及一种可以为百姓带来福祉的新教义。痊愈后，他撰写了一部《东经大全》。他的教义主要从中国三大宗教里吸取内容，这些宗教对于朝鲜人民来说并不陌生。他从儒教中吸取五伦学说①，从佛教中吸取"静心法"以及道教的"净道、净物"法则。②为了赋予这些古老的教义以新的内容，他加入了一些基督教的思想；否定了轮回说，只承认一个上帝的存在，他用天主教的名字来命名。这个宗教叫"东学"，与以天主教为代表的"西学"相区别。这个反对外国宗教的教义很快从庆尚道传播到毗邻的忠清道和全罗道，据说遍及朝鲜南部。1865年，在镇压天主教的过程中，崔济愚被捕并处以斩刑。官员可能没有领会教义精髓，认为只要砍掉一个头颅就足够了，即使有悖于常理，但可以为政府增加一份功绩。创始人的不公正死亡自然激怒了东学党的教徒。由于对政府的不满使得东学道变成政治党派，而且一旦普遍的不满促使他们这样做，他们就顺从了。

1893年春天，一群东学党人在汉城王宫前示威，要求宣布他

---

① 在人类的关系中，例如，在君臣、父子、兄弟、夫妻和朋友之间，儒学给予道德上的指导。

② 崔的故事和他的教义来自《朝鲜文库》（The Corean Repository）中威尔·詹金（Will Jenkin）的一篇文章，这是我目前所了解的唯一记载。

们被杀害的领袖无罪并且予以追封爵位①,不能把他们同罗马天主教混为一谈,他们的宗教应该受到尊重。他们宣称如果他们的要求得不到满足,他们将把所有在朝鲜的外国人赶出朝鲜。在政府的安抚下,他们离开了王宫,但是他们当中的一些人在路上被捕。

　　一年之后,即1894年3月和4月,东学党人开始把他们的恐吓付诸行动。第一次起义爆发在全罗道的古埠,不久毗邻的庆尚道的金海郡也爆发了东学党起义。开始时东学党试图说服百姓,但是未能成功,于是他们毫不犹豫地诉诸武力,威胁拒不参加者并且破坏他们的财产。通过这种方法,他们很快组成了几千人,遍及全国,迫使官员们溃逃并且掠夺了公共粮仓和军械库。当义军从一个地方转战到另一个地方时,政府无法镇压他们。但在一两个月的时间里,他们的人数增加到如此众多的程度,以至于他们不再需要使用这样的战术;他们能建立根据地并与政府军交战。

　　1894年5月,形势变得十分严峻,事态已扩展到南部三道。据说有一个地方东学党已增加到两万或三万人之多。这可能有些夸大其词,但这样的传闻表明恐慌已经蔓延至全国。政府派遣一支人马从水路乘两只小船,另一支队伍从陆路出发前往全罗道镇压暴动。大权在握的全琫准在全国组建了一支五六万人的队伍,在汉城的那支队伍已到达全罗道。政府在开始的时候取得了胜利,东学党人退到完山的一个山上要塞。这个地方可以容纳几千人,三面是150英尺高的岩石。东学党人假装逃跑,诱骗政府军追击到一个早已设好的埋伏圈内。义军大败政府军。政府军在战

---

① 和中国一样,朝鲜政府即使在死后也授予死者荣誉称号。

斗中损失了1名高级军官和300名士兵。第二天，即5月31日，在汉城的政府军队得到了失败的消息，京城出现了极大的恐慌，大臣们连夜商量对策，而百姓却希望东学党人出现在城门口。危险虽然不会马上出现，但仍是严重的。6月1日，义军到达全罗道的首府，成功的消息鼓舞着各路义军。神奇的传说流传于闲散和无知的朝鲜百姓之中。据说在前锋队伍中有一个头戴白色头盔、身穿白色胸甲的模糊身影，这个模糊的形象被认为是金玉均的灵魂，他率领义军走向胜利。

由于金玉均在政治上的卓越才能和非同一般的性格，因此他的死亡深深地打动了朝鲜民众，当欢跃的闵派把金玉均尸体的碎块扔在全国各处时，金玉均引起了民众的关注。所有对金玉均的党派有好感的人或是对闵派抱有敌意的人很自然地看到，紧接着而来对金玉均之死以及碎其尸体的报应，以超人的方式在这场革命中出现。

闵派听到政府军失败和全罗道首府陷落的消息后惊慌失措，立刻向中国政府请求出兵平叛。根据《天津条约》第三条，日本拥有出兵朝鲜的同等权利，但朝鲜希望日本政府受困于国会里的在野党而无法顾及外部复杂事件。6月初，朝鲜向中国发出请求。6月8日，小股中国军队在牙山登陆，其余人马于随后的几天内出发。当时中国军队人数达到2,000人，这只是一小股军队，但它是以中国的名义到来的，是朝鲜人民带着敬畏的情感敬仰的"大国"。登陆在精神上的影响和朝鲜军队小小的胜利，很快就阻止了东学党的前进。他们减少了军事行动，尽管一有机会，他们仍然准备重新开始残暴统治。中国政府也派出了一批军舰，其中扬威号、平远号、操江号开往济物浦（朝鲜首都的出海口），济远号和致远号前往牙山。

中方向日本政府告知,中国派兵前往朝鲜。根据《天津条约》第三条规定,日本政府也采取同样的措施。日本公使大鸟圭介接到恢复其旧职的命令后,就启程前往朝鲜,于6月9日到达济物浦。那座港口有六艘日本军舰和一支海军部队保护大鸟圭介前往首都。日本公使于6月10日早晨5点离开济物浦,同一天到达首都汉城;海军部队大约有400人,驻扎在首都。这只是最初的部署,日军准备大批进驻以捍卫它在朝鲜的利益:6月5日,命令全部陆军和海军准备在邻近的半岛上进行一场大规模的战斗。在大岛义昌带领下的第五师团进军朝鲜,这支部队由于其非正规编队荣获了"混成旅"的称号,这个名称也因为它在战斗中的功绩而尽人皆知。军事准备进展非常迅速,6月9日,第一批部队离开宇品(广岛港第五师团的驻地)。日本人表现出极大的

陆军少将大岛义昌

爱国热情，对于朝鲜总是表现出浓厚的兴趣，尤其对于出兵朝鲜的热情空前高涨；从6月9日到11日，当舰队起航时，宇品和广岛到处都挂满了国旗。

第一支部队于6月12日到达济物浦，随后前往首都去增援海军部队。另一支部队也随后到达朝鲜。据证实，在战争爆发之前大约有8,000名日军驻扎在汉城附近。后来证明这个数字可能有些夸大，但是在牙山的日军人数确实比中国军队人数多。

中国军队和日本军队同时驻军朝鲜，使得朝鲜局势非常紧张，因为相互之间的不信任造成局势更加恶化。不幸的是，即使通过外交谈判，两国之间也无法达成协议。中国政府根据《天津条约》认为，它有权出兵朝鲜，因为朝鲜是它的附属国，而且朝鲜请求中国出兵援助。在另一方面，日本政府根据《天津条约》有关两国有同等权利出兵的条款出兵朝鲜，而且日本拒不承认朝鲜是中国的附属国，基于这一点，不同意也是可能的。中国始终宣布它对朝鲜拥有宗主权，日本拒不承认这一点。根据1876年的条约，日本宣布了它对宗主权的态度，朝鲜作为独立的主权国家，可以同日本签订条约，这样在实际上否定了中国对朝鲜的保护特权。在随后签订的条约中，朝鲜对欧洲列强都称中国对朝鲜拥有宗主权，而且进一步补充说明，像这样的宗主权并不影响其对内、对外的主权，也不会限制它签订条约的权力。日本人民对于朝鲜问题同日本政府一样敏感。中国政府在牙山发布了一个不合时宜的公告，在公告中赦免了那些投降的叛乱者，同时声称要严惩顽固分子，里面朝鲜是作为中国的一个藩属国而被提及。这引起了日本舆论界的哗然，激起日本人民的极大愤慨。

在谈判过程中,中日双方再次产生摩擦。日本政府认为,东学党起义并不是偶然发生的,而是朝鲜坚持错误的国家统治政策所导致的必然结果,认为起义军是不可能被镇压的,将会死灰复燃,除非朝鲜进行一场根本性的变革。日本建议朝鲜进行改革,并要求中国政府帮助朝鲜强制执行。中国拒绝了日本的要求,认为这是没有必要的,它不愿意干涉这个半岛上的内部事务。

日本政府的建议是一个非常合情合理的举动,但却节外生枝,置中国于两难境地:朝鲜的恶政是显而易见并且难以否认,可是中国没能反对引起恶政的党派,因为它们是朋友,而且前者还派军队支持后者。

尽管有以上种种理由,但对于中国而言,接受日本的建议似乎更好一些;朝鲜,一个穷国,不值得为它打一场战争,而且名义上的宗主权只是一个天真虚幻的泡影而已。

日本除了显示它在外交上的能力外,还在危机来临的时候,拥有强大的政治和军事优势。当中国在朝鲜隐蔽的角落里只有一小部分军队时,日本军队已经成为朝鲜首都的控制者,朝鲜政府也被置于日本军队的控制之下。日本刻不容缓地利用这些优势。大鸟圭介的改革要求得到朝鲜政府的支持,朝鲜向他颁发一个特殊的委任状。他的改革措施是完善的,包括五个主要的部分,并且细分为更小的部分。①

虽然朝鲜人在表面上屈服于大鸟圭介,但却并非真心在全国范围内实行这样的改革。他们拖延时间,随后要求日本从朝鲜撤军,只有这样朝鲜才能进行改革。形势变得非常严峻。中国与日本双方

---

① 参见附录A。

互不相让，而朝鲜对于将要做出的决定又犹豫不决。它倾向于中国，但日本又占据着它的首都，所以它无法按照自己的意愿行事。

尽管谈判一直在进行中，友好的大国派出得力官员谋求和平，然而都没有解决争端。日本决心向中国显示它对改革问题的立场，关闭了同中国进行沟通的所有渠道，宣布朝鲜拥有对改革提议的优先决定权，解除了日本政府对于任何结局所负有的责任，这个结局可能引起朝鲜局势的混乱。① 对于朝鲜，日本下决心要敦促其进行改革，运用各种手段，甚至不惜动用武力。这只是一种推测，事件可能促成相互的敌对行动。7月下旬，形势变得更加严峻，和平前景已十分渺茫。7月16日，中国政府要求日本停止向通商港口增派更多的军舰（担心福州事件重演②）。据了解，7月24日从上海得到消息，日本政府已承诺他们军事活动的范围不包括那个港口③。

在叙述战争爆发原因之前，有必要了解两国的海军和陆军情况。

中国陆军

中华帝国的军队名义上分成四个等级：

Ⅰ. 八旗军

---

① 战争中所有的书信都包括在附录B中。
② 1884年，在冲突（即中法战争。——译者注）爆发前，法国的船只在福州的河（即闽江。——译者注）上与中国船只相撞，发生沉船事件。
③ 即上海。——译者注

Ⅱ. 绿营（或汉军）

Ⅲ. 乡勇（或团练）

Ⅳ. 练军

Ⅰ.第一级因这个统治着中国的满洲人的王朝的开国君主划分而得名，又分成如下部分：

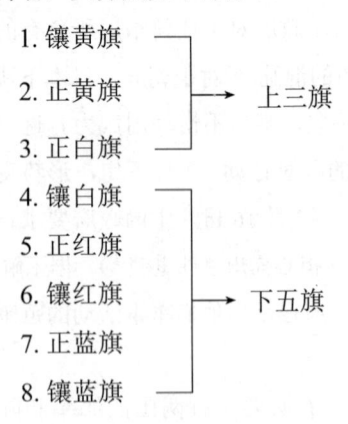

1. 镶黄旗
2. 正黄旗   → 上三旗
3. 正白旗

4. 镶白旗
5. 正红旗
6. 镶红旗   → 下五旗
7. 正蓝旗
8. 镶蓝旗

每一旗包括满人、蒙古人和汉人，组成一个固山，整个八旗被分为24个固山。旗人（他们不能被称为士兵）在这支军队里登记的是250年前占领中国并建立现在的王朝的旗人的后裔。那支部队原来只有满人和蒙古人，后来将一部分背叛明朝的汉人补充进来。这支由三个民族组成的军队主要驻屯于全国主要的城市。两个世纪以前，强壮的士兵被安置在那里，驻守要塞，镇压反叛，而现在他们的后裔平静地生活在汉人中间，享受着特权，同汉人没有任何区别。在现在的八旗军中，当年这群混杂的游牧部落由贫瘠的草原进入肥沃中原时的那种勇敢和进取精神早已荡然无存。他们认为祖先们已为他们赢得了足够的荣耀并且只限于他们领取皇粮。

八旗军人数众多，约25万人，大约三分之二的军队驻守于北京和直隶的大城市,其余部分驻守于全国其他各主要城市。这种部署是根据旧时部署原则进行的,他们把中国作为一个占领国来对待,进行这样的部署是为了随时镇压任何反抗。中国政府在北京周围驻有大批军队,随时准备开拔到各地去应付各种紧急情况。

驻京八旗军组成如下:

营名	组成	营数	人数
骁骑营(威妥玛[Thomas Wade]称为雇佣营)	包括满人、蒙古人和汉人	每一个固山组成一营,即24个营	28,800人
护军营或侧翼营	由满人和蒙古人组成	8个营	15,000人
前锋营	由满人和蒙古人组成	4个营	1,700人
健锐营	由满人和蒙古人组成	2个营	2,000人
亲军营	由上三旗的满人和蒙古人组成	1个营	1,700人
步军营	由满人、蒙古人和汉人组成	8个营	21,000人
火器营	由满人和蒙古人组成	4个营	6,200人
步军统领衙门	由满人、蒙古人和汉人组成	—	20,000人
			合计 96,400人

在以上所提到的兵力中,其中大约只有2万或3万人被认为

是真正具有战斗力的。

Ⅱ.第二个级层，绿营（或称汉军①），全部由汉人组成。这支军队是满人在征战中国的过程中建立起来的，实际上它是古代军队的翻版。大约有50万或60万人②，分布于全国，大部分如同欧洲的警察。事实上，八旗军和绿营一样，与其说是军队，倒不如说是巡警。他们只能用以维持秩序及镇压小规模的暴乱。他们被中国人称为军队，是有其地理和政治原因的。由此可见，警察和军队的职责被混淆了，叛乱是一场小规模战争，而战争则是一场大的叛乱；因而军队用于这两个方面都是必要的。

在满人占领中国后的很长一段时期里，中国处于长期的和平之中，我们所介绍的八旗军和绿营渐渐失去了他们在军事上的优势，成为和平时期控制人民的一种简单工具。这一点被太平天国起义所证实。开始于广东、广西的太平天国运动几乎推翻了清王朝的统治。一些人看到了中国军队的无能，开始在湖南、湖北的农民中招募乡勇协助政府镇压反叛。这项措施是由曾国藩提出来的，随后在安徽省的李鸿章建立了淮军，这构成了军队的第三个级层。

Ⅲ.乡勇，这支军队是由来自全国各省的汉人组成的。来自同一个省的人被编在一起，并且当有机会需要他们的服务时，他们从一个省转移到另一个省。他们的数量是不确定的，由于乡勇是在紧急的情况下编入的，因此他们的数量随着国家内部条件的变

---

① 作者此处将绿营称作汉军，是错误的。汉军是汉军八旗的简称。——译者注
② 根据曾国藩日记记载，绿营自雍正朝（1723—1735）至乾隆四十五年（1780），虽然名义上包括64万人，但只有约6万或7万人是强壮的。乾隆四十六年（1781）增加约6万人。这表明中国军队的兵员数字是多么不可靠。

化而变化。当然,政府还是控制着一定数量的这样的军队。

Ⅳ. 练军,这部分军队主要来源于受欧式训练①的乡勇。他们的人数也是不确定的。据不完全统计,他们的人数在 5 万到 10 万人。

每一次发生在中国的起义都提示着中华帝国在军事上的无能,改革势在必行;但这种努力被国内的迟钝、官僚主义、贪污腐化和保守主义所扼制。太平天国起义导致乡勇的出现;对英法作战导致采用欧式训练方法;与俄国关于固尔扎的错综复杂的关系使得中国在满洲建立了一支特殊的军队。这支后起的军队,在目前的战争中值得特别注意,大约有 7 万人,也采用欧式武器装备。这个数字预示着一种倾向,但这并不是改革的结果。一本日本期刊说,尽管在满洲登记在册的士兵达到 17.5 万人,但他们大部分是没有军事价值的。它还提到吴大澂从 1884 年到 1889 年在满洲执行特殊任务时在每一个省建立了 8 个步兵营(4,000 人)和 2 个骑兵队(500 人),共 20 条枪。整个满洲共 1.35 万人,60 条枪。这个数据虽然来源于 1888 年,但正如我们在随后的战争中所见,在以后的几年中这个数量并没有增加。

省份 \ 军种	八旗军(人)	绿营(人)	乡勇(人)	练军(人)
直隶	162,646	47,138	22,700	4,000
山西	4,149	26,288	5,700	
山东	2,405	25,406	6,500	
河南	1,011	8,943	4,500	5,000

---

① 当论及中国军队时,这是一个重要特征。在这场战争期间,一个总督上奏谈到他的士兵精于弓箭。

续表

省份 \ 军种	八旗军（人）	绿营（人）	乡勇（人）	练军（人）
江苏	6,539	46,840	22,700	
安徽			4,400	
江西	—	11,074	—	
浙江	4,055	37,546	2,850	
福建	2,781	62,573	5,500	
广东	5,356	69,015	3,000	
广西	—	11,535	—	3,000
四川	2,065	34,790	12,900	
湖北	5,842	22,603	6,000	
湖南		26,470		
陕西	6,719	43,261		
甘肃	5,791	43,519		
云南	—	36,110		
贵州	—	30,613		
盛京 满洲	19,592			
吉林 满洲	10,712			
黑龙江 满洲	11,661			
突厥斯坦①	7,623	15,295		
Hi②	7,925			
合计	266,872	599,019	96,750	12,000

上表显示了中国各地军队的部署情况，资料来自一本日本军事出版物。

---

① 此处"突厥斯坦"（Turkestan）是作者对中国新疆的错误称法。——译者注
② 此处"Hi"原文如此，经译者排查该表，发现缺少伊犁的驻军数据。则"Hi"极有可能是"伊犁"的威妥玛式拼写"I Ii"的误写。当时新疆虽然已经建省，但伊犁将军与新疆巡抚并立，故伊犁驻军单独统计。——译者注

中国海军

中国的海军与陆军不同，在中国海军里，有许多受中国聘请的外国顾问，其中就有一位叫琅威理（R. N. Lang）的外国人受聘成为总教习。甚至有许多官员都受过专业训练，这与他们的陆军将领有着极大的差别。这个差别的存在是正常的，因为一个没有受过科学教育的人是无法驾驶一艘军舰的。

中国海军分成四支舰队——北洋舰队、南洋舰队、福建舰队和广东舰队。以下是各舰队的具体情况。

北洋舰队

船名	吨位	马力	甲板厚度（英寸）	炮的数量及种类	速度（节）	乘员（人）
定远	7,430	6,000	14	4门30.5厘米克虏伯炮；2门15厘米克虏伯炮；8门哈乞开斯炮；2门登陆炮	14	330
镇远	7,430	6,000	14		14	330
经远	2,900	3,400	9.5	2门21厘米10吨炮；2门15厘米炮；7挺机枪	15	202
来远	2,900	3,400	8		15	202
平远	2,850	2,400	8	1门26厘米克虏伯炮；2门15厘米炮；9挺机枪	10.5	200
济远	2,355	2,800		2门21厘米克虏伯炮；1门15厘米炮；9挺机枪	15	180
致远	2,300	7,500		3门8英寸12吨炮；2门6英寸4吨炮；7门57毫米炮；2门57毫米炮；8门27毫米速射炮	18	202
靖远	2,300	7,500			18	202

续表

船名	吨位	马力	甲板厚度（英寸）	炮的数量及种类	速度（节）	乘员（人）
超勇	1,350	2,600		2门10英寸阿姆斯特朗炮，4门12厘米速射炮；7挺机枪	16	130
扬威	1,350	2,600			16	130
康济	1200	750				
威远	1,200	750				
民庆	700			运输部队的舰船		
镇海	440	380		2门16厘米炮；4门12厘米炮	10	119
镇北	440	380			10	119
镇南	440	380		1门35吨阿姆斯特朗炮；2门22磅炮	10	
镇西	440	380			10	119
镇东	440	380		1门25吨阿姆斯特朗炮；2门22磅炮	10	119
镇中	440	380			10	119
镇边	440	380		1门22吨阿姆斯特朗炮；2门12磅炮	10	119
镇安	440	380			10	119

战争爆发前从其他舰队调来补充北洋舰队的舰艇

船名	吨位	马力	甲板厚度（英寸）	炮的数量及种类	速度（节）	乘员（人）
泰安	1,258	600		1门16厘米炮；4门12厘米炮	10	180
广甲	1,296	1,600		3门15厘米炮；4门12厘米炮；4门哈乞开斯炮	14	
广丙	1,100	3,400		1门15厘米炮；1门12厘米炮；4挺机枪		
广乙	600	500		3门12厘米速射炮		

续表

船名	吨位	马力	甲板厚度（英寸）	炮的数量及种类	速度（节）	乘员（人）
眉云	515	400		1门16厘米瓦瓦苏后膛炮；2门12厘米炮；4门6磅瓦瓦苏后膛炮		70
操江	572	400		4门16厘米瓦瓦苏后膛炮		

南洋舰队

船名	吨位	马力	炮的数量及种类	速度（节）	乘员（人）
海安	2,600	1,750	2门21厘米克房伯炮；4门15厘米克房伯炮；20门12厘米克房伯炮	12	372
驭远	2,600		26门炮（可能与上面相同）	14	372
南瑞	2,200	2,400	2门8英寸阿姆斯特朗炮；8门12厘米（速射炮）；10门哈乞开斯炮	15	250
南琛	2,200	2,400		15	250
开济	2,153	2,400	2门21厘米克房伯炮；6门12厘米克房伯炮；4门神机连珠炮	15	270
保民	1,477	2,400	2门200磅炮；6门70磅炮	16	
寰泰	1,477	2,400	2门15厘米克房伯炮；5门12厘米克房伯炮；4挺机枪	15	
登瀛洲	1,258	600	1门16厘米；4门12厘米炮	10	
澄庆	1,209	750	5门炮	12	
威靖	1,100	600		12.5	
测海	700	430	15门12厘米炮	12.5	
飞霆	400	310	1门38吨阿姆斯特朗炮；2门12磅炮；2挺机枪	9	
策电	400	310		9	

此外，还有三或四艘安装了重炮的较小型炮艇。

福建舰队

船名	吨位	马力	炮的数量及种类	速度（节）	乘员（人）
福靖	2,200	2,400	2门8英寸阿姆斯特朗炮；8门4.7英寸（速射炮）；4挺机枪	17	
伏波	1,258	600	1门16厘米瓦瓦苏后膛炮；1门9吨炮；4门40磅炮；6门46磅炮		180
元凯	1,250	600	1门16厘米炮；4门40磅炮	10	180
超武	1,250	750	1门19厘米炮；4门40磅炮	11.5	180
靖远	600	480	2门16厘米瓦瓦苏后膛炮；2门40磅炮	8	100
靖海	600	480	1门7吨炮；4门56磅炮	9	100

广东舰队

船名	吨位	马力	炮的数量及种类	速度（节）	乘员（人）
永保	2,500	2,400	3门8英寸10吨炮；7门12厘米克虏伯炮	15	
海镜	1,450	600	1门16厘米炮；2门12厘米炮	9	180
琛航	1,391	550	2门炮		
广乙	1,030	2,400	3门12厘米（速射炮）；8挺机枪	16.5	
广镜	1,030	2,400		16.5	
广德	1,030	2,400		16.5	

此外还有20或30艘小炮艇，吨位范围从120吨至600吨；但是它们的炮比较小，只用于内陆水域缉私和打击海盗。

对于本书来说，北洋舰队是唯一值得注意的舰队，它是唯一参战的舰队。此外，它也是最难战胜的一支中国舰队，特别是它对京城的防卫起了很大的作用，它拥有两个著名的军港：亚瑟港和威海卫。

日本陆军

当日本进行政治改革的同时也进行了军事改革：一个骄傲自大的好战民族，在接受下关和鹿儿岛的教训之后感到，有必要跟上时代的军事进步。据说在30年前的复辟战争①中，一些士兵还使用盔甲：尽管这仅是个别留存下来的古代物品，但日本的整个军事体系则更适合于封建领主的争斗而不是对外战争。当时，承认并维护武士阶层持有武器特权的封建制度已经被废除，有必要采取其他的措施组建一支军队；当时世界各国也正处于军事制度的重组时期，普法战争的惊人后果是提醒所有国家招募强壮士兵进行战争准备。日本采用起源于普鲁士，并为欧洲大陆国家所略微修改的军事体系。

根据1872年11月28日颁布的法令，于1889年2月21日做了补充规定：每一个年满20岁的日本臣民必须服兵役，在常备陆军中服役3年（或在海军服役4年），在陆军后备军中服役4年（或在海军后备军服役3年），在地方自卫队中服役5年。除此之外，全国17岁至40岁的男子均列入军籍。这里大概有必要向英语读者说明一点，彻底的征兵是没有的，也是永远不可能的，在任何国家里也都是不存在的：即使是在拥有50多万常备军的法国

---

① 即倒幕战争。——译者注

和德国，也只有一半年轻人服兵役；而日本没有受到侵略的威胁，日本人民没有被迫交纳重税去担负沉重的军费开支，只有一小部分人通过法律被迫服役。许多人因为生理缺陷或是家庭原因，例如必须赡养老人或有兄弟在军队服役而本人无法服兵役，排除这些人数以外，仍有许多人达到要求，分遣队就是从这些剩余的部分中选取的。

　　日本军队的编制与欧洲军队略有不同，没有陆军兵团——最大的军事单位是师团。共有6个师团，除了也被认为是1个师的近卫师团以外，它们在数量上是相同的。但这些师团的组成不完全统一，它们有2个旅团或4个联队的步兵，但是炮兵、骑兵、工兵和辎重兵在每一个师团所占的数量是很少的。1个步兵联队由3个大队组成，每1个大队由4个中队组成；1个骑兵大队包括3个骑兵中队；1个炮兵联队被分成2个炮兵大队，4个野战炮兵中队和1个包括2个山炮炮兵中队的大队（近卫炮兵联队有2个大队）；1个工兵大队包括3个中队（近卫师有2个中队）；辎重大队有2个中队。表Ⅰ给出了6个师团的大队和步兵联队的地区分布：显示出每一个师团是由哪些军队组成的。

表Ⅰ

师团	旅团	步兵	骑兵	炮兵	工兵	辎重兵	要塞炮兵
近卫师团		4联队（东京）	1大队	1联队	1中队	1大队	
第一师团（东京）	第一旅团（东京）	第一联队（东京）	1大队	1联队	1大队	1大队	2大队
		第十五联队（高崎）					
	第二旅团（佐仓）	第二联队（佐仓）					
		第三联队（东京）					

续表

师团	旅团	步兵	骑兵	炮兵	工兵	辎重兵	要塞炮兵
第二师团（仙台）	第三旅团（仙台）	第四联队（仙台）					
		第十六联队（新发田）	1中队	1联队	1大队	1大队	
	第四旅团（青森）	第五联队（青森）	2小队				
		第十七联队（仙台）					
第三师团（名古屋）	第五旅团（名古屋）	第六联队（名古屋）	1中队	1联队	1大队	1大队	
		第十八联队（丰桥）					
	第六旅团（金泽）	第七联队（金泽）	2小队				
		第十九联队（名古屋）					
第四师团（大阪）	第七旅团（大阪）	第八联队（大阪）	2中队	1联队	1大队	1大队	
		第九联队（大津）					
	第八旅团（姬路）	第十联队（姬路）					
		第二十联队（大阪）					
第五师团（广岛）	第九旅团（广岛）	第十一联队（广岛）					
		第二十一联队（广岛）	1中队	1联队	1大队	1大队	
	第十旅团（松山）	第十二联队（丸龟）	2小队				
		第二十二联队（松山）					

续表

师团	旅团	步兵	骑兵	炮兵	工兵	辎重兵	要塞炮兵
第六师团（熊本）	第十一旅团（熊本）	第十三联队（熊本）					
		第二十三联队（熊本）	2中队	1联队	1大队	1大队	1大队
	第十二旅团（福冈）	第十四联队（小仓）					
		第二十四联队（福冈）					

除了这些一般编制外，还有2个特殊的当地军团：北海道（群岛最北边）守军，包括4个步兵大队（每1个大队有2到6个中队），1个骑兵队，1个山炮队，1个工兵队；对马岛（日本和朝鲜之间的两个小岛）守卫队包括1个步兵队，1个要塞炮兵队。还有6个宪兵队分别驻守于每一个师团的驻地。

针对每个军团和整个部队的数量，我们把日本与其他国家做一个比较，在这种情况下尽可能地做到准确，得出以下结论。军队的兵力不但在不同时期数量不同，而且即使在同一时期，由于依据的标准不同，数量也是不同的，有的标准包括辅助军队或非战斗力人员，有的标准则未予考虑。表Ⅱ列出日本在和平时期军队的数量，包括战斗人员和非战斗人员的数量。

表Ⅱ

	步兵联队	骑兵中队	炮兵联队	要塞炮兵联队	工兵大队	辎重大队
陆军中将或大佐	1	1	1	1	1	1
少佐	4		3	3		

续表

	步兵联队	骑兵中队	炮兵联队	要塞炮兵联队	工兵大队	辎重大队
大尉	13	4	9	15	4	3
中尉	27	7	15	27	7	5
海军少尉	25	6	12	24	6	4
特别军士长	12	3	6	11	3	2
军士长	12	3		13	3	3
中士	130	35	64	136	32	31
士兵	1,440	426	576	1,404	330	180—360
合计	1,664	485	693	1,634	386	589
非战斗人员						
主治外科医生	1			1		
外科医生	5	2	3	2	1	2
医务员主管	3	1	1	3	1	1
医务员	12	3	6	12	3	2
兽医	2	2				2
雇员	7	2	8	7	2	2
枪炮工	6	2		2	2	1
蹄铁工		4	2			3
马鞍工		1	2	11		
铁匠			2	2	1	
成衣工	21	7	10	21	7	7
制鞋工	11	5	6		5	5
木工			2	2	2	

续表

	步兵联队	骑兵中队	炮兵联队	要塞炮兵联队	工兵大队	辎重大队
合计	66	29	44	63	24	25
总计	1,730	514	737	1,697	410	614

83　如果我们把这些表格放在不同的兵种上，可以得到以下数字：

兵种	人数
步兵	48,440
骑兵	2,570
野战炮兵	5,159
要塞炮兵	1,698
工兵	2,596
辎重兵	3,840
合计	64,303

另外，我们必须加上1,000名宪兵和约4,000名北海道（又称虾夷岛）守军。这样，最后的数字将比日本和平时期人数略高，但这只代表日本平时的兵力，可能更接近于战争开始时日军每个团实际的兵力。

84　下面是每个师的兵力：

部队	兵力（人）
近卫军	7,359
第一师团（东京）	10,243
第二师团（仙台）	8,872
第三师团（名古屋）	8,943
第四师团（大阪）	9,107
第五师团（广岛）	8,898
第六师团（熊本）	10,271
合计	63,693

后备军有 91,190 人，地方军有 106,080 人，以至于战时除了有 1.5 万人将防守本土以外，每个师团增加到约 1.3 万人准备参加战斗。但是对于如此庞大的军队来说，军官的数量是不足的，因此我们对日军每个师在战时编制是否能达到 2 万人表示怀疑。当然，增加的人员总是用来填补由于敌人杀伤和疾病所造成的缺员。

步兵团的 3 个大队和 12 个中队组成的一个步兵联队，在平时每个中队有 120 名士兵，战时有 210 人，这样战时的兵力达到 2,810 人，其中 2,744 人是战斗人员。如果其他部队按同样比例增加，那么骑兵大队约为 800 人，炮兵联队达 1,200 人，工兵大队达 600 人，辎重大队达 1,000 人①。这样，在战时每个师团达 15,000 人。由于随行杂役人员的增加，整个军队的人数也势必增加。日本的统计表明，后备军和地方军部队的人员主要从事军队

---

① 以上所有关于日军兵力的详细资料来源于内山上尉在京都的一次教育会议上的讲稿。

的运输任务。这样的安排使人们明白，日本在进行远征时为什么会有一个效率如此之高的军需部。

炮兵联队包括6个大队，每个大队平时分成4部分，战时分成6部分；在这些大队中，其中4部分是野战炮兵大队，另外2个是山炮炮兵大队。

战时日本步兵配备村田式步枪，由一名日本军官发明并用其名字来命名的一种后膛枪，其有一个弹夹。骑兵配备军刀和村田卡宾枪，只有近卫骑兵才配有矛。炮兵使用7厘米口径的意大利式青铜炮，日军在大阪成立了制炮工厂，雇用意大利人来指导制炮。

日本海军

我们没有必要在编制上做更多的解释，因为所有国家海军的编制基本相同，但有几点在这里我们要做详细说明。日本是一个岛国，奇怪的是虽然它拥有如此长的海岸线和人口如此众多的沿海居民，而海军力量却相对薄弱。它的陆军无论在训练、军事技术还是在人数上都超过中国，但没有一艘军舰的马力超过北洋舰队两艘大型铁甲舰——镇远号和定远号。日本只有几艘快舰，其中有当时世界上速度最快的吉野号，但它的成功归功于它的士兵而不是战舰本身。

日本拥有三个军港——横须贺、吴市和佐世保，每个军港有一支舰队；但是在战争期间舰队被分成由4艘军舰组成的几个小舰队，作为在军事行动中的作战单位。

下面是日本军舰的明细表：

日本舰队

船名	吨位	马力	装备	速度（节）	乘员（人）	备注
扶桑	3,718	3,500	4门24厘米15吨克房伯炮；2门17厘米房伯炮；5挺机枪	13.2	377	
桥立	4,277	5,400	1门32厘米加纳主炮；11门12厘米速射炮；6门3磅炮；6挺机枪	17.5	360	
浪速	3,650	7,235	2门26厘米28吨阿姆斯特朗炮；6门15厘米5吨克房伯炮；2门速射炮；10挺机枪	18.7	357	
高雄	1,760	2,330	4门6英寸速射炮；1门4¾英寸速射炮	15	222	横须贺镇守府
八重山	1,600	5,400	3门12厘米速射炮；6挺机枪	20	217	
武藏	1,476	1,600	2门17厘米克房伯炮；8门12厘米克房伯炮；2挺机枪	13.5	256	
天城	1,030	720	1门15厘米克房伯炮；4门12厘米克房伯炮；2挺机枪	11	159	
爱宕	615	700	4门15厘米克房伯炮；2挺机枪	—	104	
严岛	4,277	5,400	1门32厘米加纳主炮；11门12厘米速射炮；5门6磅速射炮；11门3磅哈乞开斯炮；6挺机枪	17.5	360	吴市镇守府
千代田	2,450	5,600	10门12厘米速射炮；14门47厘米速射炮；3挺机枪	19	300	

续表

船名	吨位	马力	装备	速度（节）	乘员（人）	备注
金刚	2,200	2,450	3门17厘米克房伯炮；6门15厘米房伯炮	13.7	286	
比睿	2,200	2,400	3门17厘米克房伯炮；6门15厘米房伯炮	13	286	
大和	1,476	1,600	2门17厘米克房伯炮；5门12厘米克房伯炮；8挺机枪	13.5	231	
筑紫	1,500	2,887	2门25吨阿姆斯特朗炮；4英寸4门4英寸阿姆斯特朗炮；4挺机枪	17	177	吴市镇守府
天龙	1,490	1,250	1门17厘米6吨克房伯炮；6门12厘米克房伯炮	12	214	
摩耶	615	700	4门15厘米克房伯炮；2挺机枪	12	104	
赤城	615	700	1门24厘米克房伯炮；1门12厘米克房伯炮；2挺机枪	12	126	
松岛	4,277	5,400	1门32厘米加纳主炮；11门12厘米加纳主炮；5门6磅速射炮；11门3磅哈乞开斯炮；6挺机枪	17.5	360	
吉野	4,150	15,000	4门6英寸速射炮；8门4.7英寸速射炮；22门3磅速射炮	23	—	佐世保镇守府
高千穗	3,650	7,500	2门26厘米28吨阿姆斯特朗炮；6门15厘米5吨阿姆斯特朗炮；12挺机枪	18.7	357	

续表

船名	吨位	马力	装备	速度（节）	乘员（人）	备注
秋津洲	3,150	8,400	1门32厘米加纳主炮；12门12厘米速射炮；6挺机枪	19	—	佐世保镇守府
葛城	1,476	1,600	2门17厘米克房伯门炮；5门12厘米克房伯门炮	13	231	
海门	1,490	1,250	1门17厘米克房伯门炮；6门12厘米克房伯门炮	12	211	
日进	1,470	1,270	1门7英寸M.L.R.阿姆斯特朗炮；5门12厘米克房伯炮	—	157	
磐城	600	650	1门15厘米克房伯炮；2门12厘米克房伯炮	10	112	
鸟海	615	700	1门21厘米克房伯炮；1门12厘米克房伯炮；2挺机枪	10	104	
大岛	640	1,200	4门12厘米速射炮；8门47毫米速射炮	—	129	

第二部分

朝鲜战役

第一章　战争爆发

日军攻占朝鲜王宫

7月中旬，朝鲜矛盾变得十分尖锐，通过和平手段来解决朝鲜问题已化为泡影。日本政府早已制定了中国政府认为没有必要进行的改革计划，而中国政府却拒绝合作；朝鲜政府在开始的时候同意日本的建议，但后来拖延，向日本提出在朝鲜进行改革之前日本必须从朝鲜撤军的要求。朝鲜的搪塞主要归因于中国政府的阴谋，于是日本政府决定清除为中国利益而行使权力的闵派。即使日本政府不愿意，它也必须采用强硬的路线：日本民众情绪激昂，整个国家决定洗刷曾经在朝鲜所遭受的耻辱。1876年，日本第一次同朝鲜签订了和平条约，使这个国家的一个党派感到不满，并且这种不满随后在1877年引起萨摩藩叛乱。这场叛乱导致日本在七个月的战争中丧失上千人的生命和上百万的财产。汉城的日本公使馆两次遭到袭击，日本人认为朝鲜的道歉和赔款不足以补偿日本人的损失。在这种情势下，日本必须尽力捍卫哪怕一丁点尊严。

在另一方面，这个机会是那么的难得，以至于日本必须要抓住。日本人更机敏、更精明。他们向中国提议，共同重组这个国家，但被中国拒绝了。日本在朝鲜首都驻有大批军队，因此他们即使在没有任何帮助的情况下也能战胜朝鲜。不通过战争，朝鲜问题就无法解决，也正是这个原因成为日本成功的首要因素。

事态进展得非常迅速。7月18日，朝鲜政府通知日本公使大鸟圭介，如此众多日本士兵的存在使得百姓人心惶惶，朝鲜只有在日军撤军之后才能进行改革。19日，从1885年就开始驻朝鲜的中国政府代表袁世凯离开汉城，在济物浦搭乘中国军舰返回中国。7月20日，大鸟圭介向朝鲜政府发出最后通牒，提出朝鲜政府必须遵照1885年公约为日本军队建造营房（这暗示日本有权出兵朝鲜）。此外，他还补充道①，公开宣布为了保护一个独立国

大鸟圭介
日本驻朝鲜公使

袁世凯
中国驻朝鲜代表

---

① 他暗示了中国将领们的声明。

家的日本士兵的到来，与其藩属地无法相容。他给朝鲜政府三天的时间来答复他的要求。如果朝鲜政府不能满足日本的要求，日本就会动用武力来进行改革。朝鲜政府茫然不知所措，表示会考虑这个提议。22日晚，朝鲜的答复是中国军队已经应请求前来支援，而且在没有接到再次请求之前是不会撤离的。

大鸟圭介立刻命令驻扎在首都附近的日本军队于第二天早晨进攻王宫。由少校森和桥本率领的两个大队于清晨开拔。他们的目标是进攻在牙山的中国军队，但不久他们就改变了路线，直接进军王宫。在与朝鲜军队进行了短暂接触之后，日军赶走了朝鲜军队，俘虏了国王，对国王宣称他们来到朝鲜是为了保护王宫，使他从恼人的内讧中摆脱出来。在王宫外也发生了一场短暂的混

朝鲜国王

战。在这两场战斗中仅有2人死亡，5人受伤。日军控制了朝鲜的首都和政府。日军公开宣称：7月23日标志朝鲜新时代的开

始,他们将重建政府;闵派被驱逐,开化党人掌管政权。声名狼藉的大院君——国王的父亲,许多年来未经允许不能去看自己的儿子——被召进王宫委以重任。在远东和西方政治中都发生奇怪的变化,恢复大院君的权力是日本以进步和文明的名义所进行的变革的第一步,这的确是不寻常的,大院君是无情迫害基督徒的人,仇视外国人,因涉嫌在1883年发动对日本人的攻击而多年被监禁在中国。

对朝鲜王宫的占领和政府的换班使日军获得了合法权利。日本立刻接受朝鲜政府的请求,驱逐在牙山的中国军队。中国军队由过去的保护者变成了入侵者。王宫的沦陷和政府的改组,也使得日本和朝鲜之间的对抗从开始走向了结束;现在只剩下随时可能爆发的中国和日本之间的战争。据推测,第一次交锋可能发生在汉城和牙山之间的某地。但局势以一种远非寻常并令人震惊的启幕来支配这出即将在远东上演的大戏。

丰岛海战

当朝鲜局势变得日趋紧张时,中国和日本一样,也开始加强在朝鲜的军事力量。中国军队于7月21日以及随后的几天中,派遣11艘军舰搭载8,000名士兵从天津出发前往朝鲜。他们兵分两路,一路前往中朝边界的鸭绿江,另一路前往牙山,增援原来派往那里震慑东学党的小股中国远征部队。中国的目标是加强在牙山守军的力量,抵抗日本的进攻,同时保证后援部队可以源源不断地运送到前线,组成强大的军队进军首都以南,这样就可以两面进攻日军，将日军赶到大海里。这个计划是完善的，但要想实施它就必须行动迅速。所有后来的历史证明，这对于中国军队来说，是不可能实现的。除了军队织组结构的缺陷外，由于缺乏铁路和良好的公路运输，使得中国军队在陆路上的集结成为泡影。中国虽然同朝鲜共有一段很长的边界，但是还是被迫依靠海路来运送军队。

日本发现自己与中国军队处境相同，海洋是唯一的通道。在朝鲜，两国军队的相关态势表明海上交通线越长就越危险。在汉城以南的中国军队可能会切断日本同釜山的联络，因此济物浦成为日军通往海上的咽喉要道。在中国军队驻守的牙山以北也有一支日军，而中国军队也是通过海上进行联络的。这样在济物浦南边一点的牙山就成为了海陆联络的枢纽。日军的既定目标是保证在牙山的军队能够得到增援。他们在汉城的军队不仅要能够保卫自己，而且能够进攻在牙山的敌人，因为从北面开来的中国军队有时不足以构成威胁。如果达不到这个目标，在汉城的日军就可能会面临危险。实际上，此时两军的前景并不明朗，在牙山的中国军队和在汉城的日军同各自指挥基地的距离是相同的，尚不清楚谁能依靠自己的力量打败对方或者削弱对方。

日本政府在得到中国运输船启航的消息后，于7月23日派军舰秋津洲号、吉野号和浪速号离开佐世保。这3艘军舰是日本海军最快的巡洋舰。7月25日上午7时，当它们靠近丰岛和沙派因岛（Shapain）①时，与中国军队的两艘军舰——济远号和广乙号相遇。中国军舰是从牙山附近开来的，据我们所知，在那里已

---

① 沙派因岛，又译作肖伯奥尔岛，究系何岛，待考。——译者注

经发生了战斗①，日军在前一天下午5时20分攻占了汉城的王宫。因此，中国军队知道中日战争已经全面爆发了，极有可能会遭到日军的进攻。在另一方面，日本舰队在海上已经航行了两天，对发生在23日的大事并不知晓，但他们也许会料到这种事情的发生，同时也可能接到阻止中国军队所有海上运输的命令。然而，令日本人惊讶的是，中国军舰没有向他们的旗帜敬礼，这已经十分明显，于是日军就做好准备，当这些岛屿之间的航道变得狭窄时，改变航线，向西南方向的海域驶去，并在中国舰船靠近时开火。

这次行动如此短暂而且具有决定性意义。大约一个小时后，广乙号就失去了战斗力，被迫驶往浅水水域。济远号的艏炮被击毁，20名水手战死，不得不驶回威海卫。济远号的船身上有许多炮洞。许多亲眼目睹过它的人说，济远号像一个胡椒粉盒。据说在交战中，当一艘日舰接近时，济远号举着一面白旗和日本旗帜，仓皇逃跑，并发射了一枚鱼雷，但没有击中，日舰吉野号随后追击了一段时间。

以上事实是根据日本的记载得来的。中国方面说日本首先开火，济远号进行英勇还击，并迫使日舰举起白旗，另一艘日本军舰将它救走。另外又进一步补充说，中国军舰一炮打中了日舰，炸死了一名日本军官，还看到这个军官在空中翻了几个跟头。这个记载与几名欧洲人②所看到的济远号举着白旗逃跑的事实正好相反。不幸的是，中国海军和陆军为了迎合本国大多数人而被迫夸大这件事，而且完全不顾历史事实，同时他们对轻描淡写地描述这件事感到不满。在整个战争中，日本人对中国军队将军和

---

① 斐清（Feiching）航海日记，发表在上海的报纸上。
② 汉纳根（Von Hannecken）、弥伦斯（Muhlenstedt）以及高升号上的船员。

官员的感谢远远超过了对他们自己同胞的感谢。济远号和广乙号同三艘日本军舰所进行的这场战斗，对双方来说是一场实力的较量，也可以说是一次大胆的尝试。对于此次事件，只有中国方面掩盖了事实真相，更奇怪的是中国军舰济远号舰长方伯谦在两个月后，因为临阵脱逃而被斩首。当人们因兴奋而失去判断力的时候，历史就有责任去纠正错误和偏见；同时我们也要反对官方对战争所做出的匆忙判断，客观地来看待同方将军交过战的日本海军军官的观点①和在中国军舰上效力的德国工程师的证明②。

这场战斗对中方来说是轻率之举，如果中国先开火，假定来说唯一的解释是不惜一切代价来保护这艘军舰，那么他们的目的是一方面要把日舰击沉，另一方面通过运动战把日舰从朝鲜海岸引开。

当吉野号追击济远号时，另外两艘船只出现了，操江号——一艘中国小型运输舰和英国商船高升号。秋津洲号追赶前者，在它没有能力反抗的时候俘虏了它。浪速号俘虏了后者，并且上演了一场由于无知和不信任而导致的血腥屠杀，有一千多人丧生。

浪速号大约在上午9时向高升号发出信号，命令高升号抛锚停船，通过信号同其他两艘船进行协商，并派一名军官乘小船前往高升号。这名军官检查了船上的文件，发现这是一艘由中国政府包租用于运送军队前往朝鲜的英国蒸汽轮船（船上有1,200人、12门炮

---

① 日本于第二年在威海卫俘获了中国鱼雷艇，询问被俘官员：为什么方将军在战斗中如此勇猛，却被砍掉了头呢？中国军官回答，他们不知道其中的原因，而丁将军曾经想尽办法去营救他。

② 霍夫曼（Hoffmann）先生在上海的报纸上发表了一个声明，称方将军在鸭绿江战斗（即大东沟海战——译者注）中，指挥他的军舰作战出色。

以及弹药,由中国政府聘请的海军顾问汉纳根作为一名乘客也在船上)。在询问了几个问题之后,日本军官命令高升号船长必须跟着浪速号走,然后这名军官离开高升号,他离船是如此突然,以致于船长唯有说,虽然他极不乐意,但只能被迫跟着浪速号走。

当日本小船离开高升号后,船长准备接受命令时,出现了一场可怕的混乱。当日本军舰截住高升号时,两名中国军官变得异常激动,他们告诉汉纳根,他们宁愿死也不愿意成为阶下囚。当时汉纳根是唯一会说汉语的欧洲人,因此不得不参与整个的谈判过程。他向高升号船长转达了中国人的意愿,他们要求返回在宣战前即7月23日他们离开的大沽口。但日本军官突然离去,使得船长没有时间表示反对,也没有时间通知汉纳根。

当中国军官明白将要发生什么事情的时候,他们变得更加激动,他们集合了所有的士兵,冲上甲板,把武器弹药分发给士兵们。军官们宣称他们不会跟着浪速号,而是要同日军决一死战;当高升号上的船员们宣称,如果中国军队要想打仗,那么他们就要离开这艘船,手持武器的中国士兵把船上的欧洲人全部看管起来,宣称如果发出服从日军命令或是弃船逃跑的信号,就立即杀死他们。这是一个可怜的场景,许多官兵,其中包括两名军官,他们对于一艘商船如何去抵抗一艘有武装力量的军舰毫无经验,而且他们对国际法一无所知。中国军队可能认为外国国旗和船上的欧洲人可以使自己获得庇护,能够因为这些外国人质而避免灾难。况且他们已经为购买航行设备支付了一大笔费用,因而有权在牙山和大沽靠岸,但是他们的无知导致他们葬送了自己的生命。

当中国人控制高升号时,日本人发出要求高升号跟着日本军舰的信号,汉纳根要求高惠悌(Galsworthy)船长向日本发出请求再派小船过来的信号，高惠悌立刻照办。这一次，汉纳根亲自同日本人进行谈判。这个场景是富于戏剧性的，甲板上到处是武装和情绪激昂的士兵。当时，主要人物汉纳根站在过道上，日本军官手持战刀站在梯子上。汉纳根向日本军官解释中国人不愿意服从命令，也不允许高升号跟着浪速号，而是要返回大沽港。这个要求对于汉纳根和船长来说，似乎是合情合理的。日本军官同意向浪速号的舰长请示。

稍后，从浪速号上传来的唯一答复是"立刻停船"。当然这是针对欧洲人来说的，他们不能离开，因为中国士兵把守着所有的吊艇杆。高惠悌发出表示"我们不同意"的信号，然后是"再派小船过来"。日本人的回答是"救生艇不能去"。然后浪速号喷着蒸汽驶离到距高升号约 150 米远的地方，向高升号发射了一枚鱼雷并向两侧开火。无法确定鱼雷是否击中了高升号，但发生了一场充满煤灰碎屑的可怕爆炸。在混乱中，汉纳根和其他欧洲人跳进水中，在一串串的子弹中游向岸边；那些不会游泳的中国士兵知道自己必死无疑，于是向日本人和水里的同伴们开火。浪速号于下午 1 时开火。半小时之后，高升号沉没了。船长、大副和舵手被一艘日本船救起。汉纳根和一些士兵游上了岸，另一些士兵抱着高升号的桅杆，第二天早晨被法国炮艇利安门号（Lion）营救。获救的人数共计 170 人，大约有 1,000 多人丧生。①

高升号的沉没，因有欧洲人丧生而引起了国际争端，致使人们忘记了在那个多事的早晨所发生的其他事件，并且使得那令人难忘的一天中的许多重要事件变得模糊了。如果不是有这些不相关的考虑，7 月 25 日，日本本来会向世界证明它进行战争的迅

---

① 在附录 C 中，记载了一些幸存者的陈述。

速——甚至在早些时候，日本的军事力量本来会为世界所认识。日本战舰于早晨7时与济远号和广济号遭遇，下午1时30分，将高升号击沉。在大约6个小时的时间里，一艘军舰被击毁，另一艘军舰失去战斗力，一艘运输船被俘，另一艘运输船则被击沉。虽然日本人被认为是一个易冲动的民族，但所有这一切的发生，没有慌乱，没有忘记每一个问题的关键细节。当同济远号遭遇时，日本人没有去追赶并摧毁一艘失去战斗力的军舰，他们坚持切断运输。高升号为国际法带来了一个非常复杂的问题，即日本军官在交战后不得不停留几个小时，并担心其他中国军舰在任何时候都有可能重新开始战斗。这个问题得到了正确的解决，但必须记住的是，英国国旗必须受到尊敬——在全世界都需要尊敬它，在远东，人们怀着畏惧的感情来看待它。因此对日本人而言，在稍作考量之后便做出如此果断决定，实为非凡之举。

从军事角度上来讲，25日发生的事件至关重要。高升号搭载着1,000名士兵葬身海底等于避免了一场战斗。据说，在牙山军队的命运和中国的作战计划就是在那天已成定局。如果高升号那天到达牙山，1,200名士兵投入战斗，同时有像汉纳根这样有富有经验的军官在场，在交战中，再加上后续的增援部队，这也许将会改变这场陆战的结局。也许大胆而谨慎的日本人就不可能在没有得到增援前就对牙山发动进攻。这一事件还产生了其他一些后果，持续影响着整场战争，它使得中立国对于是否冒险介入这场胜负难料的战争变得更加小心谨慎，同时也向中国政府证明，中国依靠海路来运输军队充满了困难和危险。

第二章　第一次军事行动

牙山之战

日本在7月23日突袭朝鲜王宫并改组朝鲜政府时，他们就已经做好面对在朝鲜境内的中国军队的准备。中国军队在北部的数量不明，而且确切位置也不清楚，但此时他们尚不会构成即刻的危险。日军在23日就派遣一小股骑兵侦察中国军队的行动。牙山南线的中国军队距离日军很近，虽然在人数上并不可怕，但是会得到加强，无论如何，必须赶在北线中国军队靠拢之前，予以歼灭，否则日本将会遭到两面夹击。除了这些军事原因以外，还有迫使在牙山的日军必须迅速打败中国军队的其他原因：必须要用显示日军优势的军事胜利来鼓舞摇摆的朝鲜亲日派，而且未来出现的中国部队可能会在原本已经混乱的南部各道散布不满情绪。

7月25日，大岛义昌将军留下一小部分军队驻守首都，率领大部分军队开拔，向牙山进军。日军前进速度十分迅速：26日，到达水原；27日，到达振威；28日，到达素沙场，此时日军已经到达中国军队的势力范围之内。日军的行军困难重重，缺乏承担负重的牲口，那些被雇来担当运输任务的朝鲜苦力①在第一天就开了小差。不久，在主力部队前面已经行军一天的部队被阻止在水原而无法前进。古志少佐因整整一天一夜无法征集到足够的苦力和牲口而绝望自杀。26日，当后继部队到达水原时，才逐渐克服这些困难。大岛将军从汉城写信通知日军，朝鲜政府已将驱逐中国军队出牙山的任务交给了日本，并印发公告给全体官员，向日本军队提供牲口和苦力，日军将支付费用。朝鲜的农民已经习惯了被他们自己的军队抢掠，根本不相信在东西被拿走之后会有什么补偿，但他们还是很高兴地接受了日本人这种奇特习惯，并向日本人提供了全部所需物资。26日，大岛义昌从大鸟圭介那里得到前几天海军开战的消息，立即向部队通报了胜利的消息，海军的胜利使他们对战胜对手充满了热情和耐心。

当中国军队料到日军有可能进攻时，他们决定不在牙山进行抵抗，因为他们在那里的后路可能会被海洋所阻断，唯一的选择是在素沙场附近建立一个坚固的防御阵地，他们艰难地在此加强防守。从汉城经素沙场到牙山的路必须经过两条小河，其中一条小河已形成了许多小池塘，在地面上没有掩护的地方并且被稻田所分割；再往前，就是山脊。中国军队破坏了桥梁，筑坝拦住河水，并且在山上修建了6座堡垒，用鹿砦保护起来。

7月28日中午前，日军到达距离中国军队阵地5英里远的素沙场。军官拿着他们的双筒望远镜，很快就发现了由大量旗帜点

---

① 欧洲的读者应该了解，在远东雇人来从事在欧洲限于牲口承担的各种工作，他们推小货车和挑货物。在整个战争期间，大批随同日军的苦力从事几乎全部的运输工作。

缀着的中国军队阵地。一些日本军官乔装打扮，接近中国军队阵地。当他们在晚上返回之后，大岛将军召开了一个紧急会议。会议指出，由于敌人据点防守严密，在没有掩护的情况下通过稻田是有困难的，所以有必要在夜间进攻中国军队据点。大岛将军没有向部队通知这个计划，在午夜时分部队突然集合队伍，在寂静和有序的情况下向敌人的阵地出发。日军分成两翼，右翼在武田秀山中佐率领下，由4个步兵中队和1个工兵中队牵制敌人的左

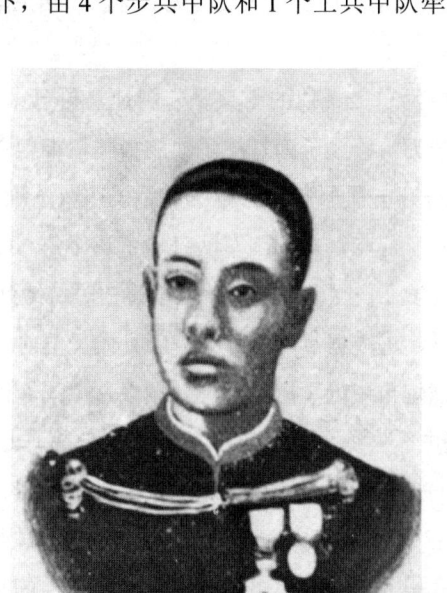

松崎直臣大尉，死于安城

侧；左翼在大岛义昌将军的率领下，由9个步兵中队，1个炮兵大队和1个骑兵中队，迂回进攻中国军队的侧翼和右翼的后部。

松崎直臣大尉率领1个步兵中队在右翼的前面，艰难地蹚过

两条河，河水一直漫到肩膀上，然后沿着一条狭窄的小路向左转，通过一个池塘，穿过稻田到达小村子。黑夜和道路的困难不久使日军陷入混乱。一小股分遣队迷失了方向，武田秀山让翻译到朝鲜人的房子里去问路。埋伏在村庄里的中国士兵立刻向日军开火。日军卧倒还击，但他们的处境非常糟糕；自然地形阻碍了他们的行动，同时他们被敌人的火力压得抬不起头来。时山龚造中尉带着20名士兵急切地冲上前去支援先头部队，结果落入非常深的水坑里溺亡。

松崎直臣为了鼓舞他的士兵坚守阵地，自己站在稻田埂上，挥舞着他的战刀。一颗子弹打中了他的大腿，但他仍继续勇敢地向前冲，直到另一颗子弹把他打死。后援部队渐渐地赶了上来，日军逐渐控制了局势，把中国军队赶出了那个小村子，一直向南赶进稻田。这场在安城河的遭遇战从早晨3时持续到3时30分。

早晨5时，进攻据点的战斗又重新开始。这时在左路的大岛将军直接猛烈炮击中国军队的阵地。据说，中国军队对于他们的枪炮的使用并不熟练，日军炮弹在据点里的爆炸造成了重大伤亡。在硝烟的掩护下，日军进攻中国军队的左右阵地；中国人在阵地迫于左右受敌，于5时30分放弃了所有的据点，并在混乱中撤退。当武田秀山带着第二十一联队赶到牙山的时候，大岛将军带着第十一联队沿着通向天安的道路追击中国军队，行进到牙山。日本人原以为在这里会遭到中国军队顽强的抵抗，后来发现中国军队早已撤退，中国军队宁愿在成欢进行抵抗，因为在那里，他们可以撤退到天安。

参加此次战斗军队的实力被夸大了：正如我们所看到的那样，日军的两翼包括13个步兵中队、1个工兵中队、1个骑兵中队和1个炮兵大队，总数为2,500人。根据被日本俘虏的中国官兵口述得知，中国军队约3,000人，这只是参加成欢战斗的一部分；由于中国将领叶志超早已撤退，所以只有大约不到1,500名士兵在此抵抗日军。

中国军队损失了8门大炮、大量军旗（对于中国军队拥有的强大供给力量来说，这些损失根本无足轻重）和大量的武器弹药，根据日本的记载，中国军队死伤500人。日军损失6名军官和死伤82名士兵。在这里，军官的数量是值得注意的。如果我们看一下日军的伤亡名单，会发现在这88个人中，就有3或4个人是军官。虽然军官的损失较大，但这却提高了日本军官的声誉。它证明日本军官是如何身先士卒地来鼓舞他的士兵，这胜过任何语言，所有的日本报纸和军事刊物对此事大加宣传。

第一份战斗报告宣称，中国军队已全部被歼灭。不久，日军又发现一支约1,500人的中国军队成功地绕道逃到北方，加入在平壤的中国军队。这次撤退被叶志超称为战略转移（他偶尔会提到在成欢之战中给予日军的重创），并且这件事逐渐被夸大，以至于叶志超从他的皇帝那里获得荣誉和奖赏，而日本人因为允许他逃跑而备受轻蔑之辞。但事实并非如此，叶将军原先占据着非常有利的位置，可以在成欢进行顽强的抵抗，但当他得知高升号沉没，不可能得到更进一步的支援时，为了保存军队实力，他只好撤退。在另一方面，大岛义昌将军却忽视了这一群人的逃跑，这是值得注意并且不可推卸的战争责任。

日本人在整个战争期间最主要的优点是没有在细节上浪费注意力，并且总是把战争主要目标牢记心中。7月29日，大岛义昌将军为了抵抗从北向南行进的中国军队，不得不牺牲所有次要之地，把所有的部队集中于首都，以保持日本军队的优势，对抗可能从北方南下的中国军队。

7月31日，日本军队离开牙山，并于8月5日到达汉城。日军再次胜利进入汉城，把所有的战利品、枪支、旗帜等展示给朝鲜人并使朝鲜人相信，日本的军事力量远远高于他们所认为最强大的军事大国——中国。在军队的数次交战中，成欢一战的胜利虽然无足轻重，但在历史上却有十分重要的意义。这是日本历史

号兵白神源次郎

上300年以来第一次在海外的战斗，是完全按照欧洲编制所组织的新型军队进行的首次尝试。日本人对胜利怀有信心，但是他们肯定已经满意地发现，他们是如此圆满地达到了预期目标。牙山战役是一场小规模战事，但它如此迅速地结束，表明日本将军们

懂得怎样在一个没有提供良好道路的国家指挥和组织军队顺利完成任务。许多外国人对日本军官和士兵英勇行为的看法是一致的，认为他们仍旧保持着古老的武士道精神。松崎直臣大尉在战斗中表现出英勇的行为，鼓舞着他的士兵英勇作战，直到战死，白神源次郎①这位可怜的号兵同松崎直臣并肩作战，身受重伤时还继续吹军号，直到生命的最后一息，成为当时红极一时的战斗英雄。

宣　战

在没有任何正式宣战的情况下，中日两国爆发了7月25日的海战和8月1日的陆战，随后中日两国于8月1日同时颁布了宣战诏书。在附录中②包括了这两份有趣的外交文件的正文。中国的文件在日本，日本的文件在中国，同时由美国做担保。关于战争的官方声明在两国内部产生了不同的反响。日本人对于国家的荣誉是那么的敏感，他们为这个消息欢呼，为了国家的胜利，时刻准备为国家贡献自己的一切。尽管日本被称为一个贫穷的国家，政府轻易掩盖战争借款的事实，但这样国家却能在没有外国援助的情况下独自担负起战争所需的全部费用。各种社会团体照

---

①　当地方下院议员要给这位吹号手的家里送一些礼物时，这位失去儿子的父亲的回答体现了一个真正日本人的气概："所有人难免一死。我的儿子随时会牺牲。与其昏睡在这个贫困破败屋子的一角，受到几个亲戚的哀悼，不如战死沙场，接受众多上级的称颂，所以我和他的母亲不会把这事视为一件悲痛的事情。我们为儿子效忠日本，甚至用鲜血捍卫它的荣誉而感到高兴。"——摘自《日本邮报》(*Japan Mail*)

②　参见附录D。

顾伤员并且为士兵提供各种可能得到的安慰。不仅贵族和富人捐献出金钱和有价值的物品，甚至贫民也省吃俭用，他们把零钱捐献给在远方为日本荣誉而战的男丁中的优秀者。当士兵们乘火车前往作战地点时，每一个车站都拥挤着欢送的人群，为他们提供美食并且高声道别。每当军事上的胜利消息传来时，街道上、房屋上都插着国旗表示隆重的庆祝，走在街上就可以知道日军打了胜仗。中国却表现出另一番不同的景象：百姓不崇尚武力，对军队的荣誉漠不关心，同时对朝鲜问题也不感兴趣。有人曾尝试激起老百姓对日本的仇恨，对居住在通商口岸的和平、无辜的日本人，实施从未有过的粗暴的突然袭击。然而，上海却不幸地成为可耻事件上演的舞台。在战争爆发之后，中国人充满愤怒地怀疑国内到处是日本间谍（就战备不足，以及中国军队人数太少而言，无法设想他们所能提供的情报的价值），每一个肤色发黑身穿异国服装的人都会被怀疑是日本间谍。起先是法国船上的一个阿拉伯司炉，被捕后又被释放；但后来两个真正的日本人装扮成中国人，在外国租界被抓获并移交给本应该会保护日本臣民的美国领事。那两个日本人应该受到法庭的公正审判，一旦发现有罪就枪毙，从战争法律来说，这是无可非议的。但他们却被无条件地移交给中国政府，被押解到南京，受尽了酷刑，最后被斩首。美国驻上海领事对这一罪行不负责任，因为他是奉华盛顿的命令行事，但是这个极大耻辱玷污了被认为是象征自由与进步的美国国旗。那两个日本人是那样坚信美国会保护他们，不会将他们移交给靠刑讯逼供进行审判的法庭。美国这种行为降低了它在远东的尊严，毁掉了自己的威信，而且要花好几年的时间来恢复自己的尊严与威信，并消除对这个黑色事件的记忆。这是外国人的权利，在一个混合组成的法庭上，有时甚至可以审判中国人，因为如果美国人拒绝在中国审判日本人，那么它就不能宣布放弃在这个外国租界上这么做的权利。这是美国对中国的一个假意亲近，它从那两个可怜的将死之人的身上所得的东西少得可怜，而且在整个文明世界的眼光看来，它是蒙羞的。外国人因为他们的文明和中国的逐渐进步而感到自豪，因此他们不会放过躲避那个落后的帝国法律的盲目而不负责任的行为的机会。

中国政府还悬赏求日本人的脑袋，奖励破坏日本军舰，中国政府没有意识到如此原始的做法没有任何价值，只能在世界面前显示出它的野蛮性。为了应付这场战争的急迫需要而采取的手段同样无效。有人并无根据地猜测，日本正在遭受食物匮乏的折磨，中国政府就下令禁止向日本出口食物。这种措施的唯一受害者就是中国的生产者。

在正式宣战诏书发布之前，军事行动就已经在频繁地进行着，但奇怪的是，在隆重的仪式之后，却出现了两个多月的平静时期。外国观察家们已经厌倦了这种等待，他们开始怀疑日本军队的效率是否被夸大了并认为这对日本人来说，不是什么好兆头。实际上，在欧洲和远东的外国人共同认为，日本在此次战斗中能够取胜的唯一机会，是在中国还没有集结强大的力量（例如无数现在被认为是士兵来源的苦力）之前迅速打败它。

但日本在战斗开始之前就已经制订好了作战计划，所有的准备必须全部完成。任何因急躁而导致的疏忽大意都会助长敌人的士气而降低自己的威望。

亚瑟港和威海卫前的海军示威

8月10日,舰队司令官伊东祐亨率20艘舰船进攻两个中国港口——亚瑟港和威海卫。这只是一次小规模的战事,双方在要塞和军舰之间进行了远距离对射。

一时间,人们对于日军此次侦察的目的感到迷惑。人们普遍认为,这是试图向中国海军将领丁将军进行的挑衅行为,但一个月后,这次事件的真正目的变得清晰了:这次行动的目的是为了掩护向朝鲜运兵的行动,日军一直持续不断地进入朝鲜。在这段宝贵的时间里,中国海军由于准备不足,舰队一直按兵不动。

当日本军队确信中国只有在真正战败后才会屈服,于是加紧投入战争的准备。为了克服跨海作战的困难,他们尽可能地购置军舰,据说日军在战争期间购置了有47艘舰船,大部分是大型舰船。这个数字加上他们数量可观的商业船队,组成了庞大的运输系统,用来运输军队、武器弹药和其他军需物资。为了巩固他们在朝鲜的地位,日本人于8月25日与朝鲜缔结防御条约,目的是使朝鲜独立。为了达到这个目的,日本集结了必要的兵力,朝鲜同意为日军顺利通过朝鲜提供一切帮助。9月上旬,日本又采取另一项重要的措施。将大部分原来驻守王宫的军队转移到军队出发地广岛——一座位于内海便于派遣军队前往战场的城市。天皇于9月15日——这一天成为日本历史上有纪念意义的一天——到达那里,并立刻投入处理战争事务之中。指挥部十分简陋——只有两间小屋——他晚睡早起，所有时间都用来处理作战事务。天皇的御医警告他说，这样连续的工作无益于他的健康，但健壮的身体使天皇能够应付自如。

在这次军事行动的间隙，即从7月29日开始一直持续到9月中旬，日军悄悄地从济物浦（仁川）、元山和釜山登陆。后一个地点因距离战场过远很快就被放弃了，仁川和元山成为登陆的主要地点，特别是前者。中国也通过海路和陆路迅速向朝鲜运送军队。满洲三省的军队缓慢地向南行进，一部分到达平壤，另一部分到达中朝边界鸭绿江，在那里组成了第二军。这条河的入海口就是通过海路运输而来的中国军队的登陆地。

第三章 平壤之战

初步叙述

中国军队原计划兵分两路进入朝鲜：海路直达牙山，陆路渡过鸭绿江进入朝鲜。前者的主要任务是牵制住敌人，为后者赢得进入朝鲜南部的时间，从而将日军赶出朝鲜半岛。在牙山的那支中国军队位于日军和日本本土之间，它的主要目的是阻止日军运送通信设备，至少使日军无法架设电报线。

通过对牙山战役的叙述，我们已经看到由于日军快速而成功的进攻，使得中国原定计划的第一步落空了。

然而该计划的第二步仍继续进行着：中国军队从北部进攻日军，其人数被传闻夸大，而且中国军队坚信一定能将日军清除出朝鲜。日军密切注视着中国军队的行动，甚至做出一件意想不到的事情。7月23日，当他们还未开始向牙山推进时，便派由骑兵町田中尉和骑兵队长竹内英男少尉率领的一队侦察兵前去执行任务。

这支队伍冒险行动的故事，读起来像一首浪漫的诗篇，同时证明了日本军人所具有的一种进取精神。

竹内英男少尉，在大同江侦察中国军队的行动中阵亡

他们从汉城出发，经过一个不知名的村子，到达大同江。他们知道面前就是平壤，在那里聚集着中国军队。他们距离中国军队非常近，几乎是在中国军队的视线范围之内。在那里，日军停留了9天，观察中国军队的活动情况，并且用不顾一切的和大胆的冒险行动试图干扰他们。为了破坏中国军队的一个电报站，他们试图找一只小船，趁天黑时到达河对岸，但是没有找到船，川崎中士就大胆地跳入水中。中国军队发现了他，在一连串子弹的扫射中，他又游了回来。迎接他的是同伴们的掌声。

这次冒险行动使这支队伍损失了大部分士兵。8月9日晚上，他们遭到了大约200名中国士兵的进攻，在进行了勇敢的抵抗之后，除了两名日本士兵成功地逃回部队以外，其余全部阵亡。这场小规模战斗的胜利鼓舞了进军黄州的中国军队。日本人记下了这个勇敢的游泳者的行为,评价说只有在丰臣秀吉时代才会有类似壮举。

8月8日,由一户兵卫少佐率领的日军先遣队从汉城开始,进行了另一次冒险行动,从汉城向北进军。

当天,他们到达高阳;第二天,到达坡州;10日,他们用早已准备好的小船渡过了清川江。

这条河的对面是高山,在从首都向北的大路上,这个地方形成了一个重要的战略位置。11日,一户兵卫到达开城,开城曾经是朝鲜的首都,如同日本古代首都京都。

日军在该地停留两天,接到了侦察骑兵幸存者的报告,他们的推进最远到达中和。当他们不顾一切地逃跑,撤退到葱秀时,中国军队渡过大同江,进军丰山。

接到这个消息后,日军于8月13日离开开城,谨慎地前行。他们几乎可以说是在敌人占据的乡村中行军。除此之外,自然条件使得行军更加危险重重。从开城到金川的道路环绕在一座山脉的边缘,对于前进的敌军来说,这是一道天险。日军注意到,在几里远的地方有一座一夫当关,万夫莫开的关隘,是一座难以攻克的要塞。日本人通过了这座关隘,当天驻扎在金川。

14日,日军到达丰山,这是一座群山环绕的小城。日军派兵四处侦察,没有发现中国军队。与此同时,日军在靠近敌人的时候,却放慢了前进的步伐。直到17日,日军才进军到南川店。在这里,他们得知中国军队已从黄州向南进军。有一名朝鲜官员始终陪同着日军,一直到南川店,他是由朝鲜政府派来的,目的是通知朝鲜的官员和百姓,日军的行动得到了朝鲜国王的许可。这位官员在到达开城后立刻称病，拍电报要求返回，但是他还是被命令继续同日军一起前进。在抵达南川店后，他同当地官员一起逃跑了。

19日，日军向前推进了二里，一支先遣队在町田大尉的率领下一直到达葱秀。先遣队在那里一直待到20日，侦察中国军队的动态。中国军队把大同江作为防守阵线，而把平壤作为基地，同时派一部分军队到河对岸修筑要塞。日军在朝鲜的孤军深入被认为是疯狂的，因为其无法从遥远的基地获得支持，而且供应也十分匮乏。因此，一户兵卫接到命令后就撤退。21日，日军撤到金川；22日，撤到开城。

在这种情况下，发生了一件意想不到的事情。渡过大同江的中国军队以为自己过于暴露于日军的枪口之下，认为日军的援军就要到来，也开始撤退。这样，本来两支已在十里之内对垒的军队同时撤退，使得从开城到平壤一带无人把守。然而，中国军队也只是报告开城以北的所有地区在8月23日全部脱离日本军队的控制，此前几天还同日军进行过交战，并取得了胜利。在中国，普遍认为日军被彻底消灭，中国人自信地预计将听到他们的军队在几次交战后进入汉城的消息。

如果大岛义昌将军执行他的第一个计划，即不等待来自日本的援军到达，只带领由他指挥，并称作混成旅的部队进攻中国军队，将其驱出平壤，那么就可以证明中国军队的谨慎。但是在8月19日从釜山登陆的野津道贯中将进入汉城，就立刻了解到中国军队的动向，他认为中国军队不会放弃平壤，因为位于朝鲜北部的平壤是由河山环绕，易守难攻的战略要地，同时也是通向中国军队防线和朝鲜首都的门户。他还了解到，这支中国军队努力放弃在战场上总是占据有利地形的老习惯。他认为,对中国军队的前进不必担心。另一方面,依照他接到的务必将中国军队全部赶出朝鲜的命令,他除了进攻平壤没有别的选择,于是他赶快部署军队,设法圆满完成这个任务。

除了大岛义昌将军部署在汉城和开城的部队以外,他还派遣了1个大队前往距离首都和开城同样距离的小镇朔宁,这是通往平壤的唯一道路。此外,一小支后援部队已经靠近首都,等候命令。8月8日,第十二旅团(第十旅)的1个步兵大队和1个炮兵中队到达元山并立刻向首都进发。在到达离汉城不远的地方,报告他们已经就位。野津立即命令他们返回朔宁,援助已到达那里的混成旅的1个大队。在那里,组成了朔宁支队,这支队伍由2个步兵大队和1个炮兵中队组成。

8月23日,大岛将军得到率领他的混成旅向北出发的命令,当天驻扎在金川,第二天进入开城,从22日起,一户兵卫和他撤退的先遣队就在开城等候。得到增援的一户兵卫于8月25日率部向北进发。

21日,第十旅团的旅团长立见尚文到达济物浦,随后向首都进发,他被任命统领朔宁支队。日军计划分兵两路进军平壤。一路通过朔宁,而另一路则沿着一户兵卫在8月初曾经走过的路线。

在这次袭击发动前,虽然沿着两条不同的路线行进,但总部认为这并不足以达到目的,于是发电报通知野津道贯第三师团的混成旅于8月26日在元山登陆,虽然它原隶属其他师团,但现在听从野津的指挥。进攻平壤的计划现在由山县有朋司令决定,并做如下战略部署:野津率领主力部队和大岛义昌率领的混成旅沿着大路进攻;立见尚文率领的朔宁支队沿另一条路进攻;佐藤正大佐（大迫尚敏没有按时到达）率领野津统率的第三师团从元山出发向首都进军。原计划用这种方法包围并摧毁中国军队在平壤的部队。在一些地方，由于对经过的村庄情况不明而且困难重重，再加上缺乏适合的道路，所以准许15天内完成此次行动。各路于8月31日到9月15日到达平壤，但是直到最后一天都没能完成进攻，除了混成旅以外，其余各部尽可能秘密行动，而且在9月15日以前，绝不可距离平壤太近。

在叙述计划执行的情况前，有必要叙述一下8月31日以前各路部队的情况。混成旅于8月24日到达开城，在前往金川之前一直停留到28日，29日到达平山，在那里待到31日即进攻平壤的日子。朔宁支队于8月31日到达新溪。元山支队仍在原来的位置，主力部队沿主路驻扎，在两天的时间内被分成两支，一支在开城，而另一支在首都汉城。下表是各部队的详细情况：

进攻朝鲜的日军部署情况

部队	步兵	骑兵	炮兵	工兵	每个支队的人数
混成旅 （大岛义昌）	第十一联队 第二十一联队 （缺1个大队）	1中队	1大队	1中队	5,540
朔宁支队 （立见尚文）	第十二联队第一大队 （缺1个中队） 第二十一联队第二大队 （缺1个中队）	2小队	1中队		2,160
元山支队 （佐藤正）	第十八联队	1小队	1大队	1大队 （缺1个小队）	3,640
主力部队 （野津道贯）	第二十二联队 （缺第三大队）	—	1大队		2,300

续表

部队	步兵	骑兵	炮兵	工兵	每个支队的人数
主力部队（野津道贯）	第十二联队（缺第一大队）	1大队	—	1大队（缺1中队）	3,100
				总计	16,740[①]

130 除了以上部队外，其他驻朝鲜日军部署情况见下表：

部队	步兵	骑兵
汉城守备支队（安满步兵佐）	第二十二联队的第二大队（缺1个中队）	
元山支队（大迫尚敏）	第六联队	1中队
电线维护支队	第二十一联队的第八中队	
联络维护支队		
仁川支队	第二十二联队的第五中队	
龙山支队	第十二联队的第一中队	1小队

朔宁支队、主力部队和混成旅计划从右中左三路进攻平壤。中国军队侦察兵发现了日军的部署，于是通知各路军队。在平壤战斗开始之前，中国军队取得朝鲜多数人的支持；甚至在首都，受过日本好处的人当中也有他们的密探和秘密支持者。大院君本

---

① 这种从统计表给出的理论作战力量的总数，稍高于真实数字。日本军队只派遣大约14,000人进攻平壤，如果我们根据和平时期的编制——可以派出大约3,500人——来统计的话，就得到这个数字。这支混成旅很早就被派往朝鲜——在预备队集结之前——而且必须长期保持和平时期的编制。上述最可靠的证据是这样的事实——除非我们考虑到这支和平力量，否则这支混成旅就比主力部队还要多。

人也写信给中国将领，表示支持中国军队开向首都。①

从汉城和附近地区调动如此庞大的军队是无法秘密进行的，所以中国军队先头部队料到将会受到正面的猛烈进攻，同时左右两翼也会受到很大的威胁。正如日后所见，甚至在先期采取行动时他们就被日军的战略能力所欺骗。

从元山出发的部队有时被日本人称为预备队，也叫元山支队。中国军队对该支队的到来一无所知，甚至在双方相距很近之时。日军军事动员之所以完成得好——除了混成旅——是因为在9月15日以前尽可能保持秘密行动。

为了更进一步地了解日军，我们分别描述各支部队的行军情况。但是如果其他支队的行动和位置与所叙述的内容有关，我们都会顺便简要提及一下。

混成旅的行动

混成旅于8月29日到达平山，直到9月3日他们才开往瑞兴。立见尚文（朔宁支队的司令官）已经随同大岛义昌到达平山，于3日到达新溪走马上任。瑞兴是群山环绕的一个小镇，无法为日军提供足够的宿营地，日军只得睡在帐篷里。在这里，有一块平原向葱秀延伸，超过朝鲜20里。这是日军离开首都以来第一次遇到平原。这种环境足以说明日军在一个如此多山的国家里进军所遇到的困难。9月4日，日军到达葱秀；5日，到达另一处小

---

① 他的信件在平壤陷落后落入日军的手中。

地方；6日，到达丰山。当日军到达丰山时，大约有70名中国士兵驻守丰山，但他们惊慌失措，再次渡过大同江逃跑。中国人隐藏了他们的军需物资，但是还是被日军找到了。更使日军惊奇的是，其中有大约一万枚铁蒺藜，可能是用来阻碍日军前进的，但这些铁蒺藜对于日军来说，只不过是玩具而已。

这时，前进的部队正位于在丰山和黄州之间，西岛助义率领他的联队正在丰山。6日，西岛助义到达舍人关，前去支援已到达黄州并首次同敌人交战的一兵户卫。侦察兵报告称，那座城市里有一支朝鲜和中国军队，但是他们只进行了轻微抵抗，日军就将他们驱逐出城。日军没费一兵一卒就占领了黄州。在这里，日军控制了一座有一千多座房屋，由上好石材砌筑的城墙保护，地理位置十分便利，距平壤仅有大约十里的城市。部队在这里得到了良好的宿营条件。大岛义昌于7日到达该城，一直驻留到9月10日。

在黄州，日军主要从事侦察任务，没有证据表明中国军队有所行动。10日，日军进驻中和——这条路上邻近平壤的一座城镇。在这里发生了一段感人的故事。当日军经过町田和竹内率领少数骑兵被中国军队包围并分割成几部分的地方。根据幸存者的叙述，他们寻找了每一个地点——路旁的小山丘，竹内英男被杀死在那个地方的松树下。在距找到他们的地点不远处，是竹内英男从马上摔下来的地方——那头可怜的牲口的骨头还在那里。这个感人场景使得所有在场的人都潸然泪下。他们在那里立了七个牌位，士兵们默默地向牌位敬礼以拜祭亡灵。这件事显示了日本英雄主义精神的秘密之源。正是这种存于生与死之间的纽带，使得日本士兵甘于为祖国的荣誉献出自己的生命。因为他们深知，自己的名字将永载史册，用几年虚度的快乐和烦忧的苟且偷生来换取这份不朽的荣誉，是十分值得的。

当日军进军到中和时，发现路上到处是中国军队扔下的上百张避雨用的油布。同时侦察兵从朝鲜人那里得知，附近地区发生过战斗。整个日军部队都等待着敌人的出现，随时准备战斗；但是并没有中国军队的踪迹，经过询问朝鲜人，得到以下情报。

前天晚上，驻扎在附近的3,000名中国军人，由于天黑和大雨，把一部分朝鲜人当成日本人。前哨部队开始撤退，撤退波及到主力部队，主力部队错把前面撤退下来的部队当成日本人，于是两支中国队伍开始发生交战。战斗从晚上8时一直持续到晚上11时。当他们发现是误会时，中国军队已死伤大半。第二天早晨，中国军队掩埋尸体，撤退到平壤。遮雨的雨布在夜晚的混乱中，被扔得到处都是。①

日军在中和从9月10日停留到9月11日。

现在有必要稍稍偏离主题，提一下主力部队的运动情况。野津率领部队从汉城向平壤进军，几乎紧跟着混成旅。这段题外话使我们理解一种重要战略的发展。直到此时，主力无论何时都保持在混成旅的右边，保持着从汉城出发时的中心位置；但从9月10日开始，这些部队的方向发生了变化。正如我们所看到的那样，混成旅向中和进军，即向右运动，野津向左，即向黄州进发，并且准备渡过大同江。随着这两支部队彼此交叉，中间的变成左翼。方向变化是在距敌人很近的地方进行的，而且是发生在真正进攻的前几天，保持中国军队对日军真正进攻方向的毫无察觉是整个计划的一部分。

---

① 朝鲜农民的叙述可能有些夸张。

12日早上4时，混成旅离开中和。9时25分，先头部队进攻在大同江左岸正对平壤的中国军队的第一座要塞。中国军队被逐出据点。来自指挥部的命令是勘察地形，日军兵力部署如下：

右翼的西岛助义。

第十一步兵联队，有8支枪（包括在牙山从中国军队那里缴获的2支）。

左翼的武田秀山。

第二十一联队①，步兵，有10支枪。

中国军队开始从堡垒里开枪，但是日军没有任何回应。他们明显希望有效进攻，并进行大量的准备。几千名中国士兵从平壤出发，通过为这个目的而修建的大同江浮桥，控制了左岸的据点。派骑兵侦察日军的行动，持续开枪打炮，田野和山上遍插旗帜。

13日，混成旅制造了一系列的假象，使得中国军队更加相信日军主力部队在他们的正前方准备发起强有力的进攻。一些军士带着属于第二十一联队第三中队的少数士兵承担了这次冒险行动。他们渡过大同江并进攻了停泊在对岸的20艘敌方船只，尽管日军暴露了他们的重炮和步枪火力，但是他们还是成功地缴获了5艘大小不一的中国船只。在途中他们还救出了十五六名江中小岛上的朝鲜饥民。日本炮兵向据点连续炮击。日军向中国军队阵地开炮的目的是为了查明中国军队火力点的数目，他们确定中国军队火力点大约为10至14个。船只的丧失使中国军队确信日

---

① 朔宁支队缺1个大队。

军将在平壤附近渡河,从而掩护了野津主力部队受河水水位降低影响的真正通道。

14日,天气晴朗,中国军队于6时30分开始炮击日军,但是日军没有给予任何回应,日军军官们正忙于用望远镜观察中国军队的行动。中国军队觉察到第二天将要发生什么,于是将兵力分散开来,但是不久他们发现真正要担心的是混成旅的进攻。最后的进攻时间定在9月15日凌晨3时开始。战地医院被安排在指挥部。日军派了一支由奥山义章率领的支队到左翼渡河进攻敌人的侧翼,而把炮队全部转移到右翼,炮击平壤城大同门外的中国军队的据点。

朔宁支队的行动

我们已经提到,该支队主体由一支从首都出发的步兵大队和一支步兵与协同炮兵组成的大队构成,那支步兵与协同炮兵组成的大队在从元山向汉城进发的途中,接到命令,改变路线,去支援驻守朔宁的大队。这支部队用会合地名称来命名。我们也知道立见尚文少将将率领着朔宁支队同大岛将军的混成旅一同进军平壤。9月2日,改变路线;9月3日,到达新溪,山口圭藏少佐和富田春壁少佐正在那儿等候着他的到来。新溪当时是朔宁和平壤之间比较富裕的地方,但是从牙山来的中国军队很快使这里变为废墟,这个城镇里的百姓全都逃跑了。日军在此受到食物匮乏的威胁。

9月6日,日军向前挺进5里。7日,他们又向前推进4里多,到达大约有1,000座房屋的遂安。8日,日军爬过一个陡峭的山口之后，来到了一个没有宿营条件的小村子。这样部队只能在一片松树林里宿营。9日，日军向三登进军，途中派遣由田边大尉率领的第二十一联队第八中队去侦察通往祥源的道路。通往三登的道路异常难走，日军必须渡过一条没有架桥的河流，而渡河的小船又为数不多。当时，下了一场大雨，士兵们不得不穿着湿衣服睡在野外。在三登，他们发现所有的居民都逃跑了，此时他们距平壤仅8里，而进攻的时间被定在9月15日，于是他们在这里休整了三天（从9日到11日）。田边大尉从祥源返回报告说，从牙山逃来的中国军队已在那里滞留了好几天。

12日，日军再次向前挺进。山口圭藏率领先遣部队于上午8时到达大同江边。在河对面，他们能看见大约有50名骑兵，不久这些骑兵就离开了，取代他们的是大约1,000名步兵。两部分日军立刻分散在山上，向河对岸的中国军队开枪，不久中国军队就消失了。于是日军开始准备渡河。开始的时候，他们只能找到一艘坏船，但日军还是设法搞到了一艘渡船，山口圭藏渡过了330码宽的大同江。他占据了一个具有战略意义的小村座，并增加了前哨。立见尚文率领主力部队行军到江东，听到了前面传来的枪声。那天晚上，船只的缺乏阻滞了渡河，直到13日上午10时，整个支队才靠着5艘小船到达大同江右岸。

同一天，山口圭藏率领前一天渡过河的部队继续向前行军。日军谨慎前行，占领了一部分高地。侦察兵报告，敌军就在他们的眼皮子底下。日军军官下令停止前进。军官们用望远镜能够清楚地看到平壤城内的街道和中国将军们的旗帜①。在这座城市的右

---

① 中国将军们竖有写着他们姓名的大旗，这些大旗竖在他们指挥部的上面。

前方，是与日本有着历史联系的小山——牡丹台。在丰臣秀吉的第一次远征中，小西行长将军曾驻扎在此抵抗中朝联军并遭到失败。在这座山后面的小山上，是一大片帐篷。日军士兵被禁止前行，聚集在此，等候进攻时刻的到来。远处传来隆隆的炮声，那是大岛义昌从大路进军，吸引着敌人的注意力。立见尚文注意到有一支军队把自己禁锢在防御工事里时，并不急于作战。

14日，日军已经占领了右方的大成山到左方的国主岘一线，并做好进攻前的一切准备工作。秋分时节的夜晚异常美丽，皎洁的月光洒在平壤城和敌人的营地上，数千人都在睡觉，都没有意识到等待他们醒来的厮杀。

主力师团的行动

这支部队从汉城分成两个纵队出发，他们所经过的路线几乎同混成旅的路线一样，直到10日才发生了一些小的变动。在混成旅到达中和的那天，第一行进团队到达黄州，第二行进团队到达丰山，正如我们前面所说中心部分成为左翼，反之亦然。主力部队按照该计划进军到大同江的对岸的江西。准备工作于同一天同时进行。工兵马场正雄不久报告他在铁岛附近找到了一些船，随后他又报告已有25艘船准备妥当。9月11日，日军开始了渡大同江的行动；但日军进军缓慢，由于此处河面宽1,000码，河水汹涌，快船来回要2个小时，慢船要4个小时。当天只有第一行进团队步兵成功渡过了河，炮兵则不得不在第二天渡河。

12日，第二行进团队到达大同江岸边，船只的数量不够，其中又有许多船只在前一天的行动中损坏了。军官的行李和马匹不得不留在黄州。9月13日，整个部队还没有渡过大同江。渡过大同江虽然是主要的任务，但是在他们前进的路上，大同江并不是唯一的障碍，在到达平壤之前还必须渡过两条小河。14日，日军到达离平壤4里远的地方，先头部队已到达离平壤1里远的地方。自12日起，就已经可以听到来自平壤方向的炮声，大家知道大岛义昌为了牵制中国军队正进行预备进攻。日军尽可能地靠近平壤，等待第二天进攻的到来，只要元山支队和朔宁支队在这座城市对面开始他们的进攻，主力师团便可立即行动。

元山支队的行动

143　　该支队由第三（名古屋）师团的部队组成，但只有第十八步兵团登陆。这支兵团有足额的炮兵和工兵，由佐藤正率领，经阳德和成州，向平壤进发。他们所走过的道路崎岖不平。两个行进团队分别于2日和4日到达阳德，他们100门大炮损失了13门，还损失了20匹马，到达阳德后他们没有粮食了。从阳德向西，所有当地人都是亲中国军队的，并在日军到达前就逃离该地，没有留下一粒粮食，所有粮食都被中国军队带走了。日军在阳德停留到5日，于8日到达成川。在这儿停留到11日，当他们行进1里到达前面离平壤仅8里远的小地方。谁都没有预料到他们的行动，以至于在周边没有发现一个中国士兵。13日，日军到达顺安，目标是中国军队的后方，此处离平壤仅5里远。当时没有任何迹

144　象表明中国军队对此处日军的行动有所察觉，佐藤正向平壤1里

之内挺进,途中赶走了一小股中国骑兵。大岛将军的隆隆炮声使得中国军队确信日军进攻转移到大同江南岸。

平壤和中国军队

平壤是朝鲜西北部地区的重要城市,人口大约2万,也是平安道的首府,在朝鲜历史上扮演着重要的角色。它曾经是古代朝鲜的首都,其边界扩展远至现在边界的北面。当天朝皇帝与他们弱小的近邻发生战争时,平壤经常是中国从陆路和水路进攻的目标,它标志着丰臣秀吉侵略朝鲜所到达最远之处。在该城北面的凤凰山,中国军队曾大败日军,从而挽救了中国和朝鲜。

平壤无论在天然还是人工方面,都是一座非常坚固的城市。东面是大同江,几乎环绕了平壤的三面。北面是一座高山,即牡丹台(凤凰山),是小西行长1592年战败的地方。这条河对岸是峭壁,便于防守。这座城市四周是高墙,更是易守难攻。

中国军队由他们所称的四军组成:

盛字军,由卫汝贵率领	10个步兵营	约6,000人
	1个炮兵营	
	1个骑兵小队	
毅字军,由马玉昆率领	4个步兵营	约2,000人
奉军,由左宝贵率领	6个步兵营	约3,500人
	2个骑兵营	
	1个炮兵营	

奉天练军，由丰升阿率领	2个步兵营	约1,500人
	2个骑兵营	
合计		13,000人

注：中国军队的营是代表500人的作战单位。

每个营占据一座方形堡垒。这些堡垒的位置和数量如下表所示：

堡垒

位置	数量（座）
城南（有一条长约2,000米的防御工事作为第一道防线）	15
河左岸大同门外（除了一个坚固的桥头堡垒）	5
在城外以北的小山上	4
牡丹台（凤凰山）	1
城北角	2
合计	27

这些防守是经过精心部署的，远远超出日本人的想象。他们配备了野炮和山炮，有的部队还配备了连发枪。中国军官对于他们所采取的防御措施充满信心，甚至还夸口说他们可以同数万[①]日军抗衡数年。更确切地说，日军并不了解中国军队的防卫状况，他们只为15日的进攻做准备。9月12日，大批的援军到达仁川，就立刻被派往前线。他们统一由新任日军长官山县有朋指挥，然而他们的存在对于平壤而言是不需要的，因为在他们到达大同江之前平壤就被攻陷了。

---

① 中国和日本以万为计算单位。这样，他们说十万是100,000，一百万是1,000,000。

第四章　进攻平壤

混成旅

在我们描述这支队伍行进时,就已经注意到,从9月12日到9月15日,小规模的战斗一直在进行中。为了弄清楚日军这些日子的行军路线以及15日的重要进攻,有必要看一下平壤的地图。从图中可以得知,从中和(混成旅前进的路线)向北接近大同江,通过两座堡垒之间,穿过一条小河,这条路几乎和大同江平行,通过堡垒的侧面,到达中国军队为保护浮桥而建造的桥头堡。日军在12日的前进中占领了中国军队放弃的两座堡垒,然后通过了一条小河上的桥。在这里与中国军队相遇,双方互相射击。日军将中国军队打退,但并没有进行追击,这是由于河边的道路没有树林的掩护,而且暴露于大同江对岸的中国军队的火力之下。为了继续进行执行平壤的计划,混成旅不得不开进空旷地带,使得日军处于中国军队的三面火力网之中。日军在附近架起浮桥,并且冒着堡垒侧翼的火力渡过河水。与此同时,日军几乎得不到自己炮火的支持,因为唯一适合安放大炮的位置距中国

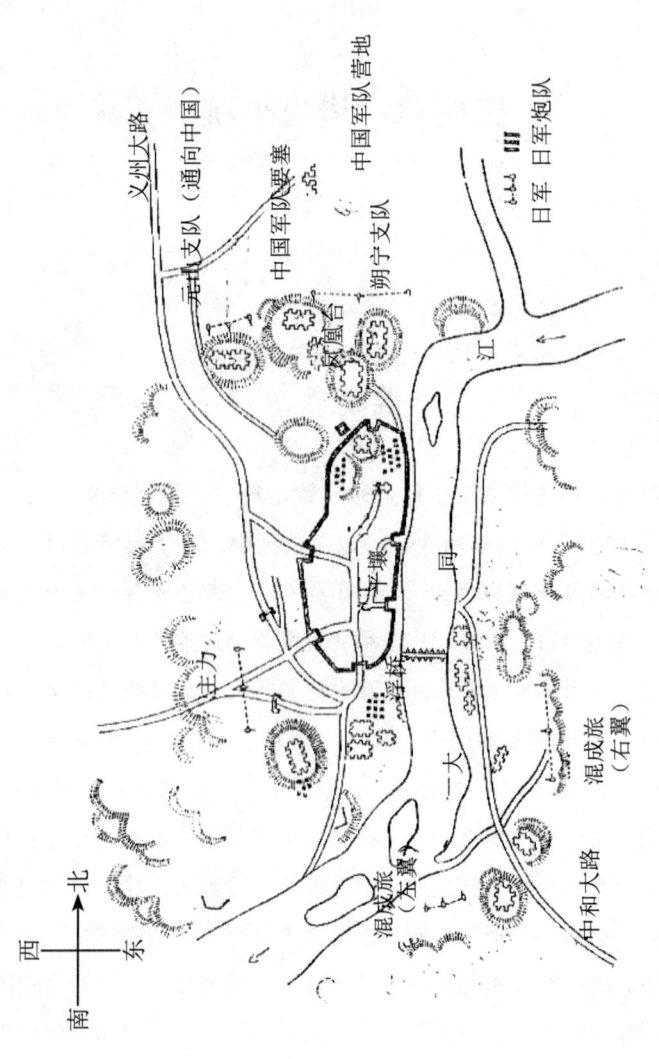

平壤城及其邻区平面图

军队堡垒相当远。

9月14日，计划第二天发起进攻。混成旅被分成了几个部分。一支部队向北同朔宁支队会合；另一支部队在山中行军，进攻中国军队的堡垒；还有一支沿着中和大路行军；同时奥山义章率领一支部队渡过大同江进攻平壤的东南角，与野津统率的主力部队协同作战。

总攻在9月15日天亮前的4时30分以一阵炮击开始。日军大炮直接向左岸守卫浮桥的堡垒和对岸可以向敌军侧面展开危险的火力的堡垒轰击。中国军队予以顽强的抵抗，但是在炮火的互击中，中国军队表现得相当糟糕，他们的命中率远远低于日军。在炮火的掩护下，日军逐渐向前挺进，但是他们还是遭到了中国军队的顽强抵抗。由马玉昆率领的中国军队最精锐部队驻守于河左岸的堡垒，此外，在牙山败下来的部队也被部署在最前面以挽回他们损失的名誉。而且中国军队装备精良，配备了毛瑟连发枪，他们向攻上来的日军猛烈开火。日军在堡垒前的空旷地带上找不到任何掩体，升起的太阳把他们暴露于敌人的枪口之下。日军军官一贯身先士卒，他们呼喊着鼓舞士兵。在日军不懈的努力下，终于攻占了中国军队在左岸守卫的四个堡垒中的两个，将第十一旅团的旗帜插在上面。但是中国军队撤退到这些堡垒的中央部分，同样坚持不断回击，用他们自己的话来说，日军像棋子一样倒在地上。中国军队堡垒中有充足的弹药，并且通过浮桥源源不断地把新的补给运送过来，日本炮兵徒劳地试图摧毁它。日军的弹药用完了，只能从死伤同伴们的身上找来一些弹药，到最后只能用刺刀面对中国军队堡垒射出来的子弹，中国军队部署这些堡垒使得日军在进攻中只能在堡垒之间前行。

此时此刻，形势变得非常严峻，旗手大森担心团旗落入敌人手中，于是带着团旗跑到城外边，挖了一个洞，将团旗埋进洞里，并且告诉他的同伴，如果他死了他们可以在此处找到团旗。

一支由几支日军部队组成的队伍，第二十一联队的第二大队带着第九中队的一半士兵，再一次猛攻中国军队的阵地，由于工事太高太陡，日军损失惨重，不得不撤退。日本士兵从早上直到过午粒米未进，弹药消耗殆尽，他们被迫慢慢退回到原来的地方。他们进攻的目的只是为了吸引中国军队的火力，但他们执行得是如此认真，如果中国军队抵抗士气低落，他们就有可能会夺取堡垒和浮桥。在河这边的中国军队可能比日军的进攻军队人数多，加上他们的防御工事和地势之利，可以轻易地击退敌人。

日军损失惨重。第十一联队已有3个大尉和1个中尉阵亡；第二十一联队的第二和第十中队的军官几乎死伤殆尽，而第四中队只剩下1个旗手。大岛义昌也身负重伤，他表现出无所畏惧的英雄气概。在战斗进行到最激烈之时，他举着一面团旗跑上前告诉他的士兵们，如果他们不能占领堡垒，他就会牺牲在这里。

左翼的奥山义章在进攻中比较顺利。他渡过了大同江，成功地放火烧毁了中国军队堡垒周边的房屋。

朔宁支队和元山支队

这两支部队，虽然分别从遥远的地方开始启程，但在平壤城的同一侧靠拢，不允许各自展开进攻。在这座城市北面——这次联合进攻的目标——为五座中国军队的堡垒所阻止，其中一座堡垒就位于著名的凤凰山——一座可以俯视整个平壤城的小山。这五座堡垒呈 Z 字形排列，其中三座堡垒作为第一道防线，另外两座（包括凤凰山的那一座）作为第二道防线。朔宁支队进攻右路（距大同江最近），元山支队进攻左路。后者非常幸运地靠近平壤。由于中国军队没有预料到大岛义昌混成旅的佯攻，使得日军轻而易举地占领离中国军队左路的最后一个据点仅 1,500 米远的小山。9 月 14 日，野炮被拖上山头，为第二天早晨的进攻做好了一切准备。

朔宁支队在拂晓时分，分兵两路——山口圭藏率领一个大队进攻中国军队的右边，富田春壁率领一个大队进攻中间。中国军队士兵用他们的连发枪猛烈阻击山口圭藏的进攻，山口圭藏于上午 7 时 30 分以沉重的代价占领了第一座堡垒（靠河最近的一座）。第三座堡垒（第一道防线最中间的那座）抵抗的时间稍长一点，但是炮兵中队在 800 米以外以非常准确的炮火覆盖了整个中国军队阵地，使他们陷入混乱。富田春壁抓住这个机会，于 8 时攻占了这座堡垒。

元山支队同时到达，很快毫无困难地占领了第五座堡垒，中国军队可能被连续的进攻搞得不知所措——在大同江两岸四面八方传来隆隆的炮声。在第一道防线攻克之后，两路部队会合了剩余部分。较小的堡垒在没有任何抵抗下就放弃了，而凤凰山只坚持了短短的一小会儿。朔宁支队的军官立见尚文（Tachimi）[①]命令山口圭藏从他占领的堡垒出发进攻凤凰山，同时富田春壁从第三个据点出发进攻凤凰山的后面。佐藤正带领两个大队的士兵从第

---

① 与 Tadzumi 是一个人，这两种读法都是正确的。

五个据点出发进军凤凰山，这样日军从三面进攻凤凰山。当凤凰山成为平壤的主要防御力量时，只顽强地防御了很短时间，但日军炮兵（朔宁的炮兵中队和元山的炮兵大队）试图突破城墙，看到步兵在攻城时有困难，于是调转大炮炮击凤凰山。猛烈的炮火很快就使中国军队开始动摇，日军像蚂蚁一样爬上去（借用他们的语言讲），于上午 8 时 30 分占领了著名的凤凰山。

立见尚文少将

156　　当佐藤正大佐得知凤凰山被攻克时，就指挥他的士兵进攻离市区最近的玄武门（Gemmu Gate）①。中国军队顽强地守卫着城墙并且保持了如此猛烈的火力，打退了日军的进攻。日军士兵不愿意撤退，他们为牺牲的士兵而惋惜，同时发生了一件与其说是富有浪漫色彩的武士道精神，倒不如说是现代战争的典型事例。三

---

① 这是日语的发音。在朝鲜，它的发音为"Hyŏn-mu"，但是在原田重吉那件英雄事迹之后，这座城门名称的发音采用日语发音。

村中尉对后退十分恼火,叫喊着:"谁跟我去打开那道城门?"随后就冲向玄武门。原田重吉,三村手下的一个士兵,紧接着喊道:"谁将第一个打开城门?"然后跟着他的军官向玄武门跑去。由于他们的动作很快,只有 11 名士兵紧跟他们后面,在闯过一阵枪林弹雨之后,他们到达城下。但他们发现城墙太厚而无法突破,于是中尉命令开始测量城墙。中国士兵正忙于在前面开火还击,阻挡日军返回,但怎么也没有料到区区少数日军如此大胆,竟在他们的眼皮子底下像猴子一样爬上城墙。三村和他的士兵发现离中国守军太远,于是他们立刻跳上城墙,冲向大门,杀死了三个守门的士兵,剩下的中国士兵四处逃散,三村挥剑左砍右杀。 157

158

佐藤正大佐

城门很难打开,当他们奋力打开城门时,中国士兵开始增援,并且不断开枪。不久一个日本士兵倒下了,又有一个日本士兵受伤了。中尉命令中队的剩下的人从外面前来支援,在原田重吉成功地拔去门闩,当着城外日军的面打开城门时,日本士兵大吃一惊,又有一个士兵倒下了。

玄武门英雄原田重吉

凤凰山的失守和城门的陷落,使平壤完全暴露于日军的枪口之下。这次胜利归功于立见尚文、佐藤正和他们的士兵们,也归功于他们的运气。佐藤正大佐于9月14日占领了一个被中国军队忽视的有利阵地。在9月15日的那场恶战中,中国军队最英勇的将军左宝贵战死疆场。他的牺牲挫伤了中国军队士兵的锐气,却助长了日军的士气。日军如此轻易地占领凤凰山也正是由于这个原因。左将军在一开始的时候就身负重伤,但是他撕掉衣服,包扎伤口,鼓舞他的士兵继续战斗;再次受伤也没有挫伤他的勇气,还是继续鼓舞他的士兵战斗,直到第三颗子弹结束了他的生命。他的死使部队陷入混乱,中国士兵们四下逃亡。

玄武门前的战斗结束后不久,平壤的主要城门上都竖起了白旗。立见尚文驱马向前试图搞清这些旗帜的含义,但是他发现同这些中国军队进行沟通是一件非常困难的事情——他们不能明白他的意思;当他不得不求助于书写时,却从城里的朝鲜官员那里收到一封书信。中国士兵聚集在城墙上,看起来十分恐怖。立见尚文认为他不能把他的士兵暴露在意图不明的敌人枪口之下。他于是撤退,在一场暴风雨开始的时候撤退到凤凰山。

主力部队

野津率领他的部队直到早上 8 时才开始进攻,他的炮兵猛烈开火轰击城南边中国军队的堡垒。在炮火的掩护下,日本陆军的 1 个中队接近堡垒。与此同时,出现了 100 多名中国骑兵。日军炮兵发现了这支部队,马上意识到敌人的出现使日军正处于危险境地,于是他们把炮口转向这支部队。炮声通知了日军,这支不幸的骑兵队伍受到可怕炮火的猛烈进攻,只有少数人得以逃跑。一些人做了俘虏,从被俘士兵的口中得知,他们是左宝贵的部下,是在左宝贵死后溃逃出城的。

不久,日军发现大约有 1,000 名中国骑兵试图从堡垒后面逃跑。这群骑兵在经过田野时遭到日军的猛烈射击。这样，主力部队成为这场发生在城北的恐怖战斗的观众，而这场战斗的胜利是由元山支队和朔宁支队取得的，他们只能阻击溃败的中国军队。

奥山义章带领混成旅渡过大同江，向中国军队堡垒附近的房子射击，配合主力部队的行动。下午2时，一支步兵部队进攻堡垒，毫不费力地赶走了中国军队，然后又撤回到原来的地方。

中国军队撤退和平壤陷落

竖起白旗是为了赢得时间，中国军队早已无心再驻守平壤。甚至在前一天的一次战前会议上，叶志超和另一些将军就提议撤退，但遭到了左宝贵的强烈反对。当左宝贵在平壤牺牲后，平壤失去了唯一的英勇保卫者，所有的将领和士兵都急切盼望尽快撤退。在15日的晚上，一群士兵离开平壤，不幸的是撤退的两条主要大路都被日军主力部队和元山支队把守，中国军队不得不在日军的交叉火力网下逃跑。杀戮一直持续到第二天早晨，阳光使得这场惨不忍睹的战争场面暴露无疑：道路的两旁到处是一堆堆中国士兵和战马的尸体。据估计，在这次无秩序的夜间撤退中，中国军队损失了约1,500名士兵。

第二天早上，没有一名中国士兵留在平壤，日军通过不同的城门进入平壤，并且向他们的天皇高呼着，占领了这座城市。

日军缴获战利品如下：35门炮，500多支连发枪，500支后膛枪，大批的枪炮、弹药、帐篷、马匹、钱币和无数的杂物，如鼓、喇叭、马车等等，日本人做了详细的记录。

中国人建造的防御工事令日本人惊叹不已，他们怎么也无法相信中国军队在占据这座城市的42天内是如何完成这样的工程。经过调查才知道，不仅中国军队，而且从17岁到50岁的朝鲜人都被迫进行工事的修建，这样每座堡垒除了有500名守军以外，还有360名朝鲜苦力在堡垒里帮助修建工事。

日军在平壤战役中死伤人员情况如下：

	死亡人数	受伤人数	失踪人数
混成旅			
军官	6	18	
士兵	110	257	13
朔宁支队			
军官	0	3	
士兵	9	45	1
元山支队			
军官	2	5	
士兵	31	87	19
主力部队			
军官	0	1	
士兵	4	22	
合计	162	438	33

如上表所示，共有8名军官被杀，27名受伤；154名士兵死亡，411名受伤，另有33名失踪。日军死亡表详细记录了包括姓名、士兵的原籍等内容。中国军队士兵伤亡的具体数字不得而知，但日军没有过分夸大，估计在战斗和撤退中，除了一大批受

伤的士兵以外，有 2,000 名中国士兵战死，600 名中国士兵被俘。

平壤战役胜利的影响是巨大的。朝鲜这座最坚固的城池在一天之内就被占领了；进入汉城的庞大中国军队也已撤退；朝鲜政府的保守派想从中国政府那儿获得帮助的希望也破灭了。伴随着平壤周边战争的结束，朝鲜战役可以说是画上了句号，不会再有抵抗，中国人已撤退到鸭绿江驻守着自己帝国的边界。从 7 月 25 日的战争爆发开始，到 9 月 15 日朝鲜的陷落，不到两个月的时间，日军只付出了轻微的伤亡代价。据估计，在战斗中，加上伤病，日军在朝鲜只损失 663 人。

如果我们对日本人的迅速胜利感到惊奇，我们必须记住在三个世纪以前，他们的祖先也毫不逊色。小西行长从登陆开始，仅用两个月的时间，就占领了平壤，他使得日军横穿了这个国家。在没有汽船的情况下，小西行长运送他的部队到最便于登陆的海岸。但是结果是不一样的。日军在 16 世纪侵入朝鲜，在平壤前止住了前进的脚步，这标志着他们最后的重大胜利。但在 19 世纪的战争中，平壤战役只是日军取得一系列辉煌胜利的开始。两次战役胜利的不同原因将在本书的下一部分讲述给读者。

第三部分

中国会战

第一章　海洋岛海战①

在平壤战役开始前的一段时间里，日本的海军就紧张地进行作战准备。日军在8月10日佯攻旅顺和威海卫之后，日本军舰只限于在沿海地区进行巡逻，保卫日军向朝鲜运送后续部队。这些远征军中的最后一支部队于9月12日到达济物浦（仁川）。它包括30艘运输船，在船上有日本新任驻朝总指挥官山县有朋，一万名士兵，4,000名军伕，3,500匹马。日军登陆以及运兵到前线的速度如此之快，使得海港内的外国军舰肃然起敬。运输船被一支强大的舰队保护着，分成几个方阵。

14日，日军已完成登陆和储备任务，舰队的一部分舰艇离开大同江口，另一部分军舰和鱼雷艇被派遣去海上增援准备进攻平壤的军队。其余舰艇在肖派克角（Cape Shoppek）②停泊。9月16日，本队和第一游击舰队到达海洋岛观察敌人的行动。对于日本人来说，并不希望开战，他们把鱼雷艇停泊在大同江。

此时，中国军队同日军大致同时出动。9月14日，5艘汽船载着4,000人离开大沽前往鸭绿江。在那里，中国军队正在集结另一支部队前去援助在平壤的部队。开始由6艘巡洋舰和4艘鱼

---

① "海洋岛海战"系日本所称，中国称为"黄海海战"或"大东沟海战"。——译者注

② 此地名系英文音译。——译者注

雷艇承担运输任务，经过大连湾时，同北洋舰队会合，会合后的舰队向鸭绿江驶去。16日，所有的部队登岸。17日早晨到达目的地。中国军舰在完成任务后准备返航。

当天早晨，日本军队到达海洋岛，在侦察后驶向大黑岛。上午9时稍过，在日军的前方升起浓烟。11时40分，中国舰队出现在眼前，伊东祐亨上将立刻命令他的军舰准备开始战斗。日本军舰的马力和速度是不相同的，因此必须制订一个计划来协同行动，防止那些火力弱、速度慢的舰只遭受损失，要制订这样的计划是一个困难的任务。他的舰队组成如下：第一游击舰队，4艘速度为19至23节的巡洋舰；本队，6艘速度不同的军舰，前4艘为17.5至19节，最后2艘只能达到13节。除了这些军舰以外，还有一艘略超过600吨的炮船和西京丸号武装商船，后面这两艘船不能被认为是军舰，被放在两支舰队的左侧。这种部署可以使这两艘船躲过中国军舰的炮击。后来我们可以看到，伊东祐亨对这些军舰的担心是有必要的，其中的比睿号经常迫使他改变战术。

中国舰队由12艘军舰[①]组成，并且还有6艘鱼雷艇，它们的速度也是快慢不一。其中两艘带着鱼雷艇的军舰拖延了从鸭绿江启航的时间，被甩在后面，因此只有10艘军舰参加战斗，这也是参加战斗的日本军舰的数目。

为了便于叙述，这里列出表格说明全部参战舰艇的船名、吨位、速度和所配备火炮的数量。在图表中，还有每艘船的位置用以说明它们在战斗中的进展情况。对于这些图表来说，无法做到十分准确，军舰的相互位置和进展情况只能做不太准确的判断，

---

① 一些资料证明中国有14艘军舰，其中只有10艘参加战斗，因此总数在这里并不十分重要。

尤其是处于热战时,即战线逐渐拉长。

中国舰队

	吨位	速度(节)	武器装备
扬威	1,350	16	2门10英寸25吨阿姆斯特朗炮;4门12厘米速射炮
超勇	1,350	16.8	2门10英寸25吨阿姆斯特朗炮;4门12厘米速射炮
靖远	2,300	18	3门8英寸12吨炮;2门6英寸4吨炮;17门速射炮
来远	2,850	16.5	2门8¼英寸10吨炮;2门6英寸4吨炮;7挺机枪
镇远	7,430	14.5	4门30.5厘米克房伯炮;2门15厘米4吨炮;8挺机枪
定远	7,430	14.5	4门30.5厘米克房伯炮;2门15厘米4吨炮;8挺机枪
经远	2,850	16.5	2门8¼英寸10吨炮;2门6英寸4吨炮;7挺机枪
致远	2,300	18	3门8¼英寸10吨炮;2门6英寸4吨炮;17门速射炮
威远	1,350		—
济远	2,355	15	2门21厘米克房伯炮;1门15厘米克房伯炮;9挺机枪
广丙	1,100		
平远	2,850	10.5	1门10.2英寸克房伯炮;2门6英寸克房伯炮;9挺机枪

日本舰队

	吨位	速度(节)	武器装备
第一游击舰队			
吉野	4,150	23	4门15厘米速射炮;8门12厘米速射炮;22门速射炮
高千穗	3,650	18.7	2门26厘米28吨阿姆斯特朗炮;6门15厘米5吨阿姆斯特朗炮

续表

	吨位	速度（节）	武器装备
秋津洲	3,150	19	1门32厘米加纳炮；12门12厘米速射炮；6挺机枪
浪速	3,650	18.7	2门26厘米28吨阿姆斯特朗炮；6门15厘米克房伯炮；12门（挺）速射炮和机枪
松岛	4,277	17.5	1门32厘米加纳炮；11门12厘米速射炮；6门速射哈乞开斯炮；6挺机枪
千代田	2,450	19	10门12厘米速射炮；14门4.2厘米速射炮；2挺机枪
严岛	4,277	17.5	1门32厘米加纳炮；11门12厘米炮；16门速射炮
桥立	4,277	17.5	1门32厘米加纳炮；11门12厘米炮；16门速射炮
比睿	2,200	13	3门17厘米3.5吨克房伯炮；6门15厘米克房伯炮
扶桑	3,718	13.2	4门21厘米15吨克房伯炮；2门17厘米6吨克房伯炮
未参加战斗的舰艇			
西京丸	2,913		
赤城	615	12	1门24厘米克房伯炮；1门12厘米克房伯炮；2挺机枪

10艘中国军舰是按顺序排列成一排的，最强的在中间，弱的在两边。伊东祐亨也把他的军舰排成一排，由第一游击舰队引导，吉野号带头。当两支舰队接近时，中国军队在6,000米处开火，但日军为了节省弹药，直到3,000米时才开火。战斗于下午1时正式开始。日军一开始打算进攻中国舰队的中心，可能是中国军队的丁将军把他最大的军舰放在中间的缘故，但是当日军接近中国军舰时，突然改变它原来的航向，通过中国舰队的右翼，

第三部分　中国会战　121

同时将它的速度从 10 节提高到 14 节。图表 I 显示了这支舰队此时的位置①。

图表 I

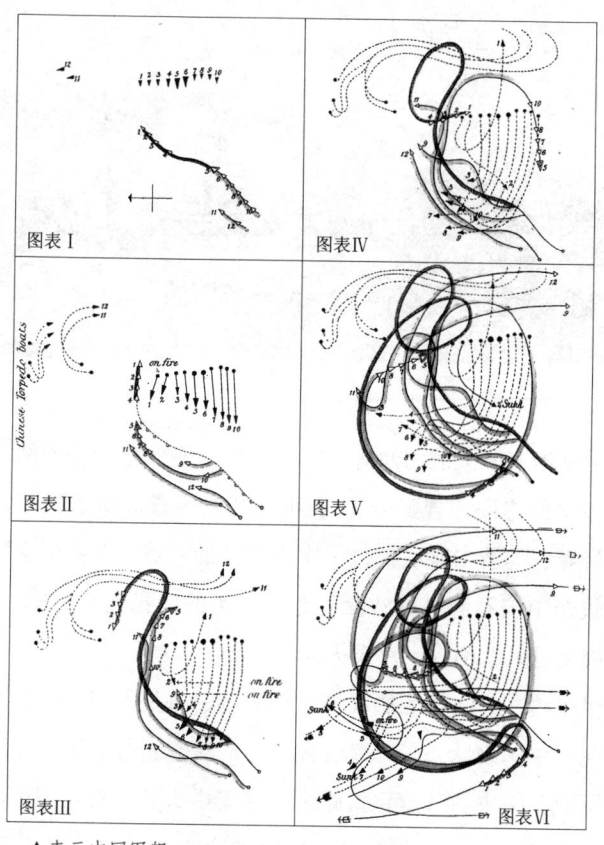

图表 II

图表 III

图表 IV

图表 V

图表 VI

▲表示中国军舰　　△表示日本军舰

海洋岛海战的调动示意图

---

① 后文中数字［1］指中国军舰，【1】指日本军舰。根据图表可以确定它们的舰名和位置。日本军舰行驶的过程在连续的图表中非常复杂，因此用不同的颜色来表示军舰航行的路线。第一游击舰队的航线用红色来表示，本队的航线用蓝色来表示，西京丸、赤城号和比睿号用绿线来表示。（译者按：由于印刷原因，原图的彩色标记均改为黑色。）

吉野号

本队沿着原来的路线行驶了一会儿，跟第一游击舰队一样偏离了原来的方向。吉野号【1】很快成为中国军舰的靶子，但它迅速带着它的游击舰队掠过了中国舰队的右翼，并向位于队列末尾的较弱中国军舰进行致命的炮击。可怜的扬威号［1］在第一批日舰驶过时就陷入一片大火。

伊东祐亨这次熟练的军事行动的目的就是利用日军的速度优势和包围中国舰队；在作战过程中，他的舰艇与中国大型军舰以及中国舰队中央的重炮保持距离，并集中火力，对它们可以毫无危险地接近的侧方小型敌舰，实施致命打击。原计划是继续包抄，一直迂回到敌舰的另一侧翼，当游击舰队已经开始向左转舵时，发现2艘中国军舰带着6艘鱼雷艇从后面加入了舰队。

第一游击舰队立刻向右转舵，进攻从不同战斗中谨慎撤退出来的这些新出现的敌人。伊东祐亨也发现了这个情况，向第一游击舰队发出信号命令它改变路线跟着本队。图表II显示在日本军

秋津洲号

舰经过之后，扬威号［1］处于一片火海之中，第一游击舰队开始向右转去追击新加入的中国军舰。

本队紧跟着第一游击舰队疾速通过中国舰队的右翼，集中炮火进攻超勇号［2］，不久超勇号［2］起火了。速度较快的日本军舰成功地冲出中国舰队包围圈，而速度较慢的则陷入重重困境之中，因此只能依靠精湛的技术和大胆的行为来避免危险。比睿号【9】是最慢的一艘军舰，被排在舰队的最后，它无法赶上本队，发现自己受到快速靠近的中国军舰的威胁。于是它宁愿冒险，指挥官大胆下令冲过中国军舰的防线；这样它缩短了同己方其他舰艇的距离——它是沿弧线航行的——只能将自己短时间内暴露为数不多的敌舰炮口下。它冲过了相距500米远的定远号［6］和经远号［7］的防线，躲过了向它射来的两枚鱼雷。比睿号【9】遭到中国军舰炮火的轰击，但它成功地冲出中国舰队防线，同时，舰身起火。

图表Ⅲ显示比睿号【9】冲出中国军舰的重围，第一游击舰

比睿号

队向右转,始终跟着本队。

比睿号【9】于下午 1 时 55 时发出信号说它已起火。小一些的赤城号【12】由于行驶速度慢,也落在了后面。赤城号【12】被来远号[4]紧紧盯住,来远号[4]炸死了赤城号【12】的指挥官,摧毁了蒸汽管,因此船首楼的炮弹供给被切断了。赤城号【12】战斗十分勇敢,当它的主桅杆被炸断之后,舰旗在残杆上又重新升起。此时来远号[4]距赤城号【12】只有300米远,而且它的炮弹对赤城号【12】造成严重破坏,但赤城号【12】的一发炮弹就使来远号[4]舰身起火,迫使它放弃追击。

伊东祐亨率领本队正在包围中国舰队,他没有忘记比睿号【9】和赤城号【12】所处的危险,向游击舰队发出信号让他们再次改变路线,向右转,从而插入比睿号【9】、赤城号【12】和中

来远号

国舰队之间。

图表 IV 显示赤城号【12】在比睿号【9】附近，中国军舰正在追击；游击舰队正在向右转；本队正在接近中国舰队的后面。同时西京丸号【11】也正在向右转。

174

下午 2 时 23 分，当本队经过距超勇号［2］800 米远时，超勇号［2］被击沉。据日本人说，落水人的呼叫声比炮声还大，可见当时的场景相当惨烈。靠速度从中国舰队炮火下逃出来的西京丸号【11】觉察到被隔离开的中国军舰和鱼雷艇，开始转弯。当游击舰队正在包围敌人舰队的右翼时，西京丸号【11】试图赶到中国舰队的后方。为了避免与它们相撞，西京丸号【11】不得不改变它的路线，如图表 IV 所示。它被显示向右转舵。为了避免危险，它向比睿号【9】和赤城号【12】靠近，也成为追击这两艘军舰的中国军舰的轰击目标。此时，西京丸号【11】处于极

西京丸号

其危险之中，一发从定远号［6］射出的30.5厘米的炮弹打中了它，炸毁了锅炉和操舵之间的连接处，它不得不降低了速度。与此同时，中国军舰［11］、［12］和几艘鱼雷艇出现在另一边，西京丸号【11】处于两面夹击之中。一艘鱼雷艇驶过船头，发射了两枚鱼雷，幸运的是没有击中，此时它又能全速前进。据说一枚鱼雷擦过右舷。我们已经提到伊东祐亨向游击舰队发出信号，命令它改变航向，不再跟随本队而是向相反的方向航行，保护比睿号【9】和赤城号【12】。游击舰队的靠拢也救了西京丸号【11】，使得这三艘较弱的军舰逃离战场。

图表V显示在战斗发生的过程中每艘军舰的位置。比睿号【9】和赤城号【12】安全地逃离战场，西京丸号【11】已经转回头，完成了它的逃离。遗憾的是没有一幅日本图表显示鱼雷击中了西京丸号【11】，但详细记录了这艘军舰移动的位置，读者可以用自己的想象来弥补这个疏忽。游击舰队和本队几乎从相反的

定远号

方向包围了中国军舰。超勇号［2］沉没的位置也被标明了。

当日本军舰将中国军舰完全包围后,更残酷的战斗打响了,两艘旗舰松岛号【5】和定远号［6］互相开炮。这艘中国军舰不久中弹起火,同时它的一发直径30.5厘米的炮弹在松岛号【5】上爆炸,致使船上的弹药爆炸,炸死炸伤80名水手。爆炸也同样引起了大火,但不久大火就被扑灭了。日本人以极大的勇气面对这场杀戮,几乎所有的炮手都牺牲了,甚至连乐队队员也承担了炮手的任务。在中国这一方,当旗舰着火时,它的炮也失灵了,镇远号［5］勇敢地驶来援助它,并且始终同它战斗在一起,这是因为旗舰不能被摧毁。大火最后被汉纳根①和另外一些在定远号［6］上的外国人所扑灭,这个行动鼓舞了沮丧的中国士兵。

---

① 汉纳根,高升号上的一名乘客,受中国政府的邀请来协助丁将军。对于欧洲的读者来说,不必对一名陆军军官协助海军将军感到奇怪,因为这位将军本身也是一名老骑兵将领。

镇远号

　　下午 3 时 30 分，致远号［8］沉没了，日本人将他们的注意力转移到经远号［7］。两艘日本军舰返回到对中国军舰的包围圈，此时，中国舰队正陷入一片混乱之中，一些舰艇正在逃跑而且没有军舰维持其秩序。此时游击舰队主要进攻经远号［7］。经远号［7］于下午 4 时 48 分沉没。两支日本舰队再次包围了分散的中国军舰，将炮火集中于两艘较大的铁甲舰即定远号［6］和镇远号［5］，但是这两艘军舰的 14 英寸铁甲抵挡住了所有的日本炮弹。虽然它们的上半部被子弹打成蜂窝状，但它们仍能浮在水面上继续坚持战斗。几个月后，一位日本军官说，这些装甲层的抵抗力对于日本海军来说具有相当大的价值，只有缴获它们或让它们沉没，才会感到安全。也就是说这位军官下令设法将战斗拖延一个多小时，务必俘获这两艘军舰。在日落时分，游击舰队得到停止追赶中国军舰的命令。

　　图表 VI 显示了战斗后期两艘日舰返回包围中国军舰的状况，还显示了致远号［8］和经远号［7］沉没的位置。

千代田号

日落时，鱼雷艇也加入了镇远号［5］和定远号［6］，日军担心在夜间冒险作战，于是同中国军舰保持一定的距离，但是第二天早晨，日军失去了跟踪目标。也许长时间的战斗使得双方筋疲力尽，中国舰队损失惨重，损失了4艘军舰——扬威号［1］、超勇号［2］、经远号［7］和致远号［8］，另一艘军舰在撤退时于大连湾搁浅，为了避免落入敌人之手，它的船员将它炸毁。日本没有损失一艘舰艇，但松岛号【5】和比睿号【9】受到严重损坏；日军的人员损失也是微乎其微，只有115人牺牲，103人受伤①，其中旗舰有51人死亡，41人受伤——全舰共360人。中国军队的损失远远超过这个数字。在沉没的3艘舰中，大约有600人牺牲，在其他舰艇上大约有100人死亡，200到300人受伤。

海洋岛海战是这场战争中唯一一次规模相当大的海战，也是当代最引人关注的一场海战。它是两支舰队第一次在战争中使

---

① 只有这些人在医院里得到护理；一些人则留在舰上。

严岛号

用现代武器装备进行的海战,而且它完全是按照预定计划来进行的;日军通过运用与以往完全不同的战略战术取得了辉煌的胜利,但是在现代的海战中,他们是采用高航速并大量配备速射炮的现代海军之一。训练有素的将军能快速集结部队,进攻敌人的弱点,两支舰队之间彼此相互对射,直到一方降下舰旗,最终完全放弃该舰。一些批评家们轻蔑地评论说,在欧洲的海战中,双方舰队在一方摧毁另一方或双方都被摧毁前,没有持续将近五个小时的。这是把现代舰船与古代战术混淆后得出的错误结论。他们想让两艘军舰彼此靠近相互不断地开炮,直到一方投降或被击沉。他们不明白用速射炮来形容海战,如同用后膛装填的来复枪来形容步兵的战略战术。在陆战中,步兵按

桥立号

照统一的命令前进并依靠掩体来躲避子弹,缓慢接近目标;海战则是依靠舰艇的速度来躲避炮弹的攻击,依靠熟练的技术来选择作战的时间和距离。

182

伊东祐亨司令

伊东祐亨司令因为没能完全消灭中国舰队而受到指责，但是我们必须注意，历史告诉我们，在海战中几乎没有一方将另一方完全歼灭的情况，即使在一些实战中，如尼罗（Nile）海战中，所有的船抛锚在海港或被陆地环绕；而且即使是在萨拉米斯（Salamis）海战中和勒班陀（Lepanto）海战中，也有许多军舰能成功地逃脱。

在这场战斗中，中国舰队损失了4艘军舰，几乎是战斗力的三分之一。我们认为本世纪末大部分海战的胜败取决于军舰的多寡，因此我们毫不犹豫地认为中国舰队遭到了惨败。一般认为，伊东祐亨3艘马力较小的舰只妨碍了他的行动，但他却成功地掩护这3艘船，使它们当中的任何一艘免于遭到损毁。其中一艘是商船，它被炮弹打中了发动机，而另一艘是大约600吨的炮艇。如果没有这些小型船只，我们不能确定日军将如何去面对中国军舰。日军也没有鱼雷艇。就日军在以后几个月的威海卫战役中对待中国军舰的方法来看，就合乎情理地推断，在海洋岛战役中，这些中国军舰不可能在夜间逃跑。

海洋岛战役的首创性引起了研究海战战略战术的学者们的关注。在这次现代的海战中，日本使我们清楚地认识到，30年前它还是一个除了帆船队一无所有的小国，30年后，它却成为一个拥有强大海军的国家。

这场海战对于整个战争起着决定性的作用。日本在1592年的战争中，丰臣秀吉在占领平壤之后，由于日本军舰在巨济岛的失败而导致无法进攻中国，那是16世纪日军侵略战争的转折点。如果没有海洋岛海战的胜利，日军在中国境内的作战就会失败，这样的推测也许有些过分夸大制海权的影响。日本军事的优势是如此压倒性的，中国军队的失败是如此的彻底，以至于没有任何机会可以扭转这场战争的结局。但是，中国军队惨败的结果是，日本控制了海洋，便于日军行动，使得日军可以选择何时、何地进行登陆，去执行它大胆的作战计划。正是因为这个原因，虽然海洋岛战役发生在日军占领平壤后两天，并且所有的日军仍在朝鲜，并且在朝鲜驻留了一个多月后，才入侵中国，这场海战就被看作是中国境内战事的开端。虽然这场海战对于朝鲜战事没有什么影响，但对日本来说却至关重大，它关系到日军下一步作战能否成功，也关系到日本能否取得辉煌的胜利。

第二章　第一军入侵中国

渡过鸭绿江

平壤战役的失败，标志着朝鲜战事的结束。中国军队似乎没有进行什么有效抵抗就撤回了鸭绿江中方一侧。如果中国军队少一些沮丧，那么他们就可以在防卫条件比较好的两个地方进行防御。安州，一座高墙环绕的小城，只有一条驿道通过峡谷，一小股部队就能够驻守该镇。中国军队在后撤40英里的过程中，完全有足够的时间来恢复他们的信心。在距平壤30英里远的定州，中国军队战前就已做好准备要在此进行抵抗，但战败的中国军队已经丧失斗志，匆忙撤回鸭绿江，因而放弃了该城。

占领平壤后，日军只进行了短暂休整，就继续向北进军。立见尚文率领前卫部队于10月5日到达安州，6日到达嘉山，7日到达定州，9日到达宣川，10日到达义顺（位于义州和鸭绿江附近）。日军侦察兵早已于10月6日到达义州，并于10月18日架起从义州到平壤的电报线。日军发现平壤以北的道路状况比他们先前所走过的道路要好。这得感谢中国军队，因为他们为了向平壤运送炮兵而不得不整修道路。10月20日，全部日军集结于鸭绿江南岸的义州。由第三师和第五师组成的军团，是一支迄今为止最大的师团。这支部队被称为"第一军"，由司令官陆军大将山县有朋指挥。

9月17日海战的胜利，使得日本取得了制海权，同时也拓宽了日军高级军官们的眼界，决定继续推行他们的计划。现在日军对于军团编制的使用如同联队编制一样得心应手，这有助于完成入侵中国的庞大战略计划。第二军由1个师团和1个旅团组成，准备在第一军从朝鲜进军鸭绿江时进军中国，这两支军队的行动几乎是同时而直接，一方能够化解另一方的危险，这在中国那边是无法假设的。为了保持叙述的连续性，不可能同时描述两支军队的行动，但是我们将会前后对照任何一方所进行的战事，交叉进行叙述。

中朝之间的鸭绿江，是一条又宽又深的大河，形成难以逾越的天然屏障。新来的中国指挥官宋庆把鸭绿江作为抵抗日军入侵的第一道防线。防守这条河是中国和朝鲜之间的一件大事。两座重镇位于河的两岸，九连城在北岸，义州在南岸。这两座城市分别由宋庆和山县有朋把守。日军一到鸭绿江就做好了渡江的准备。第五师的工兵于10月12日到达，探查河面的宽度，由于河对面就是中国军队，事情进行得并不顺利。但是日军还是找到了解决问题的办法。一个名叫三原国太郎的善于游泳的工兵，带着一根绳子勇敢地跳下河，希望通过游泳来测量河的宽度，但是冰冷的河水导致他四肢麻木，最后淹死在河里。他的尸体漂到了河对岸。日本人没有被他的死亡所吓倒。一等军曹三宅兵吉带着一个不知名的士兵和绳子再次跳下河。他们成功地游过河，并带回了日军急需的数据。日军发现他们没有足够的船只来渡河，于是就到处收集原木制造木筏。淹死在河里的日军士兵是为了他的祖国而牺牲了自己的生命。10月20日，日军在鸭绿江南岸开始进行渡江演习，日军一会出现在这个地方，一会又出现在另一个地方，目的是为了迷惑中国军队，使中国军队放松警惕，认为日军无心进行军事行动。

山县有朋把一座位于在高地上的建筑物作为他的住所，称之为"统军亭"。从此地放眼望去，美景尽收眼底；下面是鸭绿江；右边是水口镇和栗子园；左边是安东和五道口；中间四周皆是平原的九连城。只在右边有一个高地，外形如同一只老虎，被称为虎山，它高约100米。在九连城和义州附近是鸭绿江的一条支流，叫叆河，被几个岛分开，山县有朋在仔细研究地图之后，发现关键的位置在虎山，于是他的进攻计划形成了。10月23日晚，他命令佐藤正由义州上游的水口镇涉水渡过鸭绿江。

山县有朋

佐藤正率领第十八联队的7个中队，1小队骑兵和2门大炮到达水口镇，于24日渡过鸭绿江。中国军队向日军开炮进行阻击，中国军队出动300名步兵和60名骑兵向日军发起冲击；但日军击退中国军队，并攻占了一个据点，缴获了2门大炮、弹药和一批冬衣。此次进军日军只有1名士兵受了轻伤。中国军队在日军距离600米远时就撤退了。佐藤正大佐在鸭绿江左岸站稳之后，派人送信报告他的胜利，并完成对河水深度的调查。

191

山县有朋决定于第二天派兵进攻虎山，10月24日晚该命令下达到各队。

部队被分为如下五个部分：

架桥队（矢吹工兵大佐）
  1个步兵大队
  2个工兵大队
  第三师团架桥队

第三师团（桂太郎中将）
  1个步兵大队
  1个骑兵大队
  1个炮兵联队

第五师团（野津道贯中将）
  1个步兵大队
  1个骑兵大队
  1个炮兵联队

混成旅（立见尚文少将）
  1个步兵旅团

1个骑兵和炮兵大队

预备炮兵（黑田久孝少将）
臼炮和野炮中队

从24日晚到25日，工兵用平底船和筏子在河上架起一座浮桥。鸭绿江在此处分为三条支流：第一条支流60米宽，80厘米深；第二条支流150米宽，3米深；第三条支流110米宽。25日早上4时30分，第三师团渡河向虎山进军，由黑田久孝率领炮兵在义州的东北摆好大炮，保护迫击炮过江。立见尚文旅团跟着第三师团，在它的左翼占领了一个位置。第五师团仍旧位于河的另一岸以备后援。

中国军队正好相反，尽管他们很久以前就修建了据点，似乎要进行顽强的抵抗，但是他们被突然出现在河这一岸的日军所震惊。在早上6时15分到7时45分的交战后，他们渡过叆河向九连城方向撤退。中国将领现在才意识到事态的严重性，从九连城新调来的军队分三路进攻日军。大迫尚敏和立见尚文从右翼进攻中国军队，桂太郎从前面进攻。在短暂的交战后，中国军队战败，一部分再次撤退渡过叆河，另一部分溃散逃入山中。战斗于上午10时30分结束。11时30分，山县有朋到达虎山。

当晚，日军进行第二天（26日）进攻九连城的准备。桂太郎率领第三师团进攻后面，野津率军沿叆河右岸行军。但第二天早晨，当日军进攻时发现，中国军队在前一天晚上就已撤退。虽然距中国军队很近，但日军还是点起火把衣服烤干。中国军队开炮，但没有威胁到日军，可能是为了掩护撤退。日军明白背水一战是鲁莽的,但是他们认为,面对一个对战争策略一无所知的敌人,背水一战是完全合理的。

从河的上游出发,奥山义章率领3个步兵小队于25日袭击了河对面的安东,阻击从九连城来的援军。中国军队整晚放枪,直到26日早晨,当日军用2门野炮进行轰击时,中国军队才停止放枪,在中国军队没有任何反应之后,奥山义章于上午9时过河,发现日军已经占领了安东。他们缴获了几门还没有用过的克虏伯炮和没有开封的900个步枪弹夹。安东原来由宋庆防守,现在被桂太郎占领;在此还有中国孙武①、吴起②的军事著作以及一些朝鲜、日本的地图。日军发现他们的国家在地图中被可笑地绘成椭圆形。

日军在九连城的战斗中有1名军官和32名士兵阵亡,3名军官和108名士兵受伤。日军掩埋了495具中国官兵尸体,但可能有更多的士兵葬身瑷河。中国军队损失如下:

74门野战炮和4挺机炮

4,395支来复枪

36,384发炮弹

4,300,660发枪弹

日军对他们所占领的中国军队堡垒惊叹不已,从成欢到平壤到九连城,他们取得了一连串的胜利。但是优秀的士兵们认为,

---

① 公元前6世纪因其著名的军事理论而闻名的一位军事家。
② 公元前4世纪一位著名的将军。

战争是否能取得胜利主要取决于人而不是物。

宋庆率领中国军队撤退到由孙显寅率领14或16个营驻守的凤凰城。有必要提醒读者,直到1875年,中朝边界还有一小块40英里宽的未开发地带。这件事我在本书的开头部分已经提到。凤凰城正处于该地,是几条往来之路的必经之地,因此此处被视为兵家必争之地。日军于11月3日进攻凤凰城。这一天也是日本天皇的生日,日军希望用胜利来庆祝天皇的生日。但是中国军队没能使日军如愿。当立见尚文到达距凤凰城5里远的汤山时,侦察兵报告称中国军队于10月29日放火烧毁了汤山并撤离该镇。立见尚文于10月30日不费一兵一卒地占领了汤山。日军缴获了2门野战炮、3门迫击炮和一些枪支、帐篷。从俘虏那里得知,中国士兵士气涣散,纷纷撤退,大部分中国军队撤退到大孤山,宋庆率一小部分人马撤退到北部的奉天。

在占领凤凰城之后,第一军的两个师团分开,第三师团继续向西运动,第五师团则向北然后向东行进。第一军的司令部设在九连城,然后迁往安东。大迫尚敏和立见尚文负责指挥第三师团和第五师团。

第五师团的行动

立见尚文于11月9日兵分两路从凤凰城出发进军奉天。第一路向西于11月11日到达连山关。12日,侦察著名的摩天岭。摩天岭是通往奉天路上防守最严密的地方。日军发现中国军队在此部署重兵防守,在一场小的冲突之后,1名日军士兵阵亡,3

名受伤,日军撤回连山关,但是日军的侦察任务已圆满完成。

由于中国军队陆续出现在草河口附近,威胁了连山关日军的联络,立见尚文下令部队集结于草河口。另一支部队由北路进军。当他通过大西沟时,与中国军队相遇。日军的任务是侦察而不是与中国军队作战,于是日军后撤。立见尚文认为,连山关和草河口的中国军队属于同一路,瑷阳边门则是另一路。

第三师团的行动

指挥第三师团先头部队的大迫尚敏的主要目标是向西行动。11月5日,他进军到大东沟和大孤山。在平壤战役中,日军俘虏了一名来自大孤山的中国士兵。这名中国士兵受到大迫尚敏的善待,因为日军知道从他那里可以得到非常重要的情报。他供称:从凤凰山撤退的中国军队到处抢掠村庄;一部分逃到金州,另一部分逃到岫岩。后者是一个在战略要地,因为那儿是来自各个方向的道路的会合处,于是日军决定向它发起进攻。日军像往常一样,兵分两路进攻岫岩。大迫尚敏从大孤山出发,立见尚文派三原重雄率军向凤凰山出发进攻另一路,中国军队被日军的前后夹击搞得晕头转向。

197

198

大迫尚敏于11月14日率3个步兵大队、1个骑兵中队、1个炮兵大队(缺1个炮兵中队)从大孤山出发。16日,同中国骑兵交战后,日军于上午11时30分进入土门子。随后中国骑兵进攻土门子,被日军击退。17日晨,日军没有发现中国军队,大迫尚敏进入洪家堡子。上午11时20分,听到远处传来的枪声,他

大迫尚敏

知道三原重雄在东北方向进攻岫岩。大迫尚敏的先头部队继续前进，同中国军队相遇发生激战。下午2时，增援的中国军队赶到，约2,000人，直接威胁日军的侧翼。日军散开部队，当日军前进时，中国军队后撤（在日军看来，中国军队像一位害羞的少女）；中国军队更喜欢相距较远的作战，600米远对他们来说是非常不适合的。夜晚的来临妨碍日军占领岫岩，日军只好于第二天继续进攻；但18日早晨，当日军进攻时，发现中国军队已放弃该城：前一天日军的两面进攻使得中国军队惊慌失措，他们担心被包围，于是向西撤退。大迫尚敏于清晨8时30分占领岫岩，缴获9门炮和一些枪支。

三原重雄从侧面进攻，他率领1个步兵大队和1个骑兵小队于11月14日离开凤凰城。15日，骑兵到达黄花甸，步兵到达老爷庙。16日到达岭口。由于骑兵人数不足，一部分步兵协助侦察。这支混合队伍在黄岭子与中国军队相遇，进行了一场激战。17日，三原重雄率众部进攻黄岭子。中国军队于16日在土门子已经和日军交过战，此时他们被迫分兵抵抗日军的两面进攻。在黄岭子，中国军队部署了4个营的步兵和1个营的骑兵。① 这支部队利用他们在山顶上的有利地形,决心抵抗日军进攻。三原重雄命令两个中队分别从左右两路进攻,爬上山顶。町田中尉指挥40名挑选的先锋队士兵,自己在右路引人注目,把中国军队从山上赶走,在占领该高地后又占领了另一个高地。在一连串的进攻下,日军占领了黄岭子,缴获1门山炮。中国军队撤到兴隆沟,主力部队还在岫岩,当晚撤到析木城。当中国军队在土门子与日军大迫尚敏交火时,三原重雄出其不意地从后路进攻中国军队。中国军队担心后路被切断,于是向后撤退。中国军队后卫留守保卫岫岩,拖延日军前进,但三原重雄大佐很快就打败了这支部队,进入岫岩。

从俘获的旗子上面的姓名得知是丰(升阿)、聂(桂林)和嘉(善)驻守岫岩,大约10个营的步兵和1000名骑兵。日本人在战报中说,在三原重雄前进时,派川崎伊势雄带领一个骑兵去与大迫尚敏进行联络。当经过一个村庄时,川崎伊势雄只离开了一小会儿,当他回来时,只发现了一具无头尸体,这是他第二次幸免于难。7月底,他被派往平壤去执行侦察任务,在他游过大同江后,中国士兵突袭了中和,他幸运地逃过一劫。当他返回时,发现所有的日本官兵都被中国军队打死了。

大迫尚敏和三原重雄分别从相距30英里的大孤山和凤凰城出发,联合行动,成功地占领了岫岩。大迫尚敏在岫岩的一座堡垒里留下了缴获的炮,随后主力部队撤回了大孤山。第一军希望在第二军攻占旅顺之后协同向北进军。第一军把自己的部队,像扇子一样从九连城向外展开。前哨部队位于大孤山、岫岩和连山

---

① 这支军队有约2,250人,但在如此之多的失败后,中国官兵人数可能明显不足。

关，随时准备击退进攻的中国军队。日军如此布防，就必须克服很大的困难。日军经常断粮数日，给养不得不由日军苦力用手推车沿着崎岖的山路运送到前线。

目前的计划只是防御性计划，目的是为了保持联络的畅通，击退任何来自北方的进攻。当然这个计划没有泄露，人们普遍猜测第一军要占领奉天，因为它是满洲的故都，在那里有皇帝祖先的陵墓，所以对于中国政府来说，还带有一层感情色彩。这个公开讨论的宏伟计划，使得中国政府惊慌失措，于是中国政府派重兵把守通往北方的各个交通要道。人们对日军拖延进军奉天感到迷惑不解。第一军的暂时休整使我们有时间来看一下第二军的行动。

第一军在占领满洲部分地区后不久，就开始在一些主要城市组建了民政厅。这些民政厅的官员都是由日本派来的。日军在满洲所取得的一连串的胜利极大地鼓舞了日本民众。他们的士兵渡过了鸭绿江，这条河就是日本诗歌中所提到的饮马之河。在满洲的民政厅——是日本将法律扩展到亚洲大陆的一部分——唤起了这个千百年来被海洋所阻隔的岛国居民的自豪。

第三章　摄政王之剑半岛之战①

第二军登陆

第二军在9月17日的海战中取得胜利之后,迅速进行战争的准备。包括1个师团(第一军)和混成旅(从第六师团分来的),由山地元治中将和长谷川好道少将率领。前者因为坚定的信念而受人尊敬,也因为他失去了一只眼睛而被世人称之为"独眼龙"②。第一师团的总动员在9月22日,27日全师到达大本营广岛。26日,大山岩被任命为第二军司令官。

该混成旅首先在大同江口附近登陆朝鲜,10月15日,运输船在宇品(广岛附近的一处港口)运载整个师,从10月15日到20日分别启航。当时,日本民众激动万分,日本议会两院成员随同大山岩到达宇品。

日军多次派军舰侦察满洲沿岸,寻找登陆地点。在第二军的军官中,对于登陆地点发生了分歧。他们抱怨所选择的登陆地点

---

① 摄政王之剑半岛(the Regent's Sword Peninsula)系当时西方人对辽东半岛的称呼。——译者注

② 这也是日本人给甘必大(Gambetta)所起的绰号。

大山岩

离他们真正要进攻的旅顺太远。海军军官们重新进行侦察,坚称没有其他合适的登陆地点,满洲的海岸大部分是浅滩,军舰无法靠近。军舰只能选择水位较高的礁石附近登陆。

10月23日,第二军乘40艘运兵船离开大同江口。24日上午,整个舰队在距花园口5英里处抛锚。花园口是花园江①入海口边的一个小村庄。当时天空有点朦胧,海岸依稀可见,天亮时一队海军士兵登上陆地,将一面日本国旗插在一个小山上,作为登陆的标记。不久,海军士兵被陆军士兵所接替。随后工兵登陆,工兵用平底船作为运送马匹和炮的登陆板。

当地居民对于突如其来的军舰感到惊慌失措,许多人仓皇而逃,但还是被抓回来。日本人使当地居民相信他们是友好的。4个农民被带到船上,日军向他们购买了衣服,衣服立刻被带着长辫子的翻译官穿上,只要当地人的衣服是为了侦察时能更像当地人。日军发布了一份署名为大山岩的公告,目的是为了安抚当地的居民和约束日军。公告指出,根据国际法,军队有权在敌国领土上征收赋税,但这个权利是赋予整个军队而不是某个人的。因

---

① "花园江"(Hua-yüan-chiang)现名为庄河。——译者注

此任何士兵在没有得到主人的同意或不付钱就拿走东西，将会受到严厉的惩罚。后来（10月29日），日本发布了一系列对于那些指挥征收的人也要采取处罚措施的规定。

日军在登陆后立刻向内陆进军。10月25日，一支部队到达6英里地的河上游，斋藤太郎少佐率1个大队到达貔子窝。貔子窝是一个距离旅顺30英里远的城镇，日军原计划把它作为登陆地点，由于有5英里宽的浅滩，被迫放弃。26日，大山岩率众部到达貔子窝。他从大同江出发，没有军舰护航。

中国舰队对日军运输舰没有采取任何行动，一些舰船甚至能够发动进攻。朝日丸和另一艘船捕获了15或16艘装着木料和迫击炮的木帆船。日本军舰也没有闲着，一些军舰载着2到3个军官侦察海岸。他们抓住一些渔民作为向导，另外4艘是由大同江口带来的。鱼雷艇在大连湾附近巡逻，捕获1艘30吨的汽艇当作拖船。

一支庞大军队的登陆花费了很长的时间。在12天以前，马匹还没有登陆完毕。值得注意的是，10月24日，日军在花园口登陆，也就是佐藤正渡过鸭绿江的那一天。

攻占金州和大连湾

亚瑟港（Port Arthur），中国人称之为旅顺口，无论从陆路还是从海路，都有中国军队重兵把守，同时由于它本身优越的自然条件，可以说是易守难攻。它位于中国东北三省之一——盛京的南部，突入海中，向海中伸延，形成一个狭窄的地峡，称为摄政王之剑半岛。①亚瑟港（旅顺港）就在这个半岛的尽头，它的咽喉和地峡依靠加强了防御的金州城和大连湾的要塞来防护，大连湾也是中国舰队的停泊地。日军要进攻亚瑟港就必须进攻金州。如果能攻占金州和大连湾的堡垒，不仅通往亚瑟港的大门被打开了，而且用日本人的话来说，还把防御体系收入囊中。从花园口到金州大约有90英里路，日军定于11月6日进攻金州。

11月2日，斋藤德明率侦察兵离开距金州38英里远的貔子窝。部队包括1个步兵大队、1个工兵大队和1个骑兵中队。他们除了执行侦察任务以外，还承担为主力部队的通过修复道路的任务。11月4日，斋藤德明在刘家屯与中国军队相遇，很快把中国军队击退。这是第二军在中国登陆后首次交战。随后大山岩于11月3日率领他的第一师离开貔子窝，先头部队包括1个联队的步兵，1小队骑兵和1个中队炮兵。由乃木希典率领，他的后面是西宽二郎。

为了能更清楚地了解日军对金州的进攻情况，有必要先看一下盛京南部的地形。突起的部分一直延伸到海里，在金州，半岛的陆地部分仅有2英里宽。有两条彼此接近的临海道路同金州相连：一条同花园口和貔子窝相连；另一条同复州和普兰店（Port Adams，亚当斯港）相连。当日军接近金州时，对日军来说可以毫无困难地从一条路到达另一条路。日军运用惯常的战术从两面夹击中国军队。

一部分日军沿着貔子窝的道路出发，沿着另一条道路的日军

---

① 为使中国读者阅读方便，后文中"摄政王之剑半岛"（the Regent's Sword Peninsula）均译作"辽东半岛"。——译者注

也出发了。4日，斋藤德明派1个中队的骑兵去复州切断电报线。日军抓获了一个从旅顺到复州送信的信使。这个中国人试图撞墙寻死。斋藤德明敬佩他的勇气，告诉他日军不会杀害他，并问他是否有父母。这个中国人被这些话所感动，告诉斋藤德明他有一位整天祈祷他能安全返回的老母亲。

11月5日，日军突袭中国军队的第一道防线。在这道防线上，中国军队在道路两旁的山上修建了两座堡垒，分别部署了4门大炮。开始，日军只进行侦察后就撤退了。山地元治得知中国军队防守严密，但在通往复州的路上相对有许多薄弱的环节，于是派遣了大批军队前往该路，剩余一部分前往貔子窝那条路，另一部分在两路之间。首次进攻据点是在中午开始的，战斗一直持续到下午2时。此时日军发现自己处于危险之中，于是就开始撤退。当然，这次阻击的成功使中国军队非常高兴，他们认为自己是胜利者。

当晚日军下令于第二天（6日）早晨继续进攻。清晨4时，斋藤德明率日军向第一个据点的右侧进军。在早晨6时到达预定目标，并于半小时之内进攻了两个据点。斋藤德明亲自参加战斗。他看见一名中国士兵正准备开炮，便冲上去打了一梭子弹，然后抽出战刀，把那个士兵的头颅劈成两半。

随同日军一道行军的法国顾问对这场战斗做出评价，认为日军用这种方法取得的胜利应归功于法国的山地部队。

占领这个据点后，貔子窝通往金州的道路就被扫清了。山地元治同时从复州向金州出发，定于上午8时进攻金州。在短短时间内，30门野战炮覆盖了整个城镇。中国军队用克虏伯炮还击日军长达50分钟，然后停止炮击。山地元治骑马疾驰进入队伍，下令攻城。金州如同大多数中国北方城市一样，形状是一个按照罗盘的四个点测量的正方形。攻击部队分两路从北面和东面进攻金州。金州城墙高 30 英尺而且非常陡峭，日军无法爬上城墙，但工兵们把金州的城门炸毁。在城墙北面，是永安门，高 50 英尺，用铁皮包门。矢野目中尉冲过去率士兵炸毁城门。工兵二等兵小野口德次自己带着炸药包，冒着敌人的枪林弹雨冲向敌人的大门前。子弹打中了他的胳膊，血如泉涌，但他还是把炸药包顶在门上，城门被炸得粉碎。日军冲进城内。此时，日军炸开东门并冲进城内，中国军队通过西门向亚瑟港撤退。

金州城门

在这场战斗中有个传奇的情节。一个名叫吉田梶次郎的日军少佐，冲向大门，但他发现无法靠近大门，于是他向后撤了 120 码，并发现在地上有一块 30 英尺长的十字形地带。因为无法判断这些可疑的痕迹，他便继续前行，此时门却被炸开了，日军冲进城里。战斗结束后，工兵们挖开这片地面，发现一个地雷。如果当时这个军官不向后退，就会炸死100多人。中国军队在此耗费了大量的人力和火药，但是收效甚微。日军占领凤凰城时，在日军前面有一个地雷也突然爆炸，但只炸死了一条狗。

日军追杀一些正要慌忙逃跑的中国士兵，甚至将他们扔到城墙下。从11月3日到6日，发生在金州的战斗并不十分激烈，日军没有损失一兵一卒，只有一小部分士兵受伤。日军声称，这场战斗在军事史上是无与伦比的一件大事，但是很快被第二天所发生的战斗掩盖了。

日军占领金州以后，准备进攻下一个目标大连湾——中国的海军基地。这个地方被认为是除亚瑟港和威海卫以外的另一个军

炸开城门的小野口德次

事要地，陆地上的堡垒保护着辽东半岛狭窄的地峡。日军为11月7日上午进攻大连湾做了精心的准备。日军分三路进攻各个据点，每路包括1个步兵联队以及骑兵和炮兵。取得胜利的日军情绪高涨，发誓宁死不屈。但是这些誓言是没有必要的，日军在放了几枪后便占领了一座小堡垒。日军在这座堡垒里发现大炮还装

填着弹药。因此,我们没有必要详细讲述这些匪夷所思的事情。

这些堡垒是汉纳根根据现代军事战术建造的,配有重兵把守。和尚岛有3座炮台,1座配有2门21厘米和2门15厘米的大炮,另外2座炮台配有24厘米的大炮。徐家屯炮台有4门15厘米的大炮,老龙岛炮台有2门24厘米和2门21厘米的大炮,黄山炮台有2门24厘米和2门12厘米的大炮。这些重炮的侧面是比较小型的机关炮。一名日军军官在看了一个据点之后说,如果给他一个中队的兵力,完全可以抵挡一个师团的兵力。

如果中国军队仍占据着这些据点,就可以成功地阻击日军。据估计,在金州和大连之间由以下中国军队驻守:

怀字军	步兵	6个营	3,000人
	—	1个连	200人
	骑兵	1个连	50人
后营军	步兵	3个营	1,500人
	骑兵	1个营	250人
	炮兵	1个营	500人
八旗练军	步兵		500人
	骑兵		200人
合计			6,200人
楚军	步兵		不详
	骑兵		不详

日军获取大量的战利品,如下:

621支步枪(其中70支步枪是德国制造,其他是连发枪);
129门炮(其中7门是加特林炮,南京制造,尚未使用,以及所有在海面上克虏伯炮）；

33,814,330 发子弹；

2,468,271 发炮弹；

价值 6,000 美元的现银。

除此之外，还有大米、马匹和其他杂物。日军对每一件物品都进行了仔细的登记，日军军官的笔一定比他们的战刀更加忙碌。

日军发现了中国军队用水雷和鱼雷防止日舰进入海湾入口的计划，日军毫不费力地进行"扫除"，使得这个计划落空。两个国家共同使用的文字使得任何受过教育的人都能够懂得对方的文件和正式报告。

日军的军舰将会协同陆军进攻大连，而且丝毫没有怀疑这次任务的容易性。11月6日清晨6时，军舰开往大连湾，排列如下：

本队：桥立、千代田、严岛、浪速、松岛
第一游击舰队：吉野、高千穗、秋津洲
第二游击舰队：扶桑、葛城、金刚、高雄
第四游击舰队：筑紫、赤城、摩耶、大岛、乌海

这支舰队于下午到达目的地，由于事先了解到大连湾口到处布满水雷，所以十分小心地行驶。6艘小型蒸汽艇组成的一支小舰队开始清扫海湾并且排掉水雷。此时从远处传来阵阵的枪声，海军知道陆军正在进攻金州，舰队官兵们非常激动。

第二天出现了戏剧性的一幕，看似与以往的战争有一些不协调，但却是中国军队在早上所做出的一个荒谬行为的后果。11月7日清晨6时，日军舰船缓缓驶入海湾，开始只有第四游击队，

他们向堡垒开炮,但是没有得到任何反应。上午9时,本队驶入大连湾。上午10时,日军猛烈开炮轰击据点,中国军队还是没有回击。日军被寂静的海湾弄得莫名其妙,于是绕着海湾巡视一圈,一直到最后才进行仔细的搜索,他们看见了黑帽子和日军军服,随后看见日本国旗飘扬在堡垒的上边。日军立刻派小船上岸,得知那天早晨所有的堡垒都被日本陆军占领了。

攻占大连湾是旅顺之战中非常重要的一步。这不仅仅是真正接近旅顺的防御工事,而且是重要的军舰停泊地,利用码头的附属设备可以运送重炮登陆,可以使围城部队从这里,而不是从花园口或貔子窝登陆。

攻占亚瑟港

日军占领金州和大连湾以后,陆军司令长官大山岩等候混成旅的到来。除留下一小部分军队驻守金州地峡和保卫后方以外,他带领大部队于11月17日向亚瑟港出发。通向亚瑟港的道路有两条,一条沿着北岸,另一条沿半岛的南岸。日军按照通常的战术从两条路分别进军;进攻南路的部队人数不多,只起着牵制的作用。它包括2个步兵大队,1小队骑兵,1个炮兵中队和2个工兵中队,由益满中佐率领,组成左路纵队。另一路日军,2个大队在金州,另一个大队负责通信以外,除了这三个大队外,其余部队沿着由侦察部队所指定的路线前进。日军按如下顺序前进:

第一,侦察骑兵,2个大队(减去5个小队),由秋山好古少佐率领。

第三部分 中国会战 155

饭尾救了浅川大尉

第二，第一师团和混成旅团（减去驻守金州的小队，或组成左路纵队的一部分）。

这两路日军按同样的路线前进，经过南关岭、营城子、双台沟和土城子到达离亚瑟港附近的水师营。整个行军历时四天，直到11月20日，整个部队才到达指定位置准备就进攻亚瑟港。

在这些天的行军过程中发生了一些小小的战斗。18日，秋山好古率1个骑兵中队从土城子出发，路上与一股来自水师营的中国军队遭遇。中国军队渐渐增加到3,000人，最后将日军全部包围。日军战斗十分勇敢，突出重围，退到双台沟。丸井少佐在得到与中国军队交战的消息后，立刻派1个步兵中队去增援骑兵，很快也被中国军队包围。浅川大尉眼看自己的同伴受到威胁，就率领少数骑兵奋不顾身地冲进包围圈。日军的步兵和骑兵成功地逃离敌人的包围，但是他们不得不放弃那些宁死也不愿意落入敌人手中的伤员。中万步兵中尉受了重伤，侍卫把他的头颅砍了下来，带回营地郑重地埋葬了。浅川大尉也受了伤，他的马在他的胯下被打死了。饭尾虽然也受了重伤，但他还是把他的马让给了长官，他在长官逃脱危险后就死去了。丸井少佐率领剩下的部队继续前进，救援被包围的日军，但他们没有击退中国军队。中国士兵早已经在一座小山上架了4门炮。直到前进的日军炮兵部队赶到，向中国军队开炮，中国军队才撤退。在这场战斗中，1名日军军官和11名士兵死亡，1名军官和32名士兵受伤。

在这场胜利的鼓舞下，11月20日，在日军到达亚瑟港之前，中国军队组成了一个3,000人的突击队。山地元治得知中国军队的行动后做了秘密的部署。当中国军队包围一个被日军占领的小山头时，日军用炮火向中国军队的侧翼进行猛烈的轰击，中国军队被迫撤退,地上留下了大约100多具尸体。

现在有必要来看一下亚瑟港的防御情况。亚瑟港包括海面和陆地两部分。这样的布局是为了在受到进攻时在海面和陆地能够相互支援。椭圆形的海湾被分成两部分,有一条几乎相连的碉堡链把各座炮台连接起来。在海港的北部陆地上,从西边开始,有椅子山炮台、案子山炮台和望台山炮台,它们的高度分别是86米、128米、137米;这些炮台位于其他防线的后面,从它们所在的位置可以向其他炮台的后部开炮。它们构成了亚瑟港整个防线的关键。向东有103米高的松树山炮台。在东面,有一组7座炮台的82米高的二龙山和126米高的鸡冠山。这些炮台几乎包围了亚瑟港的陆地一面;"城墙"是由2座临海的炮台组成,一座是在84米高的蟠桃山,而另一座也在可以被认为是靠近岸边的老砺嘴,沿海岸线向西,我们可以看到在整个防线中最为重要的黄金山炮台,高78米,架在山上的大炮可以朝任何方向射击,不但能击退海面上的进攻,而且能同其他的守军协作共同防守陆地。现在我们通过海港可以看见一片狭长的陆地,这块陆地插入海港中间,即中国人所称的老虎尾。在这片狭长的陆地上有8座炮台,它们在这场重大的战争中却扮演着并不重要的角色,其中一座是111米高的馒头山炮台,它对陆地的防守起着极其重要的作用,通过它向海港开火和保卫陆地上的炮台。

在这些炮台上有许多枪炮,而且它们当中有许多是最先进的款型。下面是这些枪炮的一览表:

椅子山炮台:未知

松树山炮台:2门20厘米炮;2门9厘米炮;1门速射炮;1门12厘米的克虏伯炮;2门克虏伯山炮;1门山炮;1门7厘米的

山炮

二龙山和鸡冠山炮台：

第一炮台：3门速射炮

第二炮台：2门速射炮；1门9厘米炮

第三炮台：2门速射炮；2门12厘米克虏伯炮

第四炮台：2门速射炮；3门9厘米炮

第五炮台：4门9厘米克虏伯炮；1门速射炮；2门12厘米阿姆斯特朗炮

第六炮台：1门9厘米克虏伯炮；2门速射炮

第七炮台：2门12厘米阿姆斯特朗炮；1门15厘米和1门9厘米克虏伯炮；1门速射炮

蟠桃山：未知

老砺嘴：未知

黄金山：3门24厘米炮；4门野炮；4门9厘米克虏伯炮；2门21厘米的克虏伯炮

老虎尾：

第一炮台：2门21厘米克虏伯炮；3门9厘米炮

第二炮台：3门9厘米克虏伯炮

第三炮台：2门15厘米克虏伯炮

第四炮台：4门16厘米克虏伯炮；1门9厘米炮

第五炮台：4门15厘米克虏伯炮；2门12厘米

馒头山：3门24厘米克虏伯炮；2门12厘米克虏伯炮

城头山：2门12厘米克虏伯炮；6门9厘米克虏伯炮

老铁山：9门9厘米炮

这里所列举的火炮合计超过100门，但这只是其中的一小部分，日本人缴获了330门炮。

驻军部队一览表如下：

亲庆军	8个营	4,000人
桂子军	4个营	2,000人
和字军	3个营	1,500人
盛字军	5个营	2,500人
怀字军（从金州撤退下来）	6个营	1,800人
拱卫营	4个营	1,200人
	1队骑兵	200人
铭字军	6个连	400人
合计		13,600人

即使我们承认，中国军队按照惯例达不到它所规定的员额，但也还有一万多人驻守那个地方，是一支可以进行顽强抵抗的部队。山地元治在同一个军官的谈话中预测，当日军到达亚瑟港时，日军在占领这个炮台时要损失1000多人。海军上将库尔贝（Courbet）认为，这些炮台能够使中国军队坚守很长时间，可以抵抗强大的军舰和一支大约有2万人的军队。

进攻预定于11月21日早晨开始，但日军的重型攻城炮直到20日和21日晚上才到达预定地点。它们被日军拖上山顶，这项艰苦的工作持续了两天。晚上，炮队到达指定地点。山地元治平静地阐述了经过他深思熟虑的想法：金州攻城战已经表明，以猛烈的预射炮击很快就会使中国军队丧失斗志，从而使日军的进攻得以可能。他计划集中36门攻城炮和64门野战炮。进攻是按照我们所叙述的炮台的顺序进行的。日军首先攻占了椅子山上的3座炮台，然后是松树山上的1座炮台。混成旅等到日军攻占这些炮台之后，进攻二龙山和鸡冠山上的7座炮台，沿另一条路进军亚瑟港的左路军队，佯攻亚瑟港北部的目的是转移中国军队对于日军将进攻陆地前端的注意力。日军这些路线是经过一整天的深思熟虑得来的，但是日军的进攻是如此顺利，使得午后这个计划有些多余，并且不得不在整个战役中有所补充。

  日军在午夜时分到达他们的预定位置，并于凌晨2时做好全面进攻的准备。天晓时分，攻城加农炮、野炮和山炮一同向中国军队阵地开火。隆隆的炮声把中国人从梦中惊醒。椅子山上有40支枪不停地开火。这些炮台得到了来自松树山和黄金山的火力支援，最后使用可以向任何方向开火的重型海岸炮，但是一小时之后，椅子山上的枪声沉寂了，日本的步兵占领了中国军队在那座山西部的位置。在土城子被中国军队打败的丸井少佐，怀着复仇的决心带着他的大队冲进第一座炮台，杀死并赶走了所有的守军。在这次进攻中，日军死伤80多人。日军是在上午8时占领椅子山、案子山和望台山炮台。中国军队放弃了所有炮台撤退，途中与带兵进军椅子山和松树山之间的乃木希典遭遇。

  馒头山炮台的中国军队向日军开炮，但撤退的士兵很快就被驱散了。当他们试图沿海港边向北撤退时，他们遭到绕行到亚瑟港西边的日本军舰的炮轰。这些已受伤的可怜的中国士兵不得不在老铁山的岩石之间躲避日军的炮火。

  现在日军用野战炮来进攻松树山上的中国守军，但是中国军队是如此沮丧，以至于日军一连串的炮火便足以使中国军队逃跑。松树山炮台位于其他中国军队炮台的后面，日军占领它之后，就可以向中国军队的其他炮台开火。得到占领松树山的消息之后，一向不苟言笑的山地元治露出了笑容。这种情形是那么的不可思议，以至于一个日军军官在看到了这位将军的笑容之后，立刻将这个消息传播了出去。松树山是上午11时被占领的。

混成旅经历了一天之中最为艰苦的战斗。这支军队的大部分被派往左路，以至于这支部队减到1个联队。尽管如此，虽然他们没有野炮，而且攻城加农炮又离得太远，只有山炮可以用来进攻7座炮台，但日本人却说一个九州①人比攻城武器更有价值。

进攻部队包括进攻鸡冠山的第三大队，进攻二龙山的第二大

陆军中将山地元治

队，日军同时发现，这些军队是不够的，第一大队的3个中队用来支援他们的力量。日军在前进中遭到了中国军队炮火的猛烈轰击，日军被迫在敌人无法炮击的小树林中躲避。在松树山陷落前

---

① 九州是日本南部的一个岛屿，是一个以出政治家而闻名的岛屿。这场战争的主要军官大部分是那个岛上的人。

不久，日军处于来自鸡冠山和松树山炮台的两面夹击，于是日军决定先攻占鸡冠山。上午11时30分，第三大队占领鸡冠山。12时30分，第二大队占领二龙山。这样，亚瑟港的整个陆地防线陷落。

有两个戏剧性故事同混成旅有关。花岗少佐身受重伤，但他仍冲上炮台高呼："天皇万岁！国旗万岁！"后来他被送到医院，人们问他有什么话要说。他回答说，他是为祖国而死的，他祈求他的母亲能够照顾她自己，他的孩子能上学。问他对他的士兵是否还有其他的话要说，他回答道："祝福他们。"军官们围着他的床安慰他说，他在占领炮台时得到了永恒的荣耀。但他回答说："我所做的是这个世界的光耀吗？"在场的人悲伤地说他看不到北京是多么的不幸！这最后的评论对于那些不了解在日本的军人心中怀有的进入中国京城的极大的热情的读者来说，是会感到奇怪的。

可儿市太，是进攻二龙山的一个中队的大尉，长期饱受痢疾的折磨，在进攻的那天，他克服了疾病所带来的痛苦走在队伍的前头，但当距炮台仅100码时倒下了。当他的士兵冲锋时，他躺在地上。他被送到医院，他无法原谅自己的懦弱，于11月28日早晨（战斗结束后的一个星期）从医院里逃跑，到他曾经屈服过的地方用自己的剑自杀了。

下面是在他身边发现的信：

疾病迫使我痛苦地在这里倒下，当我的士兵们进攻炮台时，没有我，只要我活着，我的耻辱就无法抹去。为了证明我是为了我的荣誉而死在这儿，我留下了这封信特此证明。①

山地元治分配的所有任务于 12 时 30 分全部完成。因此，他决定利用剩余时间，命令尚未参加战斗的第二联队进攻最重要的黄金山炮台。黄金山炮台是主要的海岸堡垒，已经在早晨对防守提供了重要的支援。日本人穿过亚瑟港的街道，突袭了这座炮台，没有遇到什么困难。中国士兵夜间放弃了老虎尾炮台和其他与入海口相对的炮台逃跑了。传说中"固若金汤"的亚瑟港在短短一天之内就被占领了。

这场辉煌的胜利得感谢中国军队所犯的错误，中国军队始终认为战争就是要准备一大批一流的军用物资，而没有考虑到那一群在心血来潮之时参军的乌合之众是否会使用它。士兵们随意开

黄金山炮台

---

① 摘自《日本邮报》。

在金州附近,日本军伏袭击逃亡的中国士兵

枪，而不是像步兵们那样使用他们的枪。他们在距敌人很远处就开枪，因此对敌人所造成的伤害并不大。

亚瑟港的陷落使日本拥有了远东最先进的船坞，在这里，日本可以修理任何需要修理的军舰。现在日本在敌人的国门前有了一个非常理想的港口。据估算，在亚瑟港的机器、船坞等等合约6,000万元（日元），折合为6百万英镑的纯银。

日本获得的这一切只付出了很小的伤亡代价，仅有270人失去了战斗力，仅有18人真正战死，当然有许多人受伤。中国军队却损失了1,000多人。

日本人欢庆他们的胜利，士兵站在高地上向他们的天皇和日本国高呼"万岁"。大山岩设宴款待军官，在宴会上西村唱起了一首日本著名的歌谣："他需要像山崩那样的声音来庆祝他自己祖国的胜利。"

但日本人不允许他们的热情干扰他们的事业。11月26日，从广岛（帝国大本营）来了一份电报，以斯巴达式的简洁宣布将日军的海军指挥部转移到亚瑟港。这份电报成为李鸿章花了那么多时间、物力、财力、人力才修建起来的亚瑟港的墓碑碑文。

出于行政管理的需要，辽东半岛被分成两个区域，并任命日本人作为当地的官员。12月1日，大山岩将他的司令部迁到金州。

日本舰队原准备参加战斗，希望丁将军会全力保卫亚瑟港。但当伊东祐亨于11月11日率领着12艘军舰和6艘鱼雷艇的支队试图引诱丁将军派舰队驶出威海卫，丁却拒绝让他的舰队去冒险。

正如我们所看到的那样，在进攻亚瑟港的那一天（11月21日），日本军队巡航海港，交替向沿岸各炮台开炮，炮轰中国军队的逃跑者，但他们的联合行动全完是马马虎虎的。日军占领亚瑟港之后，一份海外报道称，一艘日本鱼雷艇冲入海港，分散了炮台上的注意力。这成为炮台陷落的主要因素，但是这一事件在日本的军事期刊中并没有提到，像这样一个符合日本人特性的事迹是不可能被忽视的。

当日军占领亚瑟港时，原驻守金州地峡的日军受到中国军队进攻的威胁。中国军队已经看出，由于驻守此处的日军兵力不足，只要进行一个突然袭击就可以占领这个地方。在此处的日军尽管处于劣势，但是他们还是进行了顽强的抵抗。一些海军官兵教步兵如何使用俘获的枪炮，在金州的一些苦力们也自愿参加战斗，另一方面还有一支用棍棒武装的突袭队也来抵抗中国逃亡者的进攻。金州的日军处于两面夹击，一部分中国军队沿着复州路向南进军，另一部分中国军队从亚瑟港向北撤退——这是他们唯一可以通过的道路。尽管抵挡两面夹击，但是冷静而大胆的日军还是取得了胜利。

亚瑟港的陷落引起了极大的轰动，在远东的外国人对于日本人的胜利表示怀疑。他们猜想日本在朝鲜阴暗的角落和中国边界所取得的这一切被日本人自己夸大了。他们认为中国没有时间将他的全部力量投入这场战争，想象中国经过几个月的准备，就可以打退日本对于任何坚固的要塞如亚瑟港的进攻。但是所有这一切梦想被发生在一天之中的战斗所击碎，这场战争引起了更大的震动。

在北京，中国人首次感到并认识到前所未有的恐慌，一向被轻视的敌人似乎已打到家门前。中国政府立刻采取措施避免危险，组成了一个议和使团。但善弄诡计的中国人积习不改，反而派遣了一位不知名的人员和一些没有责任感的欧洲人，带着几份不成熟的国书前往日本。德璀琳（Detring）先生是天津海关总税务司，深受李鸿章的信任，他受托带着李的一封给伊藤博文的私信。在信中，李表达了中国政府对和平的愿望。日本自然拒绝同这样的使者进行谈判，而且很有礼貌地把他送回中国。日本民众很恼火，并认为这个代表团是对国家尊严的侮辱。

第四章　第一军在满洲

我们已经知道,在 11 月中旬,这支军队两个师的军事行动锁定在两个目标。立见尚文率领他的第五师团执行侦察任务,扫清了向东、向北的道路,面对随时会进攻南方切断日军交通线的中国军队。大迫尚敏带着他的第三师团向西进军,于 11 月 18 日占领海城。这只是为了配合第二军在占领旅顺后能够毫无阻碍地向北方进军。这是重要军事行动的第一步。现在我们必须了解这两个师团更进一步的军事行动。

第五师团或第一军的右翼

为了了解在满洲进行的行动,我们有必要了解一下这个地方的交通路线。有一条主路连着九连城和凤凰城,通往辽阳和奉天,著名的摩天岭就位于这条路上。我们已经知道,日军在进行侦察后放弃进攻摩天岭的计划,前哨部队首先撤退到连山关和草河口一线。另一条是在九连城呈环状通向西面和北面。这条路经过长甸、坦甸、宽甸、叆阳边门和赛马集,在草河口与主路相连。在这两条路之间有三个交叉口,其中两条在凤凰城和叆阳边门呈环状，另外一条路经过赛马集直达满洲北部。我们不用注意从九连城到大孤山和从凤凰城到海城的道路，这些道路通往第三师团将要采取行动的地方。到11月底，第五师团进行了两次侦察。一次沿着九连城到赛马集的道路，在此遭遇了一小股得到农民支持的中国军队用火绳枪进行的轻微抵抗。另一次由立见尚文亲自率领侦察了一个更重要的目标。日军得知，一支由依克唐阿将军率领，来自黑龙江训练有素的鞑靼军队①沿着紧邻赛马集的那条路向南进军。中国军队的目的是夺回凤凰城，同时切断日军与连山关前哨部队的联系。当日军得知中国军队已到达摩天岭时，日军意识到必须防止这两支军队会合。依克唐阿将军和在摩天岭的中国军队可以通过两条路会合，一条是从草河口到赛马集的路，另一条路是沿着山路向北，可以避免同敌人遭遇。为了阻止中国军队会合，日军必须守住主路与通往赛马集道路的交叉点——草河口。因此，日军前哨部队于11月23日撤出过于暴露并且在战略价值较低的连山关。

11月25日，在摩天岭的中国军队大约1,500人带着2门大炮进攻在草河口的日军前哨部队。依克唐阿从赛马集带了4,000名步兵和1,000名骑兵，用6门大炮进攻日军的另一侧。日军在激烈的战斗之后，终于打退中国军队。假如中国军队取得胜利，那么他们就会打通从草河口到赛马集的道路，还能同依克唐阿将军会合。

立见尚文于11月26日从凤凰城出发，沿着另一条路从叆阳

---

① 此处的"鞑靼"（Tartar）是当时西方人对中国北方少数民族的错误统称。——译者注

边门、赛马集向草河口的东北面进军，在崔家房子击败中国军队。据说这股中国军队有5,000名壮丁，可能是几天前进攻草河口的那支中国军队。日军徒步蹚过急流十几次，衣服由于天气寒冷而结冰。这次胜利后，立见尚文又返回到主路上，于12月5日到达凤凰城。在10天的时间里，他围着叆阳边门、赛马集、草河口又回到凤凰城进行了一圈的行军，追击11月25日在草河口吃了败仗的中国军队。这样，日军不仅阻止了摩天岭和赛马集两支中国军队的会合，而且还使中国军队取道山路会合变得更加困难。

然而，日军在取胜后不久就不得不后撤。日军发现，给前哨部队提供装备非常困难，而且经常遭到中国军队的袭击。日军认为，适当允许敌人前进，然后给敌人以回击，可以确保日军有更长的时间进行休整。在草河口的前哨日军后撤，立见尚文占领了南边的一个位置。

原先被日军占领的从摩天岭到赛马集的道路现在向中国军队敞开了，可以使两支中国军队得以会合。依克唐阿将军抓住这一机会，准备进攻凤凰城。他的部队沿三条路进军，一条路是从草河口到凤凰城，另两条路从凤凰城环绕一周在叆阳边门会合。这个鞑靼将军亲自率领部队沿着主路前进。

立见尚文得知敌人到来，于12月9日离开凤凰城向北进军，在樊家台与中国军队相遇。樊家台有一条路和一条小河连接相距1,200米—2,000米的两座小山。依克唐阿将军率领2,000名训练有素的中国士兵和1,000名刚刚应征入伍的新兵，以及2门大炮；日军有3个大队和1小队炮兵。立见尚文猛烈进攻中国军队，把中国军队分割成左右两个部分。战斗从上午10时开始，一直持续到下午4时。中国军队共伤亡100多人。第二天，日军追击敌军一整天。

黑龙江部队的剩余人马估计有6,000人，分兵两路从瑷阳边门进军到凤凰城。日军被迫召回原先驻守汤山的后援部队，进军凤凰城，汤山由驻扎九连城的一个大队驻守。友安延治在后援部队到达后，从凤凰城出发，于12月14日早晨与中国军队相遇，击败中国军队，缴获4门大炮。同时立见尚文得知中国军队到来，就派遣一支部队去截断中国军队的后路。这次意想不到的袭击彻底打败了中国军队，使得中国军队再也不会在满洲进行骚扰。

现在，我们要离开在第一次战斗中与佐藤正大佐一起攻占凤凰山使得平壤陷落的立见尚文。在取得那场胜利之后，立见尚文就再也没有机会展示他的才能；他的时间都耗费在山路行军和断断续续的战斗上，以确保日军联络的畅通，因此他在此后的战斗中并没有引起公众的太大注意。他的士兵非常敬佩他，日本人说他具有拿破仑的品质，他知道如何使被占国的百姓支持他的军队。尽管他的军队在严寒的冬天里不得不驻扎在山里，并且在山间行军，但他们的给养始终能够得到保证。事实上，如果日军不是拥有这些有远见的军官，没有得到良好的军需，那么日军的痛苦也是非比寻常的。一旦明白冬季战斗的必要性，日本政府就购置了大量羊皮外衣①分发给军队。在整个战争过程中，是运输兵们用手推车把军需品从山路上运送到日军前哨部队。

立见尚文被迫面对中国最有才干的将领。日本人称依克唐阿将军是第一位真正具有攻击性的人，而在成欢、平壤和九连城的其他将领们却躲藏在工事后面，等待来犯之敌。依克唐阿将军还

---

① 据说大部分毛皮是从中国购置的。

在部署军队方面表现出一些战略才能。如果其他的军队能够早一些到达预定目的地展开联合进攻的话,那么他就能够取得胜利。如果他对进攻凤凰城的尝试能多坚持一些的话,如果第三师团的大胆进攻没有迫使他撤退到一个使他的军队受到更大威胁的地方,他也许可以重新占领凤凰城。

第三师团或第一军的左翼

我们已经看到日军第五师是如何击退中国军队对凤凰城的反攻,摧毁了中国军队切断日军交通线的企图,现在我们来看一下第一军另一支部队的行动——第三师团此时正在上演着这场战斗中最光辉的一幕。日军在渡过鸭绿江后,就宣布他们作战的两个目标是——奉天和北京。第一个目标一般是用来迷惑敌人,但是对于日本人来说,正如我们所见的那样,大岛义昌进攻平壤时把佯攻变成了真正的进攻。此外,山县有朋制还订了一个同时进攻两个目标的计划。使我们惊奇的是,日军用最简单的军事行动获得了复杂多变的结果。他们从来没有忘记这场战争的主要目标,因而取得这场胜利,细节行动也就自然而然地带出这个势不可免的结果。

现在我们来看一下华北和满洲的地图,从北京到奉天的主干道一直通到锦州(不是亚瑟港附近的金州),与附近的海岸线平行,然后向东直通奉天。在奉天,另有一条道路从营口直通盖平,从盖平分出一条路直通奉天和九连城,然后沿着海岸直通旅顺。从九连城和沈阳也有一条路直达海城,从那里沿着牛庄（Newchuang）①（旧称）通到从北京到奉天的主要通道。简单地说，在亚瑟港和鸭绿江的日军有三条路通往中国：一条沿着从亚瑟港开始的海岸，经过复州、盖平和第二军预定地点营口；另一条从凤凰城沿着摩天岭和辽阳到达奉天，这条路除了曲折以外，在摩天岭还有中国军队重兵把守；最后第三条路，位于上述两条路之间，从凤凰城沿奉天到海城。此时第三军的目标是占领奉天，如果这个目标能够实现，下一步行动就是摧毁防守奉天的中国军队。如果日军能够占领摩天岭，就能够直接进军辽阳，驻守于奉天、辽阳、海城和盖平一线的中国军队将被切成两部分。海城是通向四面八方的中心点，日军可以进攻，打败并分散敌人。海城距十三山（锦州附近的13座山）仅75英里，奉天距山海关135英里，日军可以随时进军并完全切断位于辽阳和奉天的中国军队的后路。在进攻敌人前沿阵地时，只需要一次简单的进攻，日军就能威胁中国军队的后路，迫使中国军队或是后退，或是被分割成两部分，或是被打散。

大迫尚敏占领奉天时已制订了这个战略行动的第一步。但是他的部队无法彻底执行完这个任务，因此由第三师团组织起来独立行动。12月3日，第三师团主力部队离开司令部所在地安东，8日，到达奉天。桂太郎于12月5日从安东出发，到奉天与部队会合。部队进行一天的休整后于10日由析木城出发。日军得知在析木城有一支中国军队驻守通往海城的路。9日，日军派遣的两支部队已经出发，一支由佐藤正率领进军盖平，防止任何驻守

---

① 用旧称称呼是为了与营口（Ying-kow）相区别，营口是一处通商口岸，外国人通常称其为"牛庄"（Newchuang）。

在附近的中国军队从侧面进攻；另一支由大迫尚敏率领沿另一条路进军析木城。12月11日，主力部队在二道河子和白草洼口与中国军队相遇。中国军队在两处各有约4,000人和约2,000人。在经过短暂的交战之后，中国军队失利。12日，日军进入析木城，与此同时大迫尚敏打败了有3,000人的中国军队，并于第二天（13日）进军海城。在海城的中国军队占据海城两侧的小山。在进行短暂的抵抗之后，中国军队后撤，日军占领了海城。在此我们没有必要详细叙述这些冲突，因为11日和12日的战斗中日军仅7人受伤，13日，占领海城没有任何损失。由于日军把海城视为战略要地，所以如此轻而易举地占领海城使日军认为占了一个很大的便宜。在以后的战斗中，海城成为两军所有行动的中心。

中国军队在放弃海城后，发现自己损失惨重。他们也许还没有立刻意识到，日军可以直接进军十三山或锦州，切断所有满洲中国军队与关内的联系，但是他们立刻感到日军插入中国军队中间，给中国军队之间的联络造成了很大的不便。原来通过海城与辽阳和营口的直接联络被日军切断，中国军队只能绕道通过牛庄来进行联络。但这样做是危险的，在海城的日军可以随时进军牛庄，同样也能切断那条路。不仅使中国军队联络变得非常困难，而且为了避免丢失牛庄，中国军队不得不分散一部分兵力来保卫牛庄。在随后的战斗中，位于海城的日军坚决击退位于辽阳、牛庄和营口附近的中国军队的进攻，阻止彼此之间的会合。当然，日军是冒着极大的危险驻守海城的。但后来的事实证明，他们对于中国军队所采取的鲁莽行为是正确的。桂太郎进军海城比第二军进军盖平早一个月，因此日军没有任何其他支援。如果中国军队在它还没有立稳脚跟之前从四面同时进攻，就会使日军陷入极大的困境之中。但这个联合行动对于中国军队来说，只能是想想罢了。中国军队放弃了这个机会。桂太郎在从奉天出发前就预见到他可能遇到的危险，于是派佐藤正去盖平防守侧翼。佐藤正于12月13日前行，远达奉天千马河子，在那里监视敌人的一举一动。

宋（庆）将军率领一万名士兵由营口出发，进军海城，企图将日军赶出海城。桂太郎从侦察兵那里得知中国军队的到来，他担心如果给中国军队喘息的机会，那么在辽阳的中国军队也许会从另一面进攻，因此他必须在其他中国军队配合行动之前将宋庆打败。两军于缸瓦寨相遇。宋庆屯兵于缸瓦寨，似乎等待与辽阳的中国军队共同进攻日军。

桂太郎只留下一部分军队驻守海城，其余大部分进军八里河。八里河位于从大石桥至盖平和缸瓦寨、从高坎至营口这两条路的交叉点上。这样占据该地，桂太郎能够阻击来自任何一条路上的中国军队。12月19日清晨，大迫尚敏奉命率领1个步兵联队，一些骑兵和3个大队的炮兵大约2,500人进军缸瓦寨。他大约于上午11时到达盖家屯，在此地没有遇到中国军队，但是他的骑兵报告称在缸瓦寨有大批的中国军队。他立刻将这个情报报告给桂太郎，并开始进攻中国军队。

从海城到营口的道路在盖家屯和缸瓦寨之间向南倾斜，并通过上夹河和下夹河。在下夹河子有一条路直通向马圈子，从马圈子有另外一条路经香水泡子到缸瓦寨。这些道路形成一个三角地带，这个三角形中有一座小山丘和一片松树林。日军得知中国军队驻守于缸瓦寨和马圈子。当日军沿着主干道前进到达下夹河时，他们认为有必要首先进攻马圈子的中国军队，否则其他地方的中国军队有可能从侧面进攻，切断他们与正在向海城进发的日军的联系。

日军1个大队（只包括3个中队）部署如下：1个中队作为后援留守，另外2个中队进军马圈子。但日军遭到埋伏在松树林里的中国军队从左侧的猛烈进攻，所以日军必须打退在松树林里的中国军队。日军迂回到中国军队的侧面，将左侧的中国军队击退。在松树林里的中国军队开始撤退。在马圈子的中国军队向新到来的日军的右侧开火。这样，日军正面进攻非常困难，他们不得不在没膝的雪地里行军。第三中队也参加战斗，进攻缸瓦寨的18门大炮一起向马圈子的中国军队射击，马圈子被日军占领。

大迫尚敏在击败中国军队的左翼并保住自己的右翼之后，集中所有的炮火继续进攻缸瓦寨，但是中国军队的人数远远地超过了他们，而且中国军队占据着有利的地形，直到下午4时大岛义昌①带着后援部队到达缸瓦寨，日军才开始进行大规模的进攻。占领马圈子的那个大队也参加了战斗，进攻中国军队的左侧。但中国军队在缸瓦寨放置了4门大炮，在墙上挖枪眼，把储藏物品堆在一起用来躲避日军的子弹，进行了顽强的抵抗。直到下午5时，日军才占领缸瓦寨。

投入此次战斗的日军达4,537人，大迫尚敏率领大约一半的兵力投入先前的战斗。日军损失惨重，死伤约400余人，占参加战斗总人数的9%。中国军队损失情况不明，因为他们抬走了所有的伤员甚至死亡的士兵；但据估计，约200人死亡，200到300人受伤。日军称这是这场战争中两军损失首次基本持平。迄今为止，

---

① 不是在牙山和平壤的大岛义昌。

大岛义昌和他们的军队在雪中战斗

与所有的军事经验相反，虽然日军总是进攻者，中国军队总是防守者，但中国军队在历次战斗中损失人数往往超过日军。有几种理由来解释日军此次损失的原因。最有可能的是，因为地面覆盖着雪，进攻的日军的黑色轮廓在积雪的掩映下，很容易成为中国军队的靶子。此外，由于战斗在天黑以后就结束了，日军没有击退中国军队。

宋将军有如下部队：

毅字军	5个营
铭字军	13个营
嵩武军	4个营
其他士兵	6个营
合计	28个营

由上所知，中国军队共计1.4万人，其中大部分参加战斗，战败后人数减少到不足一万人。虽然宋庆在缸瓦寨遭到袭击，但当他从盖平出发时，我们认为他已担负起进攻的重任，就这一点来说，宋庆是一位卓越的中国军队将领。此外，他依靠仓促修建起来的防御工事，成功地使日军遭受整场战争中最为惨重的损失。因此，我们不能否认他的卓越才能，尤其当我们考虑到他是一位年事已高的老人时。如果在辽阳的中国军队能给予及时支援，他就会使在海城的日军受到重创。

我们来看在千马河子观察敌情的佐藤正大佐。他在那里亲眼目睹由盖平出发经过汤池和大石桥去海城的中国军队的行动。12月18日晚，当得知宋将军率两万急行军时，佐藤正从桂太郎接

日军在雪中行军

到命令退到析木城。19日,他听到从缸瓦寨传来的枪声。当天晚上,他向析木城撤退,于12月22日到达析木城。

宋将军在战败后率军撤退到通往营口的路上的高坎,守卫通往营口的道路,另一部分军队撤退到牛庄。

宋在缸瓦寨的失败使得在辽阳的中国军队士气低落,为桂太郎提供了一个月的休整时间,彻底巩固了他的阵地。海城被群山环绕:南有荞麦山和唐王山,东有凉甲山,北有欢喜山和双龙山。这些山构成了坚固的防线,桂太郎驻守其中,只派出侦察兵侦察敌人的行动。大迫尚敏驻守西南防线,大岛义昌驻守东北防线。

1月13日,日军得知有大约2万名中国士兵从辽阳出发。中国军队行动缓慢而谨慎。14日,距离海城约10英里。15日,约5到6英里。16日晚,中国军队抵达距海城2.5英里的地方。

17日拂晓时分，中国军队开始进攻，一直到日落时分。由于中国军队距离日军始终没有超过1,600米，所以日军没有向中国军队开火，希望中国军队能够向前开进。但中国军队保持在射程之外。下午1时，日军发现等待是徒劳的，于是对中国军队猛烈地开炮，使中国军队陷入混乱。中国军队在日军步兵的进攻下开始后退。对于这一微不足道的事情，这简短的叙述已经足够了。这场战斗是非常可笑的（虽然以后发生的事更加可笑）。大约1.4万人，并配有炮兵的中国军队进攻海城一整天，日军却只有1人死亡，49人受伤：这充分说明中国军队是想通过虚张声势把敌人恐吓出来。

在战争的后半阶段，中国步兵似乎更喜欢远程射击，而日军总是保持在600米才使用他们的来复枪，并且到200米远才使用刺刀。

中国军队损失不大，并且由于受到约2万名援兵到达的鼓舞，他们于1月22日以类似的方式行进到海城。这次，他们稍微大胆了一些，前进到距敌人阵地600米内。日军用7个大队和3个炮兵连击退他们的右翼，同时派另一支部队威胁他们撤退的道路。中国军队以损失约200或300人的代价撤退。日军的损失与以前战斗损失相比，更是微不足道——1人战死，26人受伤。是什么使得这些不重要的战事值得在历史上得到关注呢？当时有一个谣言在中国和日本流传，说第一军（至少是在海城的部队）被歼灭。在1月17日和22日的交战中，2名士兵被打死，我们猜想这就是这个异常"谣言"的起因。

日军在海城唯一的困难是不得不面对来自天气和资源运送的

长途跋涉。天气寒冷，气温达到零下 20 华氏度（即零下 29 摄氏度）。虽然供应匮乏，甚至将军每天晚上不得不减少蜡烛的定量，而且食物也常常吃紧，士兵从未一天能吃上三顿饭，但是日本人是一个能吃苦的民族，能抵住如此寒冷的低温，而且在中国北方寒冷的冬天，士兵们已习惯在寒风中赤身裸体地去享受他们特别喜爱的摔跤这项民族娱乐活动。①

当第三师团处于将近一个月的无军事行动期间，我们可以回头看一下第二军在另一个战场上做了些什么。

---

① 实际上这是在威海卫附近的外国人亲眼所见，而且日本人在满洲可能也这样做。

第五章　第二军的前进

261　　我们已经提到，桂太郎进攻海城是非常冒险的，如果他面对的不是中国军队而是别国军队，那么他的错误就是不可饶恕的。奇怪的是，当第二军向北进军以配合桂太郎的行动时，桂太郎突然独自向左进军。12月10日，桂太郎进攻海城。此时，第二军不仅占领亚瑟港，而且从12月1日起，把司令部设在金州。那时，第二军可以立刻进军并且到达盖平，同时桂太郎占领海城，但是他却拖延了一个月。也许是由于运输困难，使得进军的必要准备被拖延了。冬季的到来使道路更加困难。日军只得放弃用苦力来进行运输，转而依靠本国军需部提供的牛车来运送军需品。运送物资的道路设有许多军需站，每个军需站都有车和牛进行接替。

262　　此外，还有其他的原因使得日军拖延了继续进行作战。就在这场战争开战后不久，也可能是在渡过鸭绿江以后，日军军官就已知道他们可以用想用的方式进行战斗，同时他们还意识到中国军队只不过是一个玩偶而已。另外也有其政治上的原因：一般认为，日军只能趁中国军队不备，依靠突袭获得成功——日军决心用事实来证明这个观点是错误的，就给予对手充足的时间来进行准备，而且让世界相信日本会随心所欲地得到他们所要得到的一切。这一段延长的时间使中国人渐渐地认识到将会有一场战争爆发，而且中国的命运注定是要失败的。另外，日本有机会去实践现代战争的战略战术，有机会以低成本的方式获取大量的战争经验。无论日本政府出于何种缘由，一般认为第二军是在完全消极的状况下，在海城滞留了一个多月。

12月30日，混成旅在乃木希典的率领下奉命向北进军：这支部队包括2个步兵联队、1个工兵大队和1个炮兵中队，大约8,000人。这支部队于1895年1月1日出发前往普兰店，在普兰店分兵两路，进军距盖平18英里远的熊岳城，在熊岳城两路相遇。乃木于1月8日到达该地。第二天日军进入距盖平8英里远的地方，侦察兵报告盖平有中国军队防守。1月8日，一名日军军官和一些从土木城来的第一军士兵加入混成旅，这是两军首次互相联系。从金州出发到约115英里处，日军遭遇了恶劣的天气，但每个士兵得到了由前一个军需站所提供的皮袄。这些皮袄是之前送到军需站的，以备士兵露宿时使用。

盖平约有1.5万人口，由一道30英尺高、10英尺厚的高墙围绕着。城外300米处有一条河。中国军队在那里修筑了半圆形的堡垒。当时河水封冻，中国军队按照古代的军事战术，砸碎了冰面，使日军前行困难。防守的中国军队约4,000到5,000人。此处地势如此险恶，以至于日军军官说，如果他们事先了解此处的地形，就会犹豫是否发起进攻。

乃木希典将军对进攻做了如下部署：河野大佐率2个步兵大队佯攻中国军队的右侧；左翼的隐岐重节大佐率2个大队进攻敌人的左翼，乃木本人率2个步兵大队与炮兵、工兵一同进攻正面的中国军队。

1月10日早晨5时30分，日军进攻盖平——战斗开始于早上7时。隐岐重节仔细观察敌人的阵地,发现在他的左面有一座叫凤凰山的小山,他立刻把它比作天王山①,并命令日军的第一大队穿过已经结冰的河,将中国军队赶走。日军不久占领了凤凰山,使中国军队的左翼陷入混乱。隐岐重节下令第二大队

陆军少将乃木希典

过河进攻陷入混乱的中国军队,自己只带领2个中队。中国军队的左翼被日军攻破。中国军队向西撤退,遭到占领凤凰山的日军的猛烈炮击,100多名中国士兵被打死。军旗手小川贤之助虽然受伤,但仍冒着枪林弹雨爬上了盖平城西南角,将第一联队的旗帜插在城墙上。

此时,正面日军没有取得任何进展,左翼日军受到来自营口的中国军队的威胁。现在有必要尽快结束战斗,后备部队也被调

---

① 在丰臣秀吉和明知光秀之间发生的日本历史上著名的山崎之战中,天王山发挥过重要的作用。

日军在冰面上前进

上来参加战斗，日军同时从正面和两侧进攻。上午9时40分，盖平被日军占领。

中国军队在此次战斗中所运用的战术远远优于以往的战斗。中国军队不是躲在掩体的后面，而是站在河的北岸，组成2,000米长的火力线，阻挡日军的前进，他们还利用河来阻击敌人。他们还放弃了竖旗的旧习惯，不是把子弹浪费在远距离的对射之中，而是把火力控制在敌人靠近400到500米的范围之内。中国军队还有另外一点进步：以往日军每进攻一个地方，总是靠连续的冲击向前推进，不时地趴在地上；中国军队无论日军是前进还是趴下都进行射击，但是在盖平一战中，中国军队只在日军站起来前进时才开火。由于这些原因，日军损失惨重。在3个小时的战斗中，46人死亡，263人受伤。

中国军队有序地向营口撤退，掩护他们后退的是后卫部队。中国军队驻扎在距盖平4英里远的侯家店。日军的前哨部队已前进到海山寨。

占领盖平具有重大的军事意义：不仅桂太郎得以巩固在海城的位置，而且日军的两支部队建立了联系。这两支部队可以在必要的时候相互支援。日军不仅占领了盖平和海城，还控制了通往关内所有的路口。前者可以从海路进攻，后者可以从陆路进攻。凭借安全的位置以及在任何方向可以实施打击的方式，这两支日军停留下来，等待天气转暖和在其他地方军事行动的进展，使得战争形势对于日军变得更为有利。

第六章　威海卫之战

驻守海城和盖平的日军在等待进攻时机的到来，但是盖平只有第二军的一小部分；在乃木希典率领下，只有1个旅团前进。这样在辽东半岛上留下了2个旅团：一个旅团需要驻守大连和亚瑟港的要塞；另一个是熊本旅团，在冬季的剩余期间，即在满洲行动受限期间进行渡海作战。第二（仙台）师团正在做军事动员，不久将被派往大连。自从亚瑟港被占领后，大连就成为日军的海军基地。大山岩统领这支部队，这支部队包括1个旅团和1个师团。

当然，日本人已经认识到，如此迅速地进行满洲战事是非常鲁莽的，于是日本人决定寻找另一个进攻目标来结束战争。威海卫证明了所有的观点。威海卫位于大连湾附近①，是中国在海上的第二个大本营。用日本天皇华丽的辞藻来形容，它是中国大门中的一扇，另一扇是亚瑟港。它还是北洋舰队的庇护所。这支舰队虽然在海洋岛战役中受到重创，但仍是一支强大的舰队。日本人直到这支舰队被完全摧毁后，才感到一丝安慰。只有从战役中排除那个因素，日本人才可以放心地把这场战争进行到底，他们才可以从海上或是陆地进攻，或两种方式一同进行。从这一点上来看，占领威海卫比占领亚瑟港更为重要，因为日军有可能俘获或摧毁这

---

① 此处有误，威海卫位于山东半岛，而非大连湾附近。——译者注

支强大的舰队。

　　日军采用一贯的战术,由一次佯攻作为进攻的开端。1月18日,一支由3艘军舰——吉野号、秋津洲号和浪速号组成的舰队离开大连开往登州。登州是一座拥有一万人口,距山东向海突出部分①以西100英里远的城市。由于受暴风雪的影响,日军直到下午4时才开始进攻,日军向中国军队的据点发射空炮。中国军队有8门大炮,其中有一门口径12厘米的大炮。当中国军队进行还击时,日军才使用实弹。第二天早晨,天又开始下雪,雪一停,日军再次向中国军队开火,但遭到中国军队的猛烈还击。在这次相互的炮击过程中,发生了一件戏剧性的故事:在这个偏僻的小镇有一些传教士,他们以居住在加利福尼亚的西班牙人的生活方式在此生活,布莱特·哈特(Bret Harte)在《指挥官的眼睛》(Eye of the Comandante)中,对此事进行了无与伦比的描述——他们从梦境中被日本的炮声无情地唤醒,他们自以为处于战争的中心因而转移到周边,他们当中的一位,心怀与教皇阻止匈奴王时一样的信念,打着一面白旗和美国国旗登上了一只小船。他的目的是为了"劝说这些军舰不要伤害无辜的生命"。日本人以为他喜欢战争,就放过了他。更富有戏剧性的是,这次行动只是日军一次牵制行动;当3艘军舰朝向登州炮击时,真正的进攻在另一方向开始了,这位传教士和他的小船成为日军佯攻的现实道具。中国军队害怕日军对登州的进攻,因为在登州附近有许多适合登陆的地点。日军炮击登州的消息很快传到驻守山东的中国军队那里。

　　真正的登陆于1月19日开始,由50艘运输船组成的日本舰队,于20日、21日和23日,分三队到达山东沿海。它受到日军

---

① 此处"山东向海突出部分"即成山角。——译者注

20艘军舰的保护，其中一部分护卫运输船，另一部分监视着威海卫的中国舰队。登陆地点选择在荣成附近的海岸上，受到北风的掩护。中国军队只进行了简单的抵抗。大约200到300名中国士兵和4门炮驻守该地，当日军企图登陆时，向日军开火。八重山号觉察了这一切，向己方发出信号并向中国军队开炮。几阵炮击就驱散了守军，日军随即登陆，并夺取了炮台。日军占领炮台后立即进行大部队登陆。为了避免陷入混乱，海军军官将海岸分成几个区域，按联队或大队有序登陆，尽管天上下着大雪，但所有的行动都进行得快速而有秩序。

如此大批的军队登陆需要几天的时间。直到26日，日军才分兵两路从荣成向威海卫进发。陆路由第二师团来承担，海路由熊本旅团承担。前进的道路是非常困难的，由于大炮无法通过，军队只能带着山炮前进。荣成在日军登陆后不久就被占领，尽管中国军队有5个营的350名士兵试图进行抵抗，但中国军队还是没能抵挡住日军的进攻。6名日军爬上城墙打开了城门。在向威海卫进军的路上发生了零星的小规模战斗，但都不必赘述，直到日军到达要塞附近。

日本军舰始终保持积极状态，监视威海卫和中国舰队的活动。1月21日，一支由11艘军舰组成的舰队前进到达该地，留下了其中的一艘军舰继续进行监视，其余军舰返回。这个任务是由几艘军舰轮流来担任。25日，英国军舰塞弗恩号（Severn）驶往威海卫，将伊东祐亨的一封劝降信①交给丁将军。这一举动对日

---

① 这封信是用英文写的，发表在《日本邮报》上，但没有注明日期，没有提到是由一艘英国船运送的。后面的声明是从一本日本战争刊物上得到的。如果属实的话，它可以解释丁将军为什么提出由英国将军作为放弃威海卫的保证人。

军来说，并不是新鲜事。日军在进攻亚瑟港之前，曾经派一名驻中国的日本官员给中国军队送信，劝中国军队投降，因为抵抗是没有用的。在日军攻陷亚瑟港之后发现了这封没有送达的带有蔑视态度的回信草稿。这封由伊东祐亨写给丁将军的信再次暗示了让中国投降，献出威海卫。这封信收录在本书一个附录内①，非常值得一读，因为它是一份非常有名的文件，这封信显示了伊东祐亨广阔的视野和丰富的历史知识。

威海卫，北洋舰队最后一个庇护所，位于一个半圆形海湾中，海岸线长大约18到20英里。它的入口处是由两个岛组成。刘公岛大约500英尺高，海岸线为6英里；日岛是只有一座炮台的小岛。海水缓浅，在刘公岛的西边有一个比较好的停泊处。大岛位于海湾的出口处，将海口自然分成两部分；东面较宽，但日岛位于中间，靠近海湾边缘的两座岛上，修建了许多炮台，用于抵抗来自海上和陆上的进攻。为了使叙述更加清楚，我们将按照日军进攻的顺序来进行叙述。

在南岸，东入口处附近，从海上来看，有3座海岸炮台，按如下顺序排列：

皂埠嘴	3门24厘米炮、2门28厘米炮
鹿角嘴	4门24厘米炮
龙庙嘴	2门21厘米炮、2门15厘米炮

这些炮台由4座陆上炮台掩护，这4座炮各自配置如下火炮：

---

① 见附录F。——译者注

4门15厘米炮

2门12厘米速射炮

4门12厘米速射炮

2门12厘米速射炮

在日岛上有1座炮台,配置如下火炮:

2门26厘米炮

2门12厘米速射炮

其中2门火炮设在隐蔽的炮台上。

刘公岛上,炮台设在东角、西角上:

东角炮台	2门24厘米炮
西角炮台	6门24厘米炮

其中还有隐蔽的炮台。

在北岸,靠近入海口,有3座炮台,从海向陆地排列如下:

第一北山炮台	6门24厘米炮
第二北山炮台	2门21厘米炮
第三北山炮台	2门21厘米炮、2门15厘米炮

为了防止来自陆上的进攻,在这些炮台后面又设了2座炮台:

第一座	2门15厘米炮、2门12厘米速射炮
第二座	2门15厘米炮、2门12厘米速射炮

除了上述炮台以外,在海港的北岸和南岸之间的西海岸还有一些未完工的炮台。中国军队大约有一万人①守卫这些炮台——如果这些军队能够加强训练并指挥得当的话,足以进行顽强的抵抗。其中还有一些外国人也在炮台里,但他们没受过专业训练,而且事实上并没有什么战斗力。

以上是威海卫四周炮台和堡垒的分布情况,但并不是威海卫防备的全部情况。丁将军率领他的北洋舰队——一支拥有25艘军舰的庞大舰队,具体如下:镇远、定远、济远、来远、平远、广丙、威远、靖远和康济;6艘小型炮艇、7艘大型鱼雷艇和4艘小型鱼雷艇。所有这些军舰都可以用来保卫威海卫,小型炮艇也可以接近陆地,清除陆上的敌人。在舰上还有大约4,000名受过良好训练的水兵,他们才是一支真正有军事能力的军队。

为了防止鱼雷的进攻和日本军舰顺利进入港口,中国军队在入口处设置了两道木桩。它们是由相距2.5米,3到4股钢丝绳拧在一起的大缆绳组成,每股钢丝绳3到4厘米粗;每隔9米用约40厘米粗的圆木相连,整道木桩由铁链和铁锚固定,水雷布在两道木桩的前面。

日军于1月26日开始发起进攻。25日,向右路(熊本旅团)下达进攻的命令,命令它到达鲍家,并与军舰保持联系;左路到达张家口子,保持与右路的联系。两路人马都派侦察兵侦察敌人

---

① 可能包括中国舰队的水兵。

的位置。29日，日军到达目的地，得知中国军队在靠近海湾东南角的百尺崖所（距悬崖大约100英尺远的地方）聚集了大量人马。数条道路在凤林集交叉，其中有一条是用于联络守卫威海卫东部的和西部的中国军队。因此进攻凤林集威胁到了百尺崖所守军的后路。日军运用以往的计策，在进攻正面的同时威胁敌人的后路。1月29日晚，日军命令第二师团于第二天早晨进攻凤林集的南面和东面的山，熊本旅团进攻百尺崖所和东面三个驻守陆地的临海炮台。日本舰队从海上配合，炸毁这些炮台。

第二师团于1月30日上午6时开始进军，于上午7时与中国军队遭遇。日军没有费多大力气就把中国军队赶到海边。这样，东部炮台的后路就被切断了，但是另一支中国军队的出现打

陆军少将大寺安纯，战死于威海卫

乱了日军的计划。中国舰队靠近岸边，向日军猛烈开炮①，日军被迫撤退到凤林集。此时是上午9时50分，第二师团推进到摩天岭②，然后占领了第三座炮台即临海的龙庙嘴炮台。日军发现炮台上的大炮完好无损，就立刻将炮口转向中国军舰和岛上的炮台。定远号停靠在炮台附近，用炮火轰击日军步兵，但是大约半小时后，中国军队的炮火就沉寂了。一门24厘米的大炮被一发炮弹炸成两半，飞出40英尺远。

熊本旅团于凌晨3时30开始进军，7时采取行动。在中国驻守的从摩天岭到百尺崖所一线，日军遭到了顽强的抵抗。上午10时，日军猛烈炮击摩天岭，同时军舰炮击沿海炮台。下午1时，3座海上炮台和4座陆地上的炮台被攻占。陆地上的炮台被中国军队炸毁，但海上的炮台却保持完整，炮台上的大炮被熊本旅团的水兵们所使用。在进攻开始前，丁将军徒劳地敦促中国军官接纳一支从军舰上撤下来的水兵，他们会使用枪炮并且在离开船舰前破坏军舰 。这个明智的建议却遭到了拒绝，从而加速了威海卫的覆灭。日军没有带攻城加农炮，道路的状况又不允许他们进行长时间的运输，因此他们只能借助于从缴获的敌军军舰和占领的炮台上的炮来进攻敌人。在东面的炮台上，日军找到12门状况良好的大炮，在海陆军的配合下把中国军舰限制于港口的西部。

日军的损失和他们所得到的相比是微不足道的。第二师团28人死亡，54人受伤。熊本旅团仅约100人受伤，包括许多军官，其

---

① 一发炮弹就炸死了14个人。
② 读者将会记得在满洲有一道关隘也叫这个名字。

中一个军官名叫大寺①，被一发炮弹击中，两个小时后死亡。

日军决定继续前进。在第一天晚上（1月30日），鱼雷艇试图穿过东入口的木桩。这个大胆的尝试进行得是如此之快，以至于在东部炮台的日军没有得到这一消息，以为中国军队将要发动进攻，炮击鱼雷艇，于是日军向后撤退。第二天，一切准备就绪，陆军得知鱼雷艇于1月31日执行进攻任务。但是一场可怕的暴风雪打乱了这一切，鱼雷艇和大部分军舰都被迫寻找停泊处。鱼雷艇停靠在一个附近的岛边，直到暴风雪减弱，它们的缺席引起了伊东祐亨的不安，他只得留下第一游击舰队监视威海卫，防止中国军队逃跑；其余军舰开往荣成湾，英国以及其他国家的军舰早已停泊在荣成湾。当时天气寒冷，炮口上结满了冰。

暴风雪持续了一整天和2月1日整晚，这对于日本人来说是非常不幸的，暴风雪使整个计划向后推迟了两天。丁将军抓住了这个机会。根据以往的经验，抵抗是没有用的，他于2月1日率一队水兵上岸，将西面炮台上的大炮全部捣毁。丁将军的行动为中国军队的抵抗赢得了大约一周的时间。日军于2月2日下午占领威海卫西部的炮台，中国军队向烟台撤退。如果日军发现大炮还可以使用，他们就会从近距离炸毁中国军舰和刘公岛，那么中国军队在几天内就会投降。若不是1月31日和2月1日的暴风雪阻止了日军的进攻，中国军队就根本没有机会

---

① 他的妻子得到以下消息："少将已光荣殉职；不要悲痛欲绝。"由于大寺夫人对其战死沙场早已做好准备，并未感到吃惊。他的87岁老母说自己的儿子履行了自己的职责，为国捐躯。她的遗憾是，如果她的儿子能活得更长些，将会为国家做出更大的贡献。

捣毁大炮。这短短的时间被丁将军所利用，他同样也捣毁了港内所有的小船。

现在敌对双方的形势扑朔迷离。日军完全包围了中国军队。在海上，日军强大的军舰堵住了所有的退路，整个海岸都被日军占领。丁只有他的军舰、海岛堡垒和大炮的轰鸣声可以保护他。而现在却显示了中国海军的先见之明和勇敢，即使在他们处于绝望的时候，仍然抱着希望，拖延失败时间的到来。刘公岛是一个靠近海岸的孤岛，登陆是不可能的。由于日军占据了所有能够靠近该岛的位置，因此中国军队也没有机会进行最后的突围。中国军队在刘公岛防守严密，日军无法迫使守军投降。日军尤其不希望军舰在没有装甲舰护卫的情况下去冒险，日军军舰无法靠近刘公岛。由于日军占领的东部炮台距刘公岛太远，所以刘公岛虽然被包围，但是凭着威海卫湾的长度，中国军队仍能在完全安全的情况下抛锚停泊。许多人认为，在这样奇特的地方，只要有足够的粮食和弹药就能够长期坚持下去。

第二鱼雷艇队的指挥官藤田少佐

日本人决定要颠覆这个预测。他们有足够的理由说服自己做最后的努力；他们不允许北洋舰队在完全处于被包围的情况下还能逃脱被俘或被毁灭的命运；他们也认识到他们的这次军事行动正面临着考验。中国军队中的一些非专业的外国人也不能阻止日军的军事行动。暴风雪一停，日军就又开始发动进攻。

2月3日，第二、第三和第四游击舰队（12艘船）在东部炮火的支援下，进攻中国军队的炮台。根据他们自己的记载，许多中国官兵被炸死。中国军舰开到港口周围，向日本军舰开炮。在晚上，鱼雷艇再试图攻破东面入口的木桩，然而即使日军动用炸药，仍没能突破木桩。于是日军将注意力转到海岸上木桩的边端，他们成功地疏宽了礁石之间的通道。

第三鱼雷艇队的指挥官今井大尉

2月4日夜，鱼雷艇做好了第二次进攻的准备。日军将军舰分成三个舰队：第一游击舰队在外围监视，第二和第三游击舰队通过前夜被拓宽的木桩间隔。关于这一行动的记载有一些差异。根据某人的记载，在进攻前由两艘小炮艇——鸟海号和爱宕号做佯攻，由东乡大佐驾驶。他已经研究了中国的海岸，即使在黑夜中也能穿过威海卫湾，在月落时刻驶进港内，于5日凌晨1时靠近中国舰队，并向中国军队开火。① 当这场战斗进行时，鱼雷艇沿东岸以半速（11节）向前缓行，等待机会的到来。

余下的行动在不同的记载中是相同的。这支小型舰队包括10艘鱼雷艇，行进次序如下：

第三游击舰队：

6号

22号

5号

10号

第二游击舰队：

21号

8号

14号

9号

18号

19号

第三游击舰队的情况如下：

6号　当它到达海港南部时，向西行驶，穿过中国军舰之间。

---

① 在本次的官方报告中，没有提及炮艇的转移。

向中国军舰发射两枚鱼雷，由于发射管里结满了冰，这两枚鱼雷没有发射出去。它中了46颗子弹和1发哈乞开斯弹。

22号　发射3枚鱼雷，但是由于中国军队的炮火猛烈，迫使它在没有取得任何战果的情况下就撤退了。返航的时候，它搁浅于龙嘴庙附近（东帮炮台附近）。

5号　发射一枚鱼雷，似乎击中来远号，但明显偏离了目标。

10号　向定远号发射了两枚鱼雷，似乎击中了定远号。它自己中了10颗来复枪子弹。

第二游击舰队的情况如下：

21号　原计划驶向刘公岛，但却出现在日岛附近——当它再一次转回到港内时，发现8号艇已搁浅，21号艇把8号艇拖出来。

8号　因受阻于木桩或暗礁而受伤。

14号　与8号艇遭遇相同。

9号　看到前方鱼雷艇搁浅了，就向北行驶，发现在定远号附近有2艘鱼雷艇，于是它驶进这两艘鱼雷艇之间，发射了2枚鱼雷——第二枚从侧面发射管发出，似乎击中这艘大型军舰的船尾。随后，一发炮弹炸毁了该艇上的汽缸，该艇上轮机旁的人大多数被烫死。由于汽缸爆炸，该艇无法前进，停在距中国军舰200米到300米远的海面上。

18号　行驶到木桩附近。

19号　最后出发，因为担心落后，就迎着敌舰的炮火向前行驶，当它突然遇上9号艇因汽缸爆炸而无助地停泊，就试图拖带9号艇，但它发现这样做是不可能的，只好将全部船员救走，赶在天亮前撤回。

从上面的叙述得知，只有4艘鱼雷艇发射了8枚鱼雷。其中

1艘鱼雷艇的发射管被封冻,其他5艘不是中弹就是救助友艇,因此没有参加进攻的行动。舰艇的损失并不大,只有8号艇和14号艇被送往亚瑟港进行修理。日军损失2艘鱼雷艇,9号艇因为锅炉被炸而搁浅,22号艇搁浅于东帮炮台附近,又被中国军队炮台发射的炮弹击中。一些船员逃上岸,另一些船员落入冰冷的水中冻死。幸存者担心被中国军队发现而屏住呼吸,不敢发出声音,以免被中国军队发现,直到2月5日晚上才被救起。

22号鱼雷艇指挥官福岛大尉

其中有几艘鱼雷艇报告称,它们击中了定远号。日军于5日早晨失望地发现定远号仍浮在海面上。尽管定远号在渐渐地下沉,但它的甲板仍浮在水面上。中国军队则损失了这艘庞大的军舰。

2月5日,日军决定出动鱼雷艇来完成这项进攻计划。伊东祐亨事后承认,这次战斗中,他下达那道命令比下达其他命令更加痛苦。前一天晚上,一些士兵被烫伤,而另一些士兵则被冻死。此时中国军队正在严密地监视日军的一举一动。这道命令似乎是将士兵们送入一个意想不到的恐怖的死亡之中，然而命令还是下达了，而且被果断地完成了。饼原少佐，一名小军舰的指挥官，告诉士兵，他们很难有机会活着回来，死亡是注定的，最好卸下所有不必要的东西，一个手电筒已足够了。"我们的船和我们的身体已经是敌人的了。"他依次将海上的记录、信号单和手写的命令送走，但没有丝毫的恐怖。所有的士兵对于他们将要完成的任务感到兴奋不已。2月6日清晨4时，第二和第三鱼雷艇队在海湾外监视，第一鱼雷艇队进入港口。第一鱼雷艇队包括以下舰艇：

小鹰号：
23号
13号
7号
11号

第一鱼雷艇队指挥官饼原平二少佐

293　　13号和7号鱼雷艇的螺旋桨推进机被水草缠住,无法进攻敌人,但另外3艘鱼雷艇发射了7枚鱼雷,摧毁了3艘敌舰:来远号、威远号和艇宝筏号。在这场战斗中,日军没有人员伤亡。虽然中国军队有200人被淹死,但是这场可怕的夜袭的精神作用是令人震惊的,特别是在第二天早上,当舰队目睹了在无所畏惧的敌人的不断打击下而减员的时候。也就是在这一天,一群屈服者开始提议投降,刘公岛的男男女女在码头上祈求政府拯救他们的生命。

　　2月5日的两次进攻决定了刘公岛和北洋舰队的命运。从那一刻起,所有成功的抵抗都化作泡影,失败者只能绝对屈服。

　　日军意识到,这次靠鱼雷艇的英勇战斗所取得的战果与海洋岛战役相比要顺利得多。在9月17日的战斗中,12艘日舰与拥有14艘军舰和8艘鱼雷艇的中国舰队相遇,日军成功地炸沉了其中的5艘,日军69人死亡,160人受伤。而在威海卫战斗中,

294　　14艘[①]军舰成功地击沉了1艘铁甲舰和其他3艘军舰,损失了2艘鱼雷艇,9人死亡,31人受伤,5人被淹死。而最直接的结果是刘公岛的陷落和日军俘获了北洋舰队剩下的军舰。

小鹰号

---

① 根据前面的列表,应该是15艘,可能小鹰号没有被计算在内。

最后几天的围困足以使最强大的军队失去它的战斗力，沉船的船身对于生存者来说是一个提醒，这比进攻产生的威力更大。中国军队报告称：2月7日早晨4时30分，日军再次发动进攻并被击退，但在日军方面没有提到此事，这可能是受惊吓的中国军队错拉警报。真正的进攻是由日本舰队发起，通过东边入口的被占领炮台，以及通过日本人现在架设在北岸的抢夺来的迫击炮。上午8时，东边的炮台用一连串的炮弹炸毁在日岛上的弹药库，那座堡垒现在失去了不幸的防御者。上午，所有中国鱼雷艇和2艘汽艇、13艘军队试图从西边港口逃跑，但是遭到日军第一游击舰队①的追击，所有的军舰都被俘虏。其中一些军舰还可以继续使用，但另一些军舰需要修理。

7号鱼雷艇

天黑后，刘公岛上的中国军队乞求救援，但最后还是被丁将军和程璧光安抚住。

中国军队报告称，日军于8日早晨发起另一次没有成功的进攻，但日军方面没有提及此事，这也许是中国军队过于疲劳所致。在天亮后东部的炮台又一次开火，其中一发炮弹击中了靖远号，造成靖远号40多人死伤。新的请愿书被送到丁将军手中。

---

① 吉野号行驶一定比它们当中的任何一艘要快，并且它的僚舰可能和它一样快。

请愿书上说，水兵和步兵有责任将战斗进行到底；如果在2月11日以前，中国军队的援军还没有到的话，那么将军就有责任去拯救士兵的生命。

2月9日，日军再次从海陆两面发动进攻。靖远号开炮轰击炮台，日军海军军官内田大尉对靖远号进行了仔细的观察，用炮台上的1门28厘米的大炮成功地击中了靖远号的船舷。由于靖远号很快下沉，以至于它的士兵没有时间把它的舰旗摘下来。

中国舰队只剩下4艘军舰和一些小炮艇，士兵的人数也因为日军不断的炮击而减少，在刘公岛上的中国军队和当地的居民被日军的炮火搞得灰心丧气，几乎每天晚上都有关于日军鱼雷进攻的报告，这些不能确定的报告影响了中国军队的士气。此时的中国军队已是弹尽粮绝，2月11日晚，丁将军接到李鸿章的电报，被告知援军不能到达，建议中国军队舰队撤退到其他海港。这后面的提议是不可能实现的：全副武装的日军军舰正在虎视眈眈地看着中国军舰，而且中国军舰的速度又远远低于日军军舰。此时，中国步兵、水手和当地居民吵嚷着要求投降，他们吵嚷着说预定的时间已到，而中国军队的援军却还没有到。

最后，这位丁将军不得不做出英雄般的决定——缴械投降。同天晚上派广丙号舰长程璧光送信去见伊东祐亨将军，请求投降。2月12日早晨，这位将军乘着悬挂白旗的镇北号离开，同一天带回了伊东祐亨将军的回信、一些香槟酒和其他的奢侈品。然后丁将军写了另一封信（这是最后一封信）给伊东祐亨。在信中，丁将军感谢伊东祐亨拯救士兵们的生命，他要求延长炮台和军舰的投降时间，但他拒绝接受在两国交战时敌人赠送的礼物。

在写完这封信后①，丁将军打电报给李鸿章，然后退回他的船舱里，吞食了大量的鸦片自杀了。

这两位将军的信件在历史上留下了光辉的一页。根据日本人的记载，在威海卫开战之前，伊东祐亨将这封信写给丁将军，并于1月25日通过英国的塞弗恩号送给丁将军。对于欧洲的读者来说，提前要求敌对一方投降是不可思议的，而对于日本人来说，他们清楚地意识到自己的优势和中国政府在军事方面的腐朽。他们认为可以慷慨地给他的同行一个及时的警告。这封信是一个杰作，它证明了日本人对于当今世界现代历史的精确领悟，在日本海陆军准备攻占中国最后一座堡垒，俘获它唯一可以战斗的舰队之前，没有一个人像伊东祐亨这样，能够如此确切地指出中国社会所存在的弊端并提出相应的对策。没有什么资料可以评价它，读者们殷切地想了解这封信的内容，这封信收录在附录中②。当中国蒙受耻辱的时候，它的反应是寻找一种安慰，它是在一个充满英雄色彩的国家面前倒下的。当日本处于无比喜悦的胜利之时，即使对于敌人它仍能保持友好。

丁将军在投降之前没有毁掉所有的军舰和军械，因而饱受指责。但对于那些虚假刻薄的批评家们来说，他们应该明白，丁将军曾徒劳地劝说他的水兵摧毁所有的军事设施。即使在欧洲，敌对的一方在投降时必须将所有东西完整地移交给接受投降的另一方。另外，还有人对于他的自杀感到耻辱。对于后面这种指责，这样的答复便足够了，即在某种情况下，中国人并不认为自杀是

---

① 在中国，人们总是抱着猜忌的态度，并且如果丁将军接受了伊东祐亨的礼物，他的百万同胞们会怀疑他因为一箱香槟酒的贿赂而投降。

② 参见附录F。

应该受到指责的。也就是说,即使对于欧洲人来说,在特殊的情况下,他的自杀是可以饶恕的。中国野蛮的法律会使他的全家获罪,如果丁将军不自杀,那么他将会给他的家人带来灾祸。在丁将军自杀之后,他死后的荣誉还是遭到中国政府的否认。

只有那些来自异国他乡的人对丁将军的行为肃然起敬。伊东祐亨听到丁将军自杀的消息时,被深深地感动了,他让被俘的中国军舰载着丁将军的尸体返回芝罘。在军舰离开之前,所有的日本军官都瞻仰了丁将军的遗容。日本人所表现出的对他的尊敬,感动了所有在场的中国官兵和外国人。在芝罘的外国军舰派了一支小分队护送他的灵柩。

丁将军死后,中国军队许多高级将领和其他的主要官员也自杀了,使得日本人对于如何进行谈判感到十分窘迫。他们拒绝任何外国人的参与,坚持要求在刘公岛的中国军队最高官员安排投降的仪式。牛道台是当时中国军队职位最高的官员,政府委托他与日军签订了11项有关炮台、军舰以及遣返中国士兵的条约。①

中国非常感谢日本允许康济号载着丁将军的灵柩去芝罘,牛道台写了一封信向伊东祐亨表示感谢。直到此刻,中日才开始继续谈判,但发生了一个有趣的事件,必须向读者介绍一下。在所有日军俘获的军舰中,广丙号不属于北洋舰队,广东舰队派它同广甲号、广乙号到北洋舰队参加北方的行动,在战争爆发后被迫留在北方。广乙号于7月25日在丰岛海战中被炸毁,广甲号搁浅并在9月17日海洋岛海战中被炸毁。广丙号是唯一幸存的军舰,它的舰长程璧光对于独自返航感到不安,向日方保证广丙号

---

① 有关该条约内容,参见附录F。

属于广东舰队没有参加战斗，要求日本放回广丙号。这个可笑的要求由牛道台转达给日本方面。这是在历次战争中所没有发生过的。这封信的原文收在附录中。① 在中国完全缺乏国际情感的情况下，这封信比那些冗长的描述更具有说服力，说明中国人在国际关系中无论是战争时期还是和平时期都表现出幼稚的思想。

根据投降条约所释放的中方人员如下：

（单位：人）

海军	官员	183
海军	学生	30
海军	水手	2,871
陆军	官员	40
陆军	士兵	2,000
合计		5,124

移交日军的军舰有镇远号（7,430吨）、平远号（2,850吨）、济远号（2,355吨）、广丙号（1,050吨）和6艘小炮艇，另外还有7艘在逃跑中被俘获的鱼雷艇，一些虽被打坏但仍能漂在海面上的军舰，这些舰艇构成了一支庞大的舰队，它的价值估计约为3,000万元。②

在所有的事情完成以后，日军放弃并摧毁岛上的所有炮台，只带走有用的大炮和军械。除了在刘公岛设有驻军以外，其余部队在大连登陆，加入在满洲的日军。

投降书完全是根据伊东祐亨自己的意愿来拟定的，他也非常想知道日本政府对于此事的看法，而政府却给予其积极的认可。

---

① 参见附录H。
② 约合300万英国货币。

丁将军

威海卫战役持续时间很短。日军于 1 月 20 日登陆，2 月 16 日就占领了所有的炮台和军舰。在四个星期内，日军进行了登陆、进军、进攻和占领；他们甚至给中国军队四天的时间，允许他们离开，战斗实际上只持续了两个星期，从 1 月 30 日到 2 月 12 日。如果不是暴风雪使日军暂时停止了所有的行动，也不至于使中国军队有时间捣毁西边的炮台上所有的大炮。这是这场战争中最浪漫的故事，任何故事都比不上它具有如此惊人的影响。围绕海湾的小山组成了一个巨大的圆形剧场，在这里上演了一场战争命运转变的戏剧：所有主要国家的军官和战舰好奇地观望着在这里所发生的一切，而日本人意识到他们站在国家舞台上，一天天地表演着他们的技巧和勇敢。"生命不息，战斗不止"是他们行动的座右铭。刘公岛的顽强抵抗使人们想起修昔底德（Thucydides）对伯罗奔尼撒战争（the Peloponnesian War）中的斯法克蒂里亚岛（the Island of Sphacteria）保卫战的生动描述，增添一小部分暂时不能确定的故事，使得叙述更加具有趣味性。不久，日本在海陆两方面展示了在现代战争的各种方法：突袭炮台，熟练地使用火炮和军舰，勇敢的鱼雷进攻，使得海港里到处是沉船的外壳。在中国舰队投降前，日军自始至终都没有放松对军舰的进攻。随后是两位将军之间动人的书信往来。

第七章 第一个议和使团

我们已经知道，在亚瑟港陷落后，中国政府曾经派遣过一个非正式的使团前往日本，但是日本以这些人未能提供有效的国书为由拒绝了他们。后来，在日本做好进攻威海卫准备的同时，中国政府又派遣了另一位议和大臣前往日本进行议和谈判。这个使团包括两名高级官员：一名曾经是驻华盛顿公使；另一名则是以顾问身份参加的非官方人士科士达（Forster），当他从美国抵达中国之后，他们就立刻出发前往日本。日军在荣成登陆，向威海卫进军的消息催促议和使团出发。议和团于1月31日到达广岛。以下就是这个自大的使团的成员名单：

张荫桓，全权大使和特派公使
邵友濂，全权大使和特派公使
伍廷芳，参赞官候选道
顾肇新，二等参赞官刑部郎中
端　良，内阁侍读
梁　诚，三等参赞候补道
黄承乙，三等参赞候选道
钱绍桢，随员兵部修补郎中

沈　铎，分省补用知府
罗庚龄，东文翻译补用直隶州知州
卢永铭，翻译（分省补用知县）
张佐兴，江西候补知县
张桐华，湖北候补同知
沈功章，候选训导
招汝济，前山东昌邑县知县
张作藩，监生
赵世濂，山东候补盐大使
徐　超，供事候选布政司理问
徐保铭，分省补用县丞
易廷祺，学生候选县丞
汪豫源，学生候选县丞
李玉德，官方任命商人（武弁五品军功外委）
施鸿声，官方任命商人（五品军功）
施祥芝，官方任命商人（五品军功）
刘志麟，官方任命商人（六品军功）①

这个盛况掩盖了这个使团的真正面目。因为2月1日在两国全权大臣交换证书时，日本发现中国公使并非真正的全权大臣。2月2日，日本全权大臣提出一份备忘录，声明中国公使不具备全权大臣的资格，这一切应归咎于北京，谈判中止。日本只有在中

---

① 原书中该名单还有Ching-Fah、Ching-Yin-chang、Chang-Hua-fang三人姓名的中文书写不详，究系何人，待考。——译者注

国政府派遣真正的全权大臣之后才开始重新谈判。

这次不同寻常的中止谈判震惊了全世界。中国已经从外界得到它最热切的和平保证——一位美国政治家以非官方的特殊身份加入使团。美国驻京公使也应邀起草了正式的文本，然而在最后时刻，他所起草的文件却被搁在一边，被毫无意义的文件所代替。科士达和美国公使被放在一个可笑的位置上，但这与中国所遭受的损失相比，是微不足道的。中国受到的是全世界的嘲笑，损失了成千上万的生命和金钱财物，整个北洋舰队全军覆没。所有这一切牺牲都是由于尝试玩弄一个不成功的鬼把戏所造成的。

附录包括文书的正文和全权大臣的所有书信。①

---

① 参见附录I。

第八章　满洲战斗的继续

当我们叙述日军第一军（主要是第三师）在桂太郎率领下于12月19日和1月17日、22日击退中国军队对海城的三次反攻时，第二军（主要是混成旅）在乃木希典的率领下于1月10日占领了盖平。这两支军队分别从鸭绿江和金州出发，在辽河边会合，组成一支部队。第三师团作为右翼，乃木的混成旅为左翼，因此没有必要分别叙述这两支部队的行动。

2月初，当威海卫的命运已注定时，在满洲的中国军队和日军都没有采取什么行动。后来中国军队对海城又发动了两次进攻，这对于日军来说，不能称之为进攻。海城由五座山包围着，日军占领了其中的四座山，第五座山对于防守方来说，没有任何意义，但它却处于海城与析木城的联络线上，这四座山可以抵挡敌人的任何进攻。这四座山是：

唐王山　距海城西南2.5英里
凉甲山　距海城西边1英里
欢喜山　距海城北边1英里
双龙山　距海城东北1英里

海城的东面和南面是山地，西面和北面有两座山和一大片平原。牛庄河从南面向西北一直延伸到海城，在海城绕过凉甲山向西注入辽河。唐王山、凉甲山、欢喜山和平原上的两座山沿河排列。

2月16日，驻守牛庄和辽阳一路的中国军队出发，进军到日军的前线。开始，日军准备在中国军队再向前接近一些时开炮。直到上午11时，日军发现中国军队原地不动，于是日军就向中国军队开火，中国军队渐渐地向后撤退。在唐王山和双龙山的中国军队已到达火力范围内，但是受到一个小村子的阻止，中国军队很快撤退了。这不是一场战斗，而是一次大炮的对射，由于中国军队炮手技术不精，日军只有3人死亡，11人受伤。与此同时日军发现他们的对手有了很大的进步——炮火距离目标比以往更加准确。但是只死亡了3人，对于中国军队的12门大炮来说，这一战果是微不足道的。中国军队约1.6万人，日军记载称中国军队阵亡150人。中国军队对于这次战斗的记录是缴获日军3门大炮，中国军队由于日军猛烈的炮击被迫后退。下面这段话值得我们引用："吾方撤退之时，设下埋伏，有意使吾方陷入混乱，引日方上钩追击吾方，但吾方之意图落空。"

所有对海城的连续进攻都是由宋庆和依克唐阿将军指挥的，此时又有一位中国将军吴大澂也试图反攻海城。在前面，我们已经提到，吴大澂曾于1885年协助李鸿章与日本签订《天津条约》，随后被派往东北作战。吴大澂一到前线就发表了一个令人啼笑皆非的公告。他在公告中说，自己将摧毁日军，对日军所处的凄凉处境表示同情，并慷慨地让日军献城投降。他又充满感情地补充说，他将会像对待自己的士兵那样对待日军。当时中国军队的伙食和待遇都很差，而且经常遭到上级的克扣，像这样可笑的许诺是引诱日军逃跑的最下等许诺。

吴大澂以一个策略性试探开始进军——在他们于 2 月 21 日进攻海城之前,中国军队进攻析木城,威胁日军的交通线。在这种情况下,中国军队重复了他们在 16 日已经玩过的把戏——一支部队进军到距日军仅 1,700 码远的地方,在日军开火前就退了回来;另一支军队向前行进,距日军更近一些,在日军开火后撤退;最后一部分中国军队持续向日军射击——希望通过制造巨大的声音把日军吓走。中国军队有 2 万人和 20 门炮,但日军只有 2 名士兵死亡,6 人受伤。在日军炮火的轰击下,中国军队损失了 100 人。

现在是日军开始采取长时间拖延攻势的时候了。日军运用快速进攻的方法,在两个星期的时间内,各师团协调作战,在一连串快速进攻下,打败了各路中国军队。这次行动从左翼日军开始。山地元治加入乃木一路与驻守盖平日军共 1.2 万余人。这些日本军队进攻大平山,毫不费力地占领了大平山,但中国军队由宋庆率领约 1.2 万人和 12 门大炮从三面进攻。① 然而中国军队遭到日军连续袭击被迫后退,前三个地点② 很快被日军占领,中国军队在第四个地点③进行顽强的抵抗。中国军队遭到距其 1,600 米远的日军炮火的轰击以及从正面和两侧的日军进攻。下午 4 时,中国军队的子弹用尽,被迫躲避日军的子弹。日军派两个中队作为后援,指挥官命令停止射击,用刺刀拼杀,日军很快就占领了壕沟。斋藤少佐冲进中国军队阵地,用刺刀砍倒了好几个中国士兵。中国军队于下午 5 时 30 分退到白庙子。当时部分中国军队

---

① 白庙子、藤家堡子和老爷庙。
② 小平山、太子窝和东七里沟。
③ 西里沟。

配备了德国新式的连发步枪和无烟火药。由此可见,中国军队的装备优于日军。

日军于凌晨2时出发,直到晚上11时才回营。日军带着武器在雪地里行军21个小时。第一旅团有394人被冻伤了脚,第十五旅团受伤人数更多。

进军大平山以及附近地区有双重的目的——切断中国军队的联络,占领宋庆部所在的营口,防止它和牛庄、辽阳的中国军队进行联合行动,这个目标成为以后日军一连串军事行动的主要目标。

分别把指挥部设在牛庄和辽阳的两支中国军队在进攻海城失败后,并没有撤得很远。但他们从此却远离日军,而且再也没有进入日军希望可以追击中国军队的任何地方。同时,日军也没有足够的兵力进行大胆的袭击。2月底,第五师团被派往海城而不再需要防守交通防线的畅通,因为中国政府官员已撤退到辽阳。桂太郎现在可以有选择地采取军事行动。

从海城到牛庄、从海城到辽阳、从牛庄到辽阳,这三条路道构成了一个三角之势,还有第四条路(除了交叉路)从海城延伸出来。中国军队位于三条东面道路的对面和从海城到辽阳的路上。而此地正是桂太郎想要得到的地方,他必须将中国军队从这些岔路上赶走,这样就能把在辽阳和牛庄的中国军队隔开。2月28日凌晨3时,第三师团从海城出发;第七联队日军携带刺刀于凌晨4时占领了石头山;第六联队日军在第七联队占领石头山之前,进攻沙河沿;第六旅团进攻沙河沿的左边,向长虎台进军。早上7时,我们前面所提到的四路中,最里面的两条路的所有位置都被日军占领了。第五旅团沿着最西边的一条路前进,于上

314

午 10 时占领大富屯,中国军队的整个阵地向后推移。大约 1.5 万人的中国军队撤退到普兰店和牛庄,这正如桂太郎所预见的那样。但中国军队仍占领着从海城到辽阳的道路,第六旅团带着炮兵将这条路分成几段,于下午 2 时占领东烟台附近的高地。日军的 1 名军官和 85 名士兵受伤,10 人死亡;中国军队则有 160 人死亡。

第二天,即 3 月 1 日,最后的行动——追击辽阳的中国军队——继续进行。第三师团在头河堡露营。早上 7 时日军进军到中国军队的所在地甘泉堡。中午 11 时 45 分占领甘泉堡,日军到达从海城到辽阳和辽阳至牛庄一路的交叉点。两支中国军队现在被完全分隔开来,桂太郎可以根据这些道路附近的环境随时进攻中国军队。

追击辽阳中国军队的行动于 3 月 2 日继续进行,在距上面所提到的两路的交叉点不远,桂太郎重新聚集了他所有的部队,改变了他的行军命令,并且沿着辽阳至牛庄一路进攻牛庄。3 月 4 日,牛庄受到从北面、西北和东面的 3 个纵队的进攻。在西北的一个纵队向李家窝铺靠近,以便控制从营口到金家台的道路;日军采用惯用的战略,用一部分兵力绕到中国军队的后路,切断中国军队的后路,另一部分全力进攻正面。战斗于上午 9 时开始,日军遭到中国军队顽强的抵抗。中国军队筑起了厚墙并在墙上挖了射击孔,而且中国军队配备了加特林机枪和无烟火药。日军必须穿过被中国军队火力封锁的开阔地带。日军承认,如果中国军队火力分布均匀,日军就根本不可能通过这个开阔地带。但下午 2 时 30 分日军进入牛庄,防守中国军队则向营口方向撤退。大约 5,000 到 6,000 人的中国军队来不及撤退,不得不与日军展开巷战,日军损失惨重。战斗一直持续到晚上,直到晚上 11 时还能听到枪声。一部分中国军队躲在一个酒馆里进行顽强抵抗，日军的工兵用炸药将一堵墙炸开，迫使300名士兵放下武器。

桂太郎中将

日军42人死亡，174人受伤；中国军队1,800人死亡，2,000人被俘。中国军队损失严重的另一个原因是日军用火力控制了中国军队的后路。以下是日军缴获战利品的清单：

2,138支步枪

1,518,000发子弹

1门野炮

12门山炮

2个炮座（6厘米）

216面旗帜

42支堡垒轻型燧发枪

1,648 箱火药

1,120 石① 稻米

150 石大麦

110 石印度谷物

足够运送全军行李的马匹

80 到 90 顶帐篷

213 双马靴

大量的衣服、皮袄、锅灶和其他物品

占领牛庄后，桂太郎率领第三师团立刻出发进军辽河下游的营口，但被山地元治抢先一步。山地元治于3月6日到达从营口到海城和从营口到田庄台两条道路的交叉处的后家油房。长期驻守营口的宋庆遭到日军两面进攻的威胁，被迫离开营口，退到田

野津道贯②中将

---

① 1石约合5蒲式耳。

② 在山县有朋离开后（在渡过鸭绿江后不久），统率第一军团。在占领牛庄后，他是在报纸上宣布任命的一位元帅。

庄台。只有一小部分中国军队驻守营口。3月7日,日军在冬季河面结冰的条件下,占领辽河两岸所有的据点。

山地元治派官员通知外国公使,日军将占领营口的外国租界。在营口港,日军俘获由于冬季被封冻在港内的一艘北洋舰队军舰。到目前为止,北洋舰队只有2艘军舰尚未被摧毁或被俘。

分成左右两翼的第三师团和第五师团,在占领牛庄和营口后又会合成为一体,现在他们共同进攻驻营口和牛庄的中国军队指挥部所在地长达三个月之久的田庄台。

进攻于3月9日开始。此次进攻如同进攻牛庄一样,日军分成三个纵队。正式战斗于早晨7时开始,上午10时30分日军占领了田庄台。日军的一个纵队截住中国军队的后路,在日军猛烈炮火的攻击下,中国军队死亡1,000余人。据估计,中国军队共死亡2,000余人,而日军只死亡80余人。有一万名中国士兵参加了此次战斗,在牛庄、营口陷落后撤退的中国军队肯定撤退到了更远的地方。

日军在山地元治的率领下,于2月24日开始进攻太平山,在2月28日和3月1日追击并打败了中国军队,3月4日占领牛庄,7日攻占营口,9日占领田庄台。这两个星期的战斗是日军在东北的最后一次战斗。中国现在完全受日本军队的摆布。日军在辽阳进行的短暂而辉煌的军事行动完全切断了中国军队与关内的联系,剩下的中国军队再也无法挽回被消灭的命运,大约10万名日军停留在敌国的国土上,随时准备给予敌军以致命的一击。营口的占领为日军提供了一个距北京更近的新海军基地。北洋舰队的全军覆灭使日军在海上的行动更加畅通无阻,日军可以随时随地以任何形式进攻北京。

320　　虽然没有更进一步的军事行动，但是有两件事必须提及。第三军于3月15日从日本出发，到达澎湖列岛——位于大陆和台湾之间的一组岛屿，是进攻后者的最佳行动基地。日军在进行侦察后决定于23日进攻澎湖岛（澎湖列岛中的主岛）。日本军舰炮轰炮台，中国军队回击，但没有击中军舰。吉野号由于撞在一个未标在地图上的一个小岛而受损。日军登陆后，没有遭到什么抵抗就占领了炮台，日军只死了3人，28人受伤。现在中国军队似乎非常害怕军舰，他们彼此相互踩踏，赶快逃上岸或坐船离开。在这次战斗中，中国军队的表现是如此可耻，但也留下了中国军队一些勇敢的事迹。在一个据点上，大部分中国军队没有进行什么抵抗就逃跑了，但有6名士兵留下来抵抗日军；另一件事是两组大约20到30名中国士兵坚持抵抗日军整个部队。这些无名英雄的行动令人非常敬佩，但是非常遗憾的是，没有记载他们的名字，因此无法用他们的事迹来鼓舞他们的国家重振士气。

321　　进攻澎湖列岛是十分重要的，因为这支舰队的一部分正在北部监视着在天津北河①出海口的外国船只。日本军官完成了他们的任务。但监视行动证明是无结果的，当怡康号（*Yikang*）在大沽（北河口）把它的货物卸入驳船时，一艘日军船只驶过来要求把箱子打开——发现里面竟是弹药！共有24万发子弹。这种违禁品在申报表中填的是竹节钢筋。当然日本人将这艘船带到仲裁法庭，在扣留了怡康号一段时间后，除了船上的违禁品以外，日军释放了这艘船以及其他货物。这也许是命运的安排：日本海军在第一次行动中击沉的高升号和最后俘房的怡康号属于同一家公司。

---

① 天津的河流在冬天因结冰而停航。

第九章　第二个议和使团

中国政府匆忙弥补第一个使团的漏洞，用电报将修改过的授权文书发给使团。如此不合惯例地对待重要事务，显然无法给使者们提供令人满意的新全权文书。在上次的惨败之后，邵友濂和张荫桓明显已不适合继续进行谈判。此外，在全国一片指责声中，条约只能由具有绝对权威并能承担这个重大责任的政治人物来签订。尽管在中国如此专制，却存在着没有限制的批评自由。有一种特殊的官员——监察御史，其责任是监察所有对政体有害的辱骂和指责。众所周知，不付出巨大的代价，是不会从日本那儿得到和平的。因此需要挑选一位有足够权力的政治家来出任全权大使，他不仅能够承担这个重大的责任，而且敢于面对暴风雪般的批评、诽谤，同时他的行为不能被政府否认。

在中国，只有一个人具备这种资格，那就是直隶总督李鸿章。无论在什么条件下，即使他的耻辱可能拖累帝国内所有的高级官员，只要他认为有必要，那么政府就可以批准。自从中日战争爆发以来，李鸿章就满面愁容。这是中国政府对于犯错误的官员进行惩罚的一种制度。官员们请求皇帝指出他们的错误并给予处罚。中国军队的每一次失败，那些以高昂的代价才获得的荣誉就从这位头戴花翎、身穿黄马褂的老年总督身上被褫夺下来。在对日作战所造成的国内危机中，政府意识到如此举动的愚蠢。这位太平天国起义时期在他自己的家乡安徽招募义勇军①，从而拯救了王朝，并在最后十年中代表中国处理外交事务的李鸿章，被恢复了所有的职务召回北京，同皇帝和皇太后讨论如何解决这些问题。这几次召见的结果是，由他组成对日谈判的使团。

尽管他在所有官员和中国百姓中影响巨大，但是李鸿章感到这是一个决定性时刻，他无法独自担负起这样的重大责任，并把他的荣誉交给那些在危险一过去就对他进行猛烈抨击的人，因此他决定将责任转移给帝国全体高级官员，请求他们发去有关条约缔结可行性电报记录稿。李鸿章带着所有在中国有影响力的人物强加的观点和无可挑剔的国书随团出发。

3月19日，李鸿章到达由日本人所选择的谈判地点马关。他的随行成员有第一个使团的成员科士达、吴廷芳以及他的养子——一个曾经是驻英大使并在使团中负有特殊使命，已在东京担任公使多年的李经方。②使团共有132人，在前面列出他们的名字和官衔的原因是：它是一个执行最高指令的正式使团。

3月20日，李鸿章在日本登岸。在21日举行的会议上，双方顺利地交换了国书。谈判也进行得很顺利，这时却发生了一个意想不到的事件，这个似乎由讽刺般的命运所策划的事件击破了人们的期望，并证明所有人的预见都是虚幻的。3月24日，当李

---

① 文中的"义勇军"即李鸿章组建的淮军。——译者注
② 李经方系李鸿章六弟李昭庆之子，后过继给李鸿章。——译者注

鸿章在会议结束后返回的途中，一个名叫小山丰太郎的暴徒靠近他的轿子，并向他开枪，子弹打进鼻子左边的面颊。

幸运的是，李的伤情并不严重，而且也没有引起什么麻烦，但是这件事引起了很大的轰动并产生了意想不到的后果，日本艰难地使傲慢的中国低下头，迫使它的头号人物在他的晚年成为和平的哀求者，使日本感到耻辱的是，李鸿章在它的国土上差点被谋杀。日本在世界面前故作姿态以显示其士兵的勇猛，以人道对待敌国臣民和士兵，而这些清白的名声却被一个歹徒的无知行为给破坏了。

日本第一次在它的对手面前感到难堪。政府和人民竞相来弥补这个可耻行为所造成的后果。当地的政府官员和警察局长因失职而被解职；天皇派他的御医去探病；皇后为这位著名的病人准备了绷带；在一个星期内，大约有一万封来自日本各地的信件表达了他们对于此次事件的愤恨。然而这件影响极坏的事件可能极大地促进了两国关系的重建。这对于日本来说是一个有益的结果，虽然它还沉浸在胜利的喜悦之中，但是沉醉于这样一种连续不断的胜利之中是危险的。小山丰太郎所扮演的角色是走在罗马胜利者身边的奴隶的角色。但日本政府和人民对此事的态度却使中日两国的关系变得缓和了许多。

这件事也产生了不同的政治影响。如果李鸿章签订了一个有害于中国的条约，那么所有这位年老总督的敌人，所有咆哮的批评者将会把他当作一个卖国贼来进行公开的抨击，然而所有这一切在这位年老的政治家带着一颗射入他头部的子弹返回时销声匿迹了。

日本政府承认，和平谈判不可避免地被小山丰太郎的愚蠢行为所拖延，在此期间，所有在满洲、直隶和山东的军队停止进攻。①这次在北方的停战从3月30日持续到4月20日，共21天。

  李不久在他儿子的帮助下开始重新工作。中日两国于4月17日签订条约。停战时间持续到批件交换的日子，最晚也不过5月8日。批件于5月8日那天在芝罘交换，这个地名在和平条约中被提到过。②

---

① 参见附录J。
② 附录K包括了该条约的正文，谈判是先于条约进行的。

结 尾

根据《马关条约》,中国除了要支付一大笔赔款以外,日本还得到了台湾、澎湖列岛、辽东半岛以及重要的海军基地——旅顺港。欧洲列强认为条约后面的条件有一些过分,因为它们担心拥有这样强大的战略地位可能使日本对北京施加不正当的影响。于是,俄、法、德三国为了共同的目的结成联盟,要求日本为了远东长久和平,放弃对辽东半岛的要求。日本同意了这个要求,日本的政治家们向世界表明他们同日本军官一样精明。欧洲人的介入在日本引起了很大的轰动,屈服于欧洲人的日本公使遭到了严厉的指责。如果日本拒绝放弃辽东,就会引起一场可怕的战争,虽然这对于日本人来说,是非常光荣的,但他们会丧失所有通过战争所获得的成果。

日本在军事上取得了一系列辉煌的胜利,是有其特殊和复杂根源的,因此我们有必要进行仔细的分析。自从 1453 年攻占君士坦丁堡(Constantinople)和威胁了欧洲基督教近两个世纪的奥斯曼土耳其的崛起,直到唐·胡安(John of Austria)在勒班陀(Lepanto)海战中击败土耳其海军,索别斯基(Sobieski)拯救维也纳(Vienna),世界都没有注意过东方人在军事力量上的成长。

另外，日本的力量比奥斯曼土耳其更强大，后者通过数量和狂热的勇气完成了占领；日本则依靠科学来指挥它的军事行动，却没有得到一位欧洲军官的帮助。

这场战争还有另外一个值得注意的特点：所有入侵的军队都是通过军舰来运输的。在几个月里，日本将8万人送到敌人的国土上，我们必须回到布匿战争（Punic War）中，才能找到完成如此庞大任务的国家。此外，日本只依靠一小部分军舰运送士兵，而这些军舰大部分是在战争中购买的。

当然，日军的快速成功因为中国军队缺少有组织的军事行动、不好战的事实而大打折扣。但是我们必须记住，没有遇到有效的军事抵抗因日军所处的困难环境而被抵消——战争后期道路的缺乏、条件艰苦的乡村和寒冷的冬天。但这些困难被跨过大海作战的日本军人快速而有效地克服了，这显示出日本拥有一个非常有效的军事组织和能够提供任何保障的军需部。日本人对于他们的胜利并不感到惊讶，但使他们震惊的是外国人对于战争结果的怀疑。

这场战争向世界展示了日本的军事力量，但是必须记住它在军事方面的发展只是这个国家进步的一个方面，同时还有许多其他不为人知的比军事更为重要的事实。日本在没有任何外援的情况下独立支付战争的费用，全部依靠的是自己的财力，在几个月中就努力完成了12万吨的水运任务。这个国家不但没有因此而感到压力，反而贸易更加繁荣。它的制造业稳定增长，几乎任何一件源于欧美的物品现在都能在日本生产。在科学方面，日本进步很快。例如，日军的一名军官发明了一种枪。当1894年香港爆发大规模瘟疫时，日本专家被派往香港研究病菌。在战争期间，菊地医生（第二军首席军医）发现用烧过的稻草灰（一种很容易得到的东西）治疗伤口、替代法国人提倡使用石灰治伤口的办法。

但是社会各阶层所爆发出来的热烈爱国主义情怀必须被远远置于这些物质成就之上。整个国家的感觉和行动如同一人。在和平时期进行激烈斗争的政治党派在战争时期都保持沉默，他们所表现出来的是自我牺牲和爱国主义。这个国家所表现出来的情感就是使国家强大。

这场战争的实际结果对于日本来说是十分重要的：澎湖列岛使它拥有了一个战略要地，控制着从海上接近中国的通道；台湾岛盛产茶叶、糖和樟脑，使得日本贸易有了很大的发展。现在日本组成了一个强大的岛国，它一直延伸到北纬 30º 附近，直达堪察加（Kamchatka）。亚洲大陆的东海岸必定要受到它的影响。2亿两①白银的赔款增强了日本的资本积累，在日本精明金融家的经营下将会创造出与军事成功差不多一样的使世界震惊的商业和工业上的发展。

如果日本的未来注定是光明的，那么应该承认它理所当然地拥有这个光明的未来。在过去的 30 年里，日本一直静静地而且始终不渝地学习和工作着，达到世界居于前列国家的水平。日本的青年到世界各地不断地探索，搜寻各种有助于他们国家强大和幸福和途径。每一艘前往欧美的船上都有日本人，他们下决心刻苦学习和提高自我。日本人从不放过任何一个民族的优秀之处，每个国家不得不把自己的过人之处放在日本人的面前。日本人带着极大的热情向锡兰人（Ceylon）虚心请教，提高自己在佛教方面的知识。最近一代日本人，如同一群庞大的工蜂到处忙于收集

---

① 超过3,000万标准纯银（英国货币）。

334 他们所能见到的东西，并且现在正是他们开始享受他们勤劳果实的时候。

日本人的这种现象，在它的历史上并不是第一次。过去他们曾虚心地向中国学习，以至于中国文化深植于日本，而且比它的发源地发展得更好。如果日本人能成功地将欧美的科学和文化吸收得更好，日本在长期吸收外来文化方面的经验将使得东西文化融为一体，并在此基础上发展成为一种新的文明形式。

这场战争的残酷教训对中国应该产生一个有益的影响，但不幸的是到目前为止，中国还没有迹象表明它将会改变自己。如果失败深深地伤害了它的尊严，这也会对它产生有益的影响，中国也许会改革它的制度和改善国民生计。除非这个改革能够实施，中国才会成功地效仿日本的物质文明，效仿日本在内政和军事上的优点，否则它的前景看起来非常黯淡。

附　录

附录A　日使大鸟劝韩廷厘治纲目

第一条：中央政府制度以及地方制度酌宜厘正，人才极宜选拔事。

一、申明有司百官职守。凡涉内外交统归之议政府掌理，如故六曹判书分责司职，期革世道揽权旧制。内府庶务与治国庶政划然区别，所隶诸官司概不得与闻一切国政。

一、办理各外国交涉通商事务，宜攸关綦重，须宜慎之。简一秉重权任重责之大臣掌之。

一、衙署之掌行政令必不可少者宜存之，有名而无实者宜裁之。其余或此署并于彼署，务当去烦从简。

一、现定州府郡县治境，其数似乎过多，须宜酌量合并，务减其数，以省冗费，但须期其无碍治理。

一、大小官吏分任司职，必不可少者宜存之，虚设冗员概宜裁汰。

一、破除历行格式成例，广开录用人才之道。

一、捐纳授官弊端易生，应痛行禁罢之。

一、大小官吏俸禄须酌时宜明定额数，使之足以资生养廉。

一、大小官吏索取钱物贿赂恶习，宜设法章严禁。

一、大小地方官营私情弊，尤须设定法章严行矫正。

第二条：财政宜整，富源宜开事。

一、国家出入财赋宜审查明确，以昭定制。

一、会计出纳之政务，宜严明正准。

一、货币制度亟厘定。

一、各道田畝丈明数额，须宜厘定，并宜另开税源。

一、支款不甚紧要者概从减省，其进款之可增者力宜讲求。

一、官道通衢须宜修平推广，并宜在京城要衢口岸间兴铁路，以及各道州郡府县镇市互联电线，以利来往而灵消息。

一、各通商口岸税务司，一由本国自行管理，不容他国为之干预。

第三条：整顿法律，裁判之法亦须酌定事。

一、原定法律不适时宜者概行革罢，或参酌时宜别定法章。

一、裁判之法须宜厘正，以申明法司公正。

第四条：兵备警察亟宜整理，以奠国内变乱，并可保持国家绥宁事。

一、带兵官弁须宜造养。

一、原设水陆兵丁概行裁革，量财力所及，增练新式兵伍。

一、警察之设尤属紧要，须在京城以及各城邑严定章程，分设衙署。

第五条：学政各务亟宜酌定事。

一、学政各务须宜参时宜厘定，而在各地方分设小学校教养童幼。

一、小学校之设渐就端绪，尚须渐行推广，再设中学、大学。

一、生员中俊秀者须宜选拔分遣外国，使之游学肄业。

附录 B　开战前中日政府有关朝鲜问题的信件

在贵族院于10月19日前交于1894年10月22日的《日本每日邮报》前由伊藤博文提出增加信件的官方译文。

第一号

中国公使馆，东京，光绪二十年五月三日①（明治二十七年六月七日）

敬启者：兹奉北洋大臣李致本通电称：

"查光绪十一年中日国两国议定条约，规定将来朝鲜若有变乱事件发生，中国须要派兵时，应先行文知照，事定之后，应即撤回，不再留防。本大臣兹接朝鲜政府来函称：全罗道所辖人民，习俗凶悍，纠合东学教匪，聚众攻陷县邑，且北进窜陷全州，前已令练军前往征讨，但战不利，倘滋蔓日久，恐贻忧上国尤多，查壬午甲申敝邦两次内乱，亦赖中朝兵士代为戡定，因沿其例，恳请酌遣兵士数队速来代为征讨，悍匪挫衄之后，当即撤回其兵，不敢更请留防，致使天兵在外久劳等语。本大臣览其情词迫切，且派兵援助，保护属邦，我朝既有旧例，因奏奉谕旨，令直隶提督叶选带劲旅，驰赴朝鲜全罗忠道一带地方，见机防堵攻讨，克期扑灭，务使属邦境土人安，各国人在朝鲜贸易者皆各

---

① 即1894年6月7日。

安其生业，及其平定，当即撤兵，不更留防。兹按条约，当即行文知照，故此函电贵大臣，即请从速照会日本外务省为荷"等因，奉此，相应由本使照会贵大臣。特此照会，并颂日祉。

（签名）汪

日本国外务大臣陆奥宗光阁下

第二号

外务省，东京，明治二十七年六月七日

迳复者：刻接贵翰，知悉贵国政府派兵朝鲜，并遵明治十八年四月十八日①中日两国政府所订条约第三款行文知照。查贵翰中有保护属邦等语，然帝国政府未曾承认朝鲜国为贵国属邦，应当言明。特此函复，并致敬意。

（署名）外务大臣陆奥宗光

中国特命全权公使汪

第三号

日本使馆，北京，明治二十七年六月七日②

迳启者：朝鲜国现生变乱，事件重大，我国有派兵必要，因此，帝国政府拟派兵若干。兹奉我政府电训，遵照明治十八年四月十八日贵我两国政府所订条约明文，应行文知照中国政府等

---

① 即1885年4月18日。

② 即1894年6月7日。

因，特此照会，并颂日祉。

（署名）日本国临时代理公使小村寿太郎
中国总理各国事务衙门①

第四号

总理衙门，光绪二十年五月初六日（明治二十七年六月九日）

其后总理衙门对我国出兵即表示种种意见。下面是总理衙门王大臣致我公使馆的照会。

迳复者：兹接本月四日（我六月七日）贵函内称：朝鲜现生变乱，拟派兵若干，故奉贵国政府电训，按两国条约行文知照等语。查我国派兵朝鲜，乃应朝鲜请求，旨在帮助讨伐"乱民"，是乃保护属邦，从来既有惯例，且专为讨伐内地"乱民"，及其平定，当即撤退。现下仁川、釜山各港虽尚静稳，但为通商之地，故暂留军舰保护。贵国派兵，专为保护公使馆、领事馆及商民，固无须派遣多数兵员，又非由朝鲜请求，决不可进入朝鲜内地，以免引起惊疑，何况与我国兵士逢遇时，因言语不通，军礼差异，恐有引起不测事例之处，实堪忧虑。因此，敬希阁下就此电达贵政府为荷。此复，并颂日祉。

中国总理各国事务王大臣
日本国临时代理公使小村寿太郎贵下

---

① 中国外交衙门。

第五号

日本公使馆,北京,明治二十七年六月十二日[①]

迳启者:案准本月九日贵翰内开:贵国派兵朝鲜,乃为保护属邦,既有惯例,我国则无派遣多数兵员之必要,且决不可进入朝鲜内地等由。本官当即转电我政府,刻接我政府回电称:

"帝国政府未曾承认朝鲜为贵国属邦,此次我国派兵朝鲜,乃根据济特浦条约,而出兵手续即按天津条约办理。又帝国派遣军队之众寡,帝国政府自可裁决,至其行动如何,当然不至开赴无其必要之地区,但亦毫无受到他国制肘之理。至如贵函内开两国兵士相遇,因言语不通,军礼差异,恐生不测等语,查我国兵士纪律严肃,设与贵国兵士逢遇,亦决不无故滋事,此我政府坚信者,谅贵国政府亦已预先注意及此。"

等因,奉此,相应函复,并颂日祉。

(署名)日本国临时代理公使小村寿太郎贵下
中国总理各国事务王大臣

第六号

外务省,东京,明治二十七年六月十七日

迳启者:关于朝鲜国刻下事变及其善后方法,业于日昨面晤时以帝国政府提议形式提出与贵国政府协商,其要点如下:

关于朝鲜事变,应由中日两国协力,迅事镇压乱民。

乱民平定之后,为改良朝鲜内政,应由中日两国各派常任委

---

① 即1894年6月12日。

员若干名至朝鲜，大略就左开事项，从事调查。

一、调查财政。

一、淘汰中央政府及地方官吏。

一、设置必要之警备兵，以保持国内安宁。

特此函达，以资慎重，并此重申本大臣之敬意。敬具。

（署名）日本国外务大臣陆奥宗光阁下
中国特命全权公使汪（凤藻）

第七号

中国使馆，东京，光绪二十年五月十八日（明治二十七年六月二十二日）

迳启者：本使刻接我国政府电训，内开：案准贵国政府提议我之朝鲜事迹以及善后方法，经详细考虑之后，敬复如下：

一、查朝鲜变乱业已镇定，无须再烦中国军兵代为讨伐，因此，两国会同镇压之说，应无庸再议。

二、善后方法，其意虽美，但应由朝鲜自行厘革。朝鲜内政，中国尚不干预，日本当初即承认朝鲜自主，当更无权干预其内政。

三、变乱平定之后，应即撤兵，具在乙酉年两国所定条约，兹毋庸再议。

以上各项，业经本使面谈，兹为示慎重，特再函复，并颂日祉。

（署名）中国特命全权公使汪（凤藻）
日本国外务大臣陆奥宗光

第八号

外务省，东京，明治二十七年六月二十二日

迳启者：案准贵历光绪二十年五月十八日台函，敬悉阁下奉贵国政府训令拒绝帝国政府所提并于镇定朝鲜国"变乱"及其善后办法。

顾朝鲜国刻下情势，不能与贵政府所见相同，实帝国政府之所遗憾者。

征诸已往事迹，朝鲜半岛朋党争阋，为内讧暴动之渊薮，惨状毕呈。察其所以屡起事变，盖因"对实行独立国之责守有缺陷"，此实无可置疑者。

鉴其疆土接近，贸易重要，朝鲜国对帝国之利害，实为紧切重大。因此，对该国此种惨状悲况，不得袖手旁观。

情势既已如此，倘帝国政府置之不顾，不但违戾平素对朝鲜抱持之邻交友谊，且难免与我国自卫之道相背驰。

帝国政府为冀求朝鲜之安宁静谧，必要施行种种计划。理由既如上述，是以不能视若无睹。倘今日迟疑莫措，旷日久之，该国"变乱"必滋蔓弥长。因此，帝国政府除非事先商定办法，确保该国将来安宁静谧，且保证其政道得宜，则碍难即行撤兵。同时，帝国政府之所以不轻事撤兵者，不但为遵守《天津条约》之精神，且为善后之防范故也。

本大臣既已披诚布衷如此，即使与贵政府意见不同，帝国政府亦断无下令撤去现驻朝鲜军队之理。特此函复，并申本大臣之敬意，不一。

（署名）日本国外务大臣陆奥宗光阁下
中国特命全权公使汪（凤藻）

第九号

日本公使馆，北京，明治二十七年七月十四日①

其后数日之间，双方都试求使局面转向和平，但终未得到充分结果。因此，我政府乃训令小村致总理衙门通告如下：

迳启者：查明治二十七年七月九日在贵衙门为朝鲜事件晤谈时，贵王大臣所述之意，业经即日电告我外务大臣。兹接我政府来电称："朝鲜屡生'变乱'，盖因其内政紊乱，而我政府认为，中日两国之于朝鲜，关系属紧要，今欲厘革该国内政，以约'变乱'于未萌，必须由中日两国戮力同心从事，因向中国政府提出此意，讵料中国政府不从此议，只专望撤兵，实我政府所难了解者也。其后据闻在北京英国公使顾重友谊，欲使中日两国达成妥协局面，曾尽力居中调停，乃中国政府仍然专一主张撤兵，毫无应我政府提议之意，由是观之，中国政府实有意滋事，非徒好事而何？因此，今后无论发生任何不测事变，我政府将不负其责。"等因，奉此，相应函转，并附译文一件，此具。

（署名）日本国临时代理公使小村寿太郎阁下
中国总理各国事务王大臣

---

① 即1894年7月14日。

附录C 高升号毁灭幸存者之陈述

星期三上午10时半，德璀琳（Detring）、罗丰禄坐在天津的中华帝国政府海军署里，代表李鸿章听取从高升号逃出的两位船员及三位士兵的陈述，在场者有美、俄、法、德领事，代表高升号所有者之克新斯（Edmund Cousins）、英国领事馆之葛克伯（Cockburn）及其他诸人。

德璀琳在宣布开会时说："要想把高升号上被救人员的见证正式说出来，特请各国领事及关心该船上人的命运的人出席。高升号是一艘1,353吨的英国商船，租给中国政府运兵和武器到朝鲜，以应朝鲜王呼援之请。根据1885年条约，中国有权派兵到朝鲜。没有想到，这个行动会引起战争。他们知道战事已经惹起来，他们开始调查，其目的是为寻究一切情况。"德璀琳说完这几句话，会议就开始。

欧利爱脱（Pedro Oriato），42岁，生于马尼拉（Manila）。他说：在高升号船上有三个月。该船于7月23日（星期一）晚上9时半离开大沽口。航行中没有发生什么事情。在25日晨，大约8时的时候，他看见朝鲜海岸之岛屿，不久看见陆地。9时，他看见一艘日本军舰挂出一个信号，命令他们停驶，后来又挂出一个信号，令他们下锚。他们下锚后，日本军舰派一艘小船来，有两个军官，一个水手登上高升号。他看见军官对船长说话，他正在梯子上，要到舰桥上去。

克新斯说：一个人站在梯子上，就可以看见、听到驾驶台上发生的事。

欧利爱脱继续说：日本军官对船长、领港和一位乘客说话（拿一张汉纳根的相片给他看），他没有看见汉纳根对日本军官说话。日本军官检查船的文件，随后即回到他们的小船上。高升号这个时候停锚。他们没有经过任何海岛。从第一次下锚起，高升号就没有移动过。他不知道中国军舰与日本军舰间有战争。他看到三艘日本军舰，其中两艘离开，一艘留下，并派小船过来。日本军舰离高升号大约有一英里，他没有看到别的小船来。那只小船再次驶来。日本人向船长说话，在高升号船上，没有一个人开火放一枪。当日本人首先开火的时候，他在船下，但是正看着军舰，它们离高升号都有一英里远。它们开火，从12时40分到1时30分，那个时候，高升号沉了下去。他看见一开火便往前走，伏在船桅下以躲避子弹。当他觉得船慢慢地沉下去的时候，他立刻爬到最前面的桅杆上，一直等到法国船把他救下来。他不敢说欧洲人的命运如何，因为水里有这样多的人，他相信他们都跳到了水里，但他没有看见他们。有些人跳到水里，有些人跳到小船里。但小船因人过多，翻了，沉下去。高升号上有八艘小船，两艘系得太紧，不能下海。他恐怕没有看见是否有小船被炮击沉。有一大滩血。他同四名士兵攀在桅杆上，另一根桅杆上大约有36个人。当时没有浪，他没有看见死人在水里漂浮。从下午1时30分到第二天早晨7时，他在桅杆上，后来才看不见日本军舰。那艘军舰有两根桅杆，一个烟囱，用白色涂漆，是一艘大船，不知道载了多少人。法国炮舰于次日早晨7时，派两艘小船把他们一共42人从桅杆上救下来，还有两个从水里救出来，还有一个伙夫正在游水也被救了出来。高升号离岛大约一英里。汉纳根是在船甲板上，而不是在驾驶台上。日本军官来到船上的海图室，汉纳根能听见日本军官对船上所说的话。他不知道是否有人游水逃到岛上去，也不知道是否有人在水里被人开枪打死。日本人用旋转炮。日本人最后一次上船是在12时，只有一个人，讲了几句英文就回去了，是一位青年，两次都来过。他不能肯定，当日本人上船时，有兵士在甲板上（要知道，高升号的主甲板是一个从船首到船尾的全通式甲板，仅被桅杆、烟囱、天窗、船长室及海图室所隔断，驾驶台在海图室上面）。当日本人上船时，兵士正看着军舰。当他们望见日本人时，英国旗正飘扬着，船公司的旗挂在正中的桅杆上，前桅没有悬挂东西。

董阿新（Tung Ha-hsin 音译）说：他是广东丰顺县人，在高升号船上当伙夫，年26岁，在船上已有12年。在8时时候，他在机器房里。在9时30分他们下锚。他听见一声炮声，船立刻停住。12时半，他从轮机室出来，到船首甲板上洗脸吃东西。午后1时，他爬到桅杆上。1时15分，他游到一艘小长艇上。日本人向他们开枪，小长艇中有八个人被打死。小长艇内共有40多个人，船被击沉，船舵被打掉，因为潮流甚急，他不能游至岸上。下午4时，他们停止放枪。他根据太阳来推测时间。用炮攻打小长艇的是一艘小炮舰。他很害怕，他想炮舰有三根桅杆。高升号沉没后，有一艘炮舰对他的小船及在水中游的人开枪，子弹像雨点一般地落在水中。次日早晨6时，他被法国炮舰救出。他整夜靠在小船内，他看见高升号上的二副跳下水里去，有一艘船载了十多个人抵达岛上。他以为在这艘船里有几个外国人，因为他们穿着白衣服。他看见他们登陆。他看见远处有朝鲜帆船。法国炮舰向高升号驶去，但没有向岛驶去。他没有告诉法国炮舰岛上有人，他不知道这个岛上是否有人居住。

张玉林（Chang Yu-lin 音译）说：他是安徽人，40岁，是一个千总。当第一声枪响的时候，他在船舱下。他留在底下，直等到船将要沉没。两枚鱼雷把船底打破，他在舱洞里看见鱼雷来，大约在船身之中间。有些士兵被船上喷出的蒸汽烫死。他在他留在的地方，看见许多人被打死。有一弹落在他的房间，他就出来到上边去。他的房间里没有蒸汽。当船沉下去的时候，他抓到船上的绳索，他和船一同沉下去。他不会游泳，他借绳爬到船桅上，那桅杆上有33个人，还有四个人在另外一根桅杆上。他看见炮舰用快炮向水里的人射击，桅杆上的人没有被炮击。炮舰有两根桅杆。他看见四艘白色的和一艘灰色的日本军舰，每一根桅杆上有一人放速射炮（他形容炮柄怎样转和机枪的声音）。他不知道中日军舰已开战。他们看不见有一艘中国军舰起火。对高升号及水里的人放枪的是炮舰。他没有看见小船开往岛上去。

牟庆新（Mou Ching-sing 音译），年24岁，士兵。他说，当开炮的时候，他在船中间底下。当船即将沉下去的时候，他向外跳出，抓到一个漂浮的梯子，借着它爬到船桅上。他看见五艘日本船，只有一艘向高升号开炮，这个日舰留在那边，等到高升号沉下去后，它还向小船及水里的人开炮，只有一艘船向水里的人开枪。他们把船长的两只吊艇降到海里，但没有接进什么人。他不知道他们做什么。吊艇能容纳十余人。他看见许多人被蒸汽烫死。

王桂芬（Wang Kwi-fung 音译），士兵。他看见汉纳根抓到一个救生圈，向船外跳出去，没有看见任何人抵达岸上。风浪很大，有风从陆地上吹过来。他看见日本人从船桅上向水里游泳的人射击。向人开炮的船就是击沉高升号之炮舰。三艘小船载满了人，离开高升号，但日本人打沉了两只，船的周围全是蒸汽，像雾一样。

获救人员的口述到此结束。还有被法国炮舰狮子号（Lion）救出的人也都在场，其中有些人受伤似乎较轻。一般来说，他们是健康的人，能好好服务，他们说得都很清楚、坦率，令人感动，在主要事实及大部分的细目上，他们都是一致的。他们形容战事及两个被救出人如何用机枪，极为生动。现在还希望更多的欧洲人已经脱险。

汉纳根大尉[①] 关于高升号商船被日本军舰击沉之证言

高升号商船于7月23日离大沽口，载有中国士兵1,220人，12门炮及来复枪、军火等。25日晨，它驶抵牙山湾外，能看得见朝鲜半岛。

这时，它看到在船首左舷有一艘战舰。这艘战舰非常快速地向西移动（大概是亚瑟港方向）；在我看来，它类似于中国的定远号；它驶离我们很长一段距离而且我们没再看见它。

7时，我们看见在我们船首右舷有一艘船朝仁川方向行驶，如果它保持其航线，它必须穿过我们的船首（或船尾），我们保持我们前往牙山的航线。大约8时的时候，我们见一艘大船由许岛后面驶出，并且约十分钟后我们看到第一艘，然后两艘（一共三艘）超大的船从同一座岛的后面驶出来。我们远远地看出来，

[①] 汉纳根是个德国退伍军人，充任李鸿章的助手。1894年7月23日，他以普通旅客的资格，搭乘英商高升号轮船由大沽赴朝鲜牙山。船是租给中国政府运军队至朝鲜增援的，于7月25日被日本击沉，中国军队淹死者千余名，汉纳根因会游水，得免于难。下列证言，是汉纳根被救后，在济物浦（仁川）英副领事前所提供的。可参阅《日舰击沉高升号实况文件三种》，载中国近代史资料丛刊《中日战争》第六册，上海人民出版社1957年版，第19—29页。——译者注

这些船都是大型铁甲船。

　　大约9时，我们看见最前面的一艘船，挂有日本旗，上面还有一面白旗招展。该船很快地朝我们方向开过来。经过我们时，它把旗子降落一次，又升上去，以表示敬意。

　　那时，我们的位置是这样：

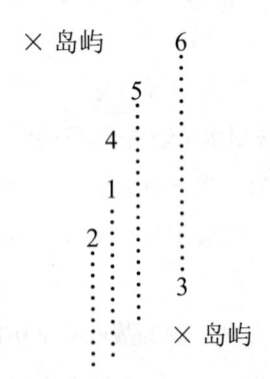

```
    × 岛屿      6
               :
               5
               :
           4
           :
           1
           :
      2        
      :    3
      :    × 岛屿
      :
```

1——高升号

2——悬挂日本国旗和白旗的战舰

3——中国军舰操江号

4、5和6——其他战舰

我们看到的船只正在行驶，操江号同时降低它的航速并且转回向威海卫方向行驶。

　　如果我们对这支庞大的日本舰队的表现心中有些不安，但到现在看见这只日本船驶过我们的船时，用船帜向我们行敬礼，我们对于它们和平的意旨感到安慰，并且我们认为它们正在追逐操江号。日本船第4、5和6号，都是军舰，沿着它们的航线。我们的位置是这样，当时第4号日本船忽然悬挂信号，并放两响空枪，

```
            × 岛屿        6
                         ⋮
                    5
                    ⋮
               1
               ⋮
                    4
                    ⋮
               2
                    ⋮         × 岛屿
                    ⋮
                    3
```

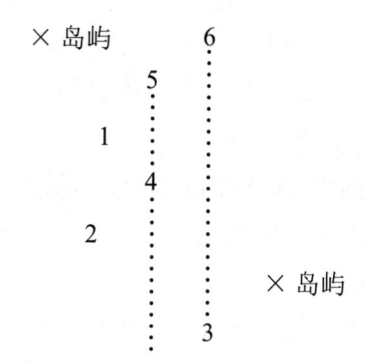

命令我们下锚停驶。我们就停下来。它们第二个信号是："停在现在你们所停泊的位置，不然，接受一切后果。"第4号日本船然后转向港口并接近第5号日本船，与第6号船一起行驶。全部三艘日本船都向前移动，似乎要互相以信号取得联系，因为它们看到一艘悬挂英国旗的中国运输船后，不知道怎么办才好。

第4号船于是调过头来，把它所有的炮露出来，朝向我们的船，并停在大约距离我们的船四分之一英里的海面上。我们看见一艘小船离开该船向我们方面驶来。我们船上的中国管带告诉我，并请我告诉船长：他们宁愿死在这里，不愿当俘虏。他们都很激动。我极力安抚他们，对他们说："在谈判进行中，维持船上的秩序是很必要的。"

我把管带的意思告诉船长高惠悌。

日本小船到了，有几个军官登上了我们的船。日本船中的人均持有来复枪和佩刀。日本军官上船后，随即来到船长住的舱室，船长把船的文件给他们看，证明他确实是负责驾驶一艘英国船。日本军官很不客气地命令船长跟随日本军舰开驶。我没有参加船长与日本军官的谈话,但我事前对他说,必要时,可以叫我。我正忙于劝说管带和士兵镇静。在日本船靠近我们的船前,我与船长约好,应坚持让日本人允许我们开回出发的港口——大沽,因为船出发时,两国尚未宣战。

当日本负责谈判的人命令船长跟随日本军舰行驶的时候,似乎并没有给船长坚持做任何事情的时间,而在日本军官离开前,我也没有听到这个命令。

当我把船长与日本人的谈话结果讲给中国管带们听后,他们和士兵都喧嚷起来,用刀枪威胁船长、船员及船上所有的欧洲人,致使船长不敢起锚。我又极力劝他们镇静,并请船长用信号请谈判的日本船再回来。那艘船又来了,我这次亲自到跳板上与日本军官谈话。我们不能冒险让日本军事谈判代表到甲板上,因为士兵拿着步枪和刀正在聚集着,而且如果他们对于我们的要求表现出任何不屈服的表示,必定会与他们进行短暂的交涉。

我告诉右手握着剑柄站在舷梯上的日本军官:"船长已失去自由,不能服从你们的命令,船上的士兵不许他这样做,军官与士兵坚持让他们回原来出发的港口去。"船长说:"考虑到我们出发尚在和平时期,即使已经宣战,这也是个公平合理的请求。"

我使日方谈判人确实懂得了我的话。他们临行时说,必须把这事告诉他们的船长。

小船驶抵日本军舰后,我们等了些时候,才得到回音,他们挂出一个信号说:"快快地离开船。"这只是为船上的欧洲人及船员而发,但是他们没有机会,也许没有服从这个劝告的意思。

中国士兵看住了所有的吊艇,随后船长高惠悌悬挂信号说:

"中国士兵不许我们这样做。"我们得到唯一的回答是一面应答旗。然后我们看见日本军舰开过来,使得我们错误地领会它的意图。当它离我们大约有 150 米——正对着我们船的左舷时——它停了下来。我看见一个鱼雷从船的鱼雷门中发出,六门炮立刻一齐开炮。在鱼雷到达它的目标前,他们放了两次炮。鱼雷命中我们船的中心,很可能正好击中船的储煤舱。顿时白天变成了黑夜——空气中全是煤屑、碎片和水珠。我想就在这个时候,我们都跳下海去泅水。

在泅水时,我看见船沉了下去,船尾首先沉下。

这时候,炮在继续射击,那些可怜的人知道没有机会泅水求生,就勇敢地还击。我看见一只日本小船,满载着武装士兵,我以为他们是要来拯救我们的。但可悲得很,我是想错了——他们向即将沉没的船上的人开炮。我不明白他们的目的是什么。事实是,泅水的人们不但被日本军舰而且还被即将沉没的船上的人射击。后者可能有一种野蛮的想法,即倘使他们一定要死,他们的兄弟们也不许活着。高升号被鱼雷命中后,整个船身在半个小时中都沉下去了。

当日本军舰命令高升号"停在原地,不然接受后果"的时候,它若抛下锚链,再采用诡计,假装服从日舰命令而逃往附近岛屿的话,它可能有很多机会得到一个比较好的命运。这个计划会在适当的时候会提出来。

但是船长、船员们坚信该船为英国船,又悬挂英国旗,足以保护它免受一切敌对行为。这个信念决定了该船的命运。我很悲哀地说,这个信念也决定了船员、水手和士兵们的命运。这些人中,到现在为止,只有 170 人左右因会游泳而得救。到现在,我还不知有别的欧洲人到达岸上来。

汉纳根

在我面前签名 1894 年 7 月 30 日

务谨顺爵士（W. H. Wilkinson）

H. B. M. 副领事

仁川

沉没的高升号的大副证言

高升号于 7 月 23 日晚 9 时 30 分离开大沽。当天下午，运载了约 1,100 名士兵，高升号是 10 艘运输船中的最后一艘以及三艘英国汽船中的一艘，另外两艘是爱仁号（*Irenc*）和飞鲸号（*Feiching*）。

直到 25 日早上，一切进行顺利。士兵行为表现逐渐安静和井井有条，似乎非常高兴和安心；但是他们显然对于应该如何或到何处去知之甚少。我于 25 日早上 4 时到 8 时值班，约在 7 时 30 分看到一艘军舰快速向我们驶来。它拥有日本海军的颜色，上面飘扬着一面白旗。当它靠近我们时，可以认出它是一艘日本军舰，并且按照我们的习惯，升起红色舰旗，然后降下并再次升起，但使我们惊奇的是——船长已经在船桥上，根本没有注意到它，继续向东北方向驶去。接下来观察到的是，一艘小帆船从东南方向驶来；但是它距离太远，所以无法确定其国籍。后来我们在浪速号的船上时才知道，第一次看到的是中国军舰济远号，正在逃跑。后面第二艘被俘虏的船经证实是操江号，一艘老旧的木制通信船，于 30 年前造于上海，受派遣从芝罘到仁川。

然后我们接近丰岛，当位于岛的东南约一英里时，看到三艘军舰（日本），其中的一艘靠近我们，向我们发停止命令的信号，并且向我们发射了两炮，炮火越过了船头迫使我们执行命令。我们停下船并且发信号照做了。然后我们被命令停锚，也照做了，锚降到11英寻（高水位）。那艘军舰然后开动并且加入它的两个同伴，显然是举行了一个会议。当它正在行驶的时候，我们发出信号要求："是否允许我们继续前进？"但是信号回答："停止，否则接受后果。"这时，有一些中国人显得异常激动，他们拿出武器，把弹药也运出来，两名将军非常忧虑，因为他们知道我们信号的含义。按照汉纳根的建议，军队和上面提到的乘客被要求到下面去。军舰现在分开行驶，一艘凭借炮火掩护接近我们。它然后派遣武装船的船员和两名军官登船，检查船的登记，还向我们通知，在我们离开港口的时候，战争还没有宣布开始。

在检查我们的文件之后，官员通知船长，他必须跟着浪速号——浪速号就是阻拦我们的军舰的名字。我们艰难地向军官解释，要求从他的船长那里得到许可，允许我们返回中国。然后他返回他的军舰复命。

中国将领有序地向他们进行解释，他们非常气愤和激动，并且让汉纳根向我们解释，最终我们顺从了日本军舰的命令，如果尝试让部分人离开舰船，我们就会马上被杀掉。将军伴随着他的威胁用各种重要的手势告诉我们，我们会被砍头。他向士兵详细说明并看着船长和我，并且分发弹药给他的守卫。我们试图通过汉纳根向将军解释，抵抗日本军舰是绝对无用的；日本军舰一炮就可能使我们沉没，并且最好的办法是服从。但是没有用，将军宣布了他的意图，他宁死也不投降，并且再次威胁我们。此时浪速号发出信号："起锚、砍锚或弃锚，什么也别等！"我们的回答是"派小艇来，我们希望亲自沟通"；浪速号的回答是"马上就派"。一艘小艇从浪速号驶过来。通道上挤满了中国士兵,在不断的努力下,官员设法让他们躲开。现在不允许我们到通道上与负责船的官员会面,因为中国将领好像怀疑我们想要离开他们。随船而来的官员与中国将领会面,汉纳根作为翻译,也参加了。船长也被派人去叫过来。他向日本军官解释我们所处的位置和我们不可能顺从指挥官的命令,同时提出解决困难的办法,即允许我们返回中国。官员答应向他们的指挥官报告并离开高升号。

现在,我们所有的官员和汉纳根聚集在舰桥上试图讨论这件事,在上层甲板上的中国人争吵不休。我离开舰桥,回去拿我的文件,遇到了艉甲板主管和第二轮机手,我向他们说明情况严重并且补充道,如果日本人向我们开火,我们可能会掉到水里。这是我最后看到他们。当我重新回到舰桥上,我发现军舰发出信号——"立即停船",并且我们立即派了一个舵手,去警告工程师要为最坏的情况做准备。然后我们发出信号旗"我没有得到允许",并且接着又发出信号旗"派一艘小艇来"。当从军舰升起"救生艇不能再来了"的信号旗时,要求离船的信号旗还在飘扬着。然后浪速号喷着蒸汽立即进入与我们的船形成直角的位置,并用它的警报器鸣笛。它仍然坚持两个早先发出的信号,在它的前桅升起一面红旗并且几乎立即朝我们发射了一枚鱼雷。我们看到了这枚鱼雷的到来,然而它停下来,没有击中船。位于四分之一英里远的浪速号发现这个情况,整个右舷舷侧的五门炮发射,上面的机关炮也开火了。高升号中部船舷遭到齐射,船身向右倾斜。

然后我离开舰桥,抓住一个备用救生圈从前方跳到船外。缠绕的链子也放下来了,船员成群地掉到水里。我清醒过来,想游到岛上。随后，一发炮弹在船上发出巨大的爆炸声，空气中弥漫着落下来的煤灰和其他碎片。我看到船长在我前头，脸全是黑的，看到汉纳根在更远处奋力游泳，离他不远处还有其他欧洲人。在这之后，并且当离船约70或80码的时候，我发现来复枪子弹正打在我周围的水中。我转过去，看到中国士兵正从甲板和舷门向我射击。然后我用救生圈护着我的头向前游泳，随着潮流游过这艘船。在弄清楚方向后，我再次向岛的方向游去，但是看到许多中国人在我前面，我想与他们一起上岛可能是危险的，正如在甲板上那样，所以我再次转过来，脱掉我的衣服向浪速号方向游去。我记得它漂到了离高升号很远的地方并且没有开枪射击。我没有游多长时间，我看到它放下两艘小船，其中一艘向我划来，我被捞起来。我向官员解释我最后看到船长和少校的方向；他指示另外一艘船向那边划去，没有试图救援落水的中国人。两排子弹从我们的船上齐射出来，目的是击沉两艘救生艇。非常明显，那艘船上乘满了中国人。我们的小船然后被召回，我被带到甲板上，他们送给我干衣服。处于一种非常疲惫的状态下的船长从下面被带来。一个名叫卢卡斯·伊万格利塔（Lucas Evangelista）的舵手，脖子被射伤。他在甲板上得到军医的紧急治疗。我们得到非常好的接待，他们给了我们衣服和食物，然后甚至带来了甜饼干和其他东西给我们吃。我被叫到船尾，被要求写一份我所发生的事情的说明，我照办了。船长与我分开并且给了一个特等舱，舵手和我住在船上的医务室。这是把我们隔离开来。我们始终被看守着，不能离开房间。舰船巡弋了一段时间，然后于晚8时与另一艘为中国小炮舰护航的战舰一起起锚。浪速号的军官和士兵继续给我们他们所能得到的东西，在他们的权力范围之内尽可能安抚我们。

26日，星期四，早晨4时，我们再次行驶，一直行驶到上午10时。停锚后，我们再次被叫出来，修改我们写的口供复本。在甲板上制作的衣服被提供给我们。中午，我们被转移到八重山号运输船，浪速号船员向我们挥手告别。登上八重山号甲板后，船长平山藤次郎友好地迎接我们，告诉我们要像在自己家里一样。我们在甲板上发现有高升号的官员和船员，中国人派来的小船，在高升号的俘房中还有一个丹麦人在船上。我们停留在船长自己的船舱里，官员们加入欢迎，邀请我们到后面的房间，并且给我们提供衣服和其他必需品。

下午1时30分，我们起锚向日本行驶。晚7时，遇到两艘日本运输船，并向它们发出信号。

27日，星期五——早上7时，在济州岛北岸与两艘日本运输船会合并发出信号。晚7时，离开五岛群岛。直到黎明，我们一直在慢慢行驶。

28日，星期六——早上，进入佐世保湾的时候，发现我们被限制在船舱里。早上7时，我们停锚。驳船载着携带武器的警卫来到中国人和丹麦人的旁边。我们被介绍给满水中尉和海军上将并且被带到他的大汽艇里，驶往码头。然后我们被带到医院，在一楼给我们准备了一个房间。满水中尉让我们明白，想要什么东西都可以提供。我们请求他通知我们的领事，有许多欧洲人在岛上，可能仍然活着，也通知我们的代理人。裁缝和靴匠过来了。送来了肥皂、毛巾和所有梳洗必需品。另外还有啤酒、红葡萄酒和雪茄等一些我们喜爱的东西，这些东西可能是从长崎送来的。同时他告诉我们，海军部长已经发了电报。许多军官邀请我们，就我们同伴的损失，向我们表示遗憾，也对我们不可避免的被扣留表达了同情。

29日，星期日——把要求补充问题的清单交与我们回答，由后方海军上将柴山矢八、佐世保军港总司令送来。持续一轮的访客带来了鲜花、鸡蛋和提供的各种东西。

30日，星期一，以同样的方式度过这一天，注意力都放在对我们的安慰上。

31日，星期二，修改我们的答复，为此目的，他们送来复本。

8月2日，星期四——接受日本外交部法制局的局长末松谦澄的探访，由斋藤实司令官和满水中尉陪同。紧跟着是细致的调查，我们得到允许，公开给我们在上海的代理人和朋友写信。下午，接到另一个访问并且被要求写有关高升号损失的一些更详细的情况。

8月3日，星期三——满水中尉带着一封来自后方海军上将柴山矢八来信，宣称给我们自由，安排我们离开，等等。我们在下午受到海军上将的招待，感谢他的关照。许多军官在晚上前来拜访，与我们庆祝。

8月4日，星期六——政府的小船佐世保丸任我们自行支配，我们与满水中尉道别，前往长崎，于下午1时30分到达长崎，遇到水警警司和警察警司，出示了他们的援助提供证明。英国领事拿着我们的口供，副本被交给艾莱克提号（*Alacrity*）的海军上校，并立即转交给海军上将。

刘易斯·亨利·田波林（Lewes Henry Tamplin）
长崎　贝尔维尤酒店（Belle Vue Hotel）

附言——我希望能补充高升号中国船员和军官在佐世保逗留

期间所受到的每一个照顾,丹麦人墨伦斯德脱（Mühlensteth）先生和我有同样的想法。中国人和丹麦人持有他们全部的个人财产。

以下为要求我们回答的问题：

1. 船的国籍。

2. 本人国籍。

3. 船主。

4. 船的代理人。

5. 注册证明。

6. 船名。

7. 船上的人员编制。

8. 船员（全体人员）雇用合同。

9. 船主与中国之间的协议。

10. 舱单。

11. 在何时何地航行。

12. 在什么港口开始运载中国士兵。

13. 起航的日期和时刻。

14. 目的地。

15. 中国政府的命令与指示。

16. 安排与运载部队的时间。

17. 中国军官们的军阶、姓名和数量。

18. 军队的数量和种类,关于它们的详细说明。

19. 船上的物资与供给。

20. 日本军舰命令离开丰岛时,船长就这一命令所进行的驾驶情况。

21. 同时指挥中国军队的军官得到什么指示。

22. 在牙山的中国军队的情况。

23. 北洋舰队分舰队和鱼雷艇的位置和数量。

24. 中国政府派遣的运输船数量。

25. 在高升号上的中国军队的装备。

26. 中国舰队做何行动准备。

27. 中国北方海岸的防御工事和防御力量。

高升号船长高惠悌之证明

英商印度支那汽船公司（the Indo-China Steam Navigation Co.）的汽船高升号，于7月17日由上海开往大沽口。这艘船是租给中国政府，为运送军队由该口到朝鲜牙山的。该船于7月20日抵大沽，即安排运兵事宜。7月23日，有1,100人登船，其中包括两位大将、许多不同级别的军官，还有一位德国退伍军官，名叫汉纳根，以普通旅客名义搭乘该船。23日晚9时50分，船起锚开往牙山，路上一切都顺利。直到25日早晨，我们将近丰岛时候，掠过一艘军舰，它悬挂着日本海军旗，海军旗上又挂着一面白旗——这艘船后来证明为中国战舰济远号。不久，我们看见三艘日本军舰，是浪速号、吉野号和另一艘（可能是秋津洲号）。浪速号立即朝我们方向开来，挂出信号命令我们停驶，它又打出两发空枪，并以信号命令我们下锚。我们立即遵行。浪速号随后离开，显然是准备与其他两艘日舰通话。我立刻用信号问，我船是否可以前进。浪速号回答说："停锚！否则后果自负！"随后一艘小船由浪速号军舰来，一名军官登上我们的船——他在跳板上被迎接上船——要求看船上的文件。我们把这些文件交给他看，并请他特别注意我们的船是一艘英国船的事实。他还提出来许多别的问题，我们均予以答复，其中最重要的问题是："高升号要跟浪速舰走么？"

因为商船绝对无力抵抗一艘军舰，我就回答说，如果命令跟着走，我没有别的办法，只有在抗议下服从。日本军官离船回到浪速号。不久，船仍在停泊着，我接到信号，就命令立刻割劈绳缆，或把锚起上来。船上的中国将官们知道了信号的意义，并发现我们的船准备随浪速号开驶，就很坚决地表示反对。我们对他们解释抵抗的无用，因为一弹就能在短时间中使他们沉没。将官们说：他们宁愿死，也绝不服从日本人的命令。又因为他们有1,100人，而日舰浪速号只有400人，所以他们愿意快快地打，而不愿意投降。我又告诉他们说，倘使他们决计要打，外国船员们就必须离船。他们以手势相威胁，要砍我们的头，戳刺我们，枪击我们，他们挑选了一些人来看守我们执行命令。我们于是又发出信号，请浪速号再派小船过来，以便传知事件的情形。浪速号立刻派来一艘小船；但一群武装华人占据跳板，直至我劝中国将官令他们离开后乃止。最后，日军官靠近我们的船，我让他们带信给舰长，说华人拒绝高升号当作俘虏，坚持要退回大沽口。我又指出，它是一艘英国船，离开中国海港时尚未宣战。小船随即回驶。它刚到浪速号，就悬挂信号旗，命令高升号船上的欧洲人立刻离船。我们用信号答复说，他们不准我们离船，并请再派一艘小船过来。同时通知船上的技师们，如果日本人开火，要准备随时到甲板上来。浪速号不久答复说，不能再派小船。浪速号于是在舰的前部挂起红旗，这显然是一个发射鱼雷的标志，因为它已经向高升号发射过一枚鱼雷，但没有命中，随后舰上的五门炮一齐开火。

那时候，我正在驾驶台上，助手们已先行离开了。我见看守我的士兵已离开他们在梯子底下的岗位，我立刻跑到轮机间，拿到一个救生圈（最后留下来的一个），就由船边跳下。跳下时，我听见一个可怕的爆炸声。当我露出海面时，我发现空中都弥漫着烟和煤屑。我立刻向海岸方向游，海岸大约离船有1.25英里。水里有许多中国人，但我只看到一个欧洲人，即汉纳根。当空气明晰时，一颗子弹落在水里，离我耳朵很近，随后即弹如雨下，因有高升号船身遮蔽着，浪速号上所发射的子弹绝不能击落到我的附近。我转过身来，看见中国士兵正从船的甲板上及两层甲板之间朝我开枪。我尽可能以救生圈保护我头的后面，并尽力在水下游。浪速号继续开炮，直等到高升号沉没为止，船尾先沉了下去。

我在水里漂流了一段时间，当已精疲力竭时，我被浪速号的一艘小船救出。这船已经救出高升号上一位舵手，他的颈部被来复枪子弹击伤。登到浪速号后，我们发现另一位被日本人救上来的人是高升号上的大副，还有五位与船有关之欧洲人及一位搭客失踪。我请再派一艘船，但恐怕没有再作继续搜寻他们的尝试。大约在上午9时，我们停锚于丰岛附近。下午1时，炮击开始。大约下午2时30分，我们被送到浪速号上。当晚，浪速号驶走，次日早晨到达日本海军在朝鲜会合的地点。随后，我们同另一位丹麦电工名叫墨伦斯德脱（Mühlen stedt）者及大约60个由中国船操江号上被俘的中国人转到八重山号，随即开往佐世保，28日晨到达佐世保。上星期六中午，我与大副田泼林乘一艘小艇到达此地。在这期间，日本帝国法制局局长末松谦澄特为高升号事件，从东京来到这里与我们谈话。舵手因伤未愈，还留在佐世保，墨伦斯德脱亦被扣留在那里。当留讯时，我们得到种种照顾。

我们抵达此地后，即赴英国领事馆作关于一切情形的书面陈述。

我顺便一提，浪速号的船尾左舷，当日早晨被中国军舰济远号一弹击伤。我绝对能说，我没有看到日本人向在水里的中国人开火。中国人杀死了许多自己人。

附录 D　两国宣战诏书

日本宣战诏书

为保全天祐践万世一系之帝祚,大日本帝国皇帝示汝忠实勇武之有众:朕兹对清国宣战,百僚有司,宜体朕意,海陆对清交战,努力以达国家之目的。苟不违反国际公法,即宜各本权能,尽一切之手段,必期万无遗漏。惟朕即位以来,于兹二十有余年,求文明之化于平和之治,知交邻失和之不可,努力使各有司常笃友邦之谊。幸列国之交际,逐年益加亲善。讵料清国之于朝鲜事件,对我出于殊违邻交有失信义之举。朝鲜乃帝国首先启发使就与列国为伍之独立国,而清国每称朝鲜为属邦,干涉其内政。于其内乱,借口于拯救属邦,而出兵于朝鲜。朕依明治十五年条约,出兵备变,更使朝鲜永免祸乱,得保将来治安,欲以维持东洋全局之平和,先告清国,以协同从事,清国反设辞拒绝。帝国于是劝朝鲜以厘革其秕政,内坚治安之基,外全独立国之权义。朝鲜虽已允诺,清国始终暗中百计妨碍,种种托辞,缓其时机,以整饬其水陆之兵备。一旦告成,即欲以武力达其欲望。更派大兵于韩土,要击我舰于韩海,狂妄已极。清国之计,惟在使朝鲜治安之基无所归。查朝鲜因帝国率先使之与诸独立国为伍而获得之地位,与为此表示之条约,均置诸不顾,以损害帝国之权利利益,使东洋平和永无保障。就其所为而熟揣之,其计谋所在,实可谓自始即牺牲平和以遂其非望。事既至此,朕虽始终与平和相终始,以宣扬帝国之光荣于中外,亦不得不公然宣战,赖汝有众之忠实勇武，而期速克平和于永远，以全帝国之光荣。

中国宣战诏书

朝鲜为我大清藩属二百余年，岁修职贡，为中外所共知。近十数年来，该国时多内乱，朝廷字小为怀，迭次派兵前往戡定，并派员驻扎该国都城，随时保护。本年四月间，朝鲜又有土匪变乱，该国王请兵援剿，情词迫切。当即谕令李鸿章拨兵赴援，甫抵牙山，匪徒星散。乃倭人无故派兵，突入汉城，嗣又增兵万余迫令朝鲜更改国政，种种要挟，难以理喻。我朝抚绥藩服，其国内政事向令自理。日本与朝鲜立约，系属与国，更无以重兵期压强令革政之理。各国公论，皆以日本师出无名，不合情理，劝令撤兵，和平商办。乃竟然悍然不顾，迄无成说，反更陆续添兵。朝鲜百姓及中国商民，日加惊扰，是以添兵前往保护。讵行至中途，突有倭船多只，乘我不备，在牙山口外海面开炮，轰击伤我运船。变诈情形，殊非意料所及，该国不遵条约，不守公法，任意鸱张，专行诡计，衅开自彼，公理昭然。用特布告天下，俾晓然于朝廷办理此事，实已仁至义尽，而倭人渝盟肇衅，无理已极，势难再予姑容。着李鸿章严饬派出各军，迅速进剿，厚集雄师，陆续进发，以拯韩民于涂炭。并着沿江沿海各将军督抚及统兵大臣，整饬戎行，遇有倭人轮船驶入各口，即行迎头痛击，悉数歼除，毋得稍有退缩，致于罪戾。将此通谕知之。钦此。

附录 E　关于在上海引渡两名日本人之报告

1895 年 1 月 3 日，根据参议院决议，有关此次事件之所有文件得到刊印。所有这一切形成由 50 份文件、电讯和电报等组成的有趣文集。通过仔细阅读这些文件，可以看出佐尼干（Jernigan）先生（美国驻上海总领事）对整个事件的判断显然是正确的。因为他身临其境，所以最有资格对此次事件进行判断。因为我们远离上海，所以无法看清事实；在北京，此事看起来是模糊的、不确定的，而在华盛顿，事件完全是被误解的。格雷沙姆（Gresham）国务卿愚蠢地行使了自己的权力，对其下属的更好的意见予以否定。他没有理解，也许可能没有向他解释问题中的某个要点。

如果朝鲜问题恶化，那么在中日两国之间的战争似乎就不可避免，日本政府要求美国保护日本在中国的臣民。中国政府答应了这个要求，并且同样要求美国保护其在日本的臣民。美国政府在战争中承担两国臣民的双重保护中犯下了第一个错误，并且我们将会看到这个原来的疏忽削弱了它的地位，并显示出它的保护是完全无用的。第 1 号文件至第 6 号文件（7 月 24 日至 8 月 3 日）论述了这个问题，并且在中日两国的美国官员被政府告知，只出于友好而保护在中国的日本人和在日本的中国人。

在第 7 号文件和第 8 号文件（8 月 8 日和 8 月 14 日）中，田贝（Denby，美国驻北京代办）的急电（发往华盛顿），内容是关于中国总理衙门抗议日本间谍乔装在中国各地打探消息。田贝

（意识到中国荒谬和野蛮的刑法）建议宽大并且审慎处理这个事件以免无辜的人被匆忙地判死罪。

8月13日，两名日本人（福原林平和楠内友次郎）身穿（他们已经穿了三年的）中国服装，在上海法租界被捕。法国总领事（在法租界最高领导），按照国际规定，把两名日本人转交给被认为会保护日本臣民的佐尼干。当佐尼干对于这个事件的影响权已经受到小心而严格的限制时，他对此感到非常尴尬。此时最明智和最正确的行为应该是把两名日本人送还给法国领事（就是说，如果不允许他保护他们）。事实上，如果他不能为日本人做任何事情，就不能接受他们。

第9号文件（8月18日）内有格雷沙姆对于当事人的询问，在华盛顿的中国大臣抗议美国驻上海领事扣留两名日本人。格雷沙姆不得不在北京代办处通过电报进行开导，反过来他又必须从在上海的佐尼干处得到解释——当然，这种电报交流未能理解这一问题的本质。直至第21号文件（8月31日）充满关于此次事件的解释，当时格雷沙姆重申他的命令：美国驻上海领事不得扣留这两个日本人。不幸的是，田贝还进一步补充了这些指示，传达给道台（中国官员）。两名日本人于9月3日被交给中国，10月8日被斩首。

在所有这些悲惨的信件中，格雷沙姆多此一举地表现出他对这一事件司法方面的完全无知。在第12号文件（8月21日）中，他坦承，他不理解法国领事为何控制这两个日本人，并把他们转交给美国领事。在第18号文件（8月29日）中，有如下另外的声明。他写给田贝："你不能给予任何的庇护，也不能给日本人以治外法权。"简而言之，"在中国的日本臣民仍旧是他们自己君主的臣民"。(一个明显很荒谬的命题)"并且对当地法律是负有与此前同样责任的"(提议是错误的，无疑暴露了格雷沙姆对于有关问题放肆地发号施令的无知——日本人从未服从过当地的法律，并且喜欢根据条约享有治外法权)。"就这一点而言其他国家代表为他们的利益做斡旋工作也是无法改变他们的处境的。"

只有在第17号文件中(8月29日，致田贝的一封电报)中，格雷沙姆才表露出对事实真相有了一丝了解，然而表达却是如此的模糊不清，导致了在死前三个星期还相信美国国旗的不幸年轻人的死亡。在那份电报中，格雷沙姆道："总领事不应该接受两个日本人，并且无权留住他们。"在这段话中，执迷不悟的格雷沙姆似乎对此次事件的处理，僵化到无法解决的境地。如果美国领事不能接受日本人，如果他被禁止代表他们去完成任何官方的行为，那么他为什么授权批准转移交在上海外国人居住区内不用服从中国法律和中国官员的日本人呢？为什么他能采取官方的行为，反对那些他要禁止进行官方保护的人呢？这使得整个事件如此令人反感，并且在美国国旗上涂上了不光彩的一笔。在整个事件过程中，美国领事充当中国政府的狱卒和警官的角色——他唯一对他所应保护的人所做的就是，无条件地把他们交付给他们的敌人。使事件更具讽刺意味的是：美国领事的行为居然敌不过一位无责任保护日本臣民的法国领事。那个法国领事通过不把两个日本人转交给中国官员的办法，已经解决了司法权的事件，但是把他们送给了美国领事。如果后者不能保护或支持他们，那么他既不必改变他们的状态，又不必对他们采取敌对的行为去反对他们，他应该把他们送回给当局(法国)，他是从他们那儿接受了日本人。

在处理这件事的整个过程中，格雷沙姆的行为是不可原谅的。他所犯下的错误远远不止是判断上的错误。不仅他在司法问题上的无知是不可原谅的，而且他是通过电报匆忙做出决定的，而不是等待了解事件全部细节。这些他本来应该询问，并且从他那些有能力的下属官员那里获得信息，这些官员在现场，并且更能看清问题的真实情况。他的这种草率使他必须承担两名日本青年的遭遇和惨死的全部责任。在历史面前，对于使美国国旗蒙羞一事，他是应该负有责任的。

文件的其余部分主要是与这个悲惨的事件相关的人员的口头记录。佐尼干是唯一成功地从此次事件中洗脱责任的人。由于他的权力受到华盛顿方面的限制，而且命令明确，他除了执行，别无选择。田贝做了值得赞赏的努力去阻止这一恐怖野蛮事件的发生，但是他没能拯救这两个日本人的生命，也没能对从格雷沙姆接到命令给予一个合理的解释。后者在他的电报中（第17号文件，8月29日）道："总领事不应该接受两个日本人，并且未经授权不应扣留他们。"正如我们已经看到的那样，合理的结果是应该把他们交还给法国当局，而不是接收他们。这应该是在字面上顺从来自华盛顿的命令，但是田贝还是去解释格雷沙姆指示的精神，并且命令佐尼干把他们转交给道台。

格雷沙姆在他毫无说服力的辩解中，试图以日本官员不承认美国在战争期间对在日本境内的中国人的司法权的声明为借口。然而这却表明美国政府先前同意保护交战国中日双方公民的立场是错误的：它的行为在两国中受到被两国交战的行为和原则的阻碍，又要看上去不偏袒其中任何一方。在这个问题上，日本大臣的声明是没有价值的，因为在日本没有类似于上海外国租界中的怪异情形。

附录 F　伊东祐亨和丁将军往来之书信

信件 1：伊东祐亨致丁将军

大日本帝国海军总司令官中将伊东祐亨致书与大清国北洋水师提督丁军门汝昌麾下：

时局之变，仆与阁下从事于疆场，抑何其不幸之甚耶？然今日之事，国事也，非私仇也，则仆与阁下友谊之温，今犹如昨。仆之此书，岂徒为劝降清国提督而作者哉？大凡天下事，当局者迷，旁观者审。今有人焉，于其进退之间，虽有国计身家两全之策，而为目前公私诸务所蔽，惑于所见，则友人安得不以忠言直告，以发其三思乎？仆之渎告阁下者，亦惟出于友谊，一片至诚，冀阁下三思。

清国海陆二军，连战连北之因，苟使虚心平气以察之，不难立睹其致败之由，以阁下之英明，固已知之审矣。至清国而有今日之败者，固非君相一己之罪，盖其墨守常经，不谙通变之所由致也。夫取士必以考试，考试必由文艺，于是乎执政之大臣，当道之达宪，必由文艺以相升擢。文艺乃为显荣之梯阶耳，岂足济夫实效？当今之时，犹如古昔，虽亦非不美，然使清国果能独立孤往，无复能行于今日乎？

前三十载，我日本之国事，遭若何等之辛酸，厥能免于垂危者，度阁下之所深悉也。当此之时，我国实以急去旧治，因时制宜，更张新政，以为国可存立之一大要图。今贵国亦不可不以去旧谋新为当务之急，亟从更张，苟其遵之，则国可相安；不然，岂能免于败亡之数乎？

与我日本相战，其必至于败之局，殆不待龟卜而已定之久矣。既际此国运穷迫之时，臣子之为家邦致诚者，岂可徒向滔滔颓波委以一身，而即足云报国也耶？以上下数千年，纵横几万里，史册疆域，炳然庞然，宇内最旧之国，使其中兴隆治，皇图永安，抑亦何难？

夫大厦之将倾，固非一木所能支。苟见势不可为，时不云利，即以全军船舰权降与敌，而以国家兴废之端观之，诚以些些小节，何足挂怀？仆于是乎指誓天日，敢请阁下暂游日本。切原阁下蓄余力，以待他日贵国中兴之候，宣劳政绩，以报国恩。阁下幸垂听纳焉。

贵国史册所载，雪会稽之耻以成大志之例甚多，固不待言。法前总统末古末哑恒曾降敌国，以待时机；厥后归助本国政府，更革前政，而法国未尝加以丑辱，且仍推以为总统。土耳其之哑司末恒拔香，夫加那利一败，城陷而身为囚虏。一朝归国，即跻大司马之高位，以成改革军制之伟勋，迄未闻有挠其大谋者也。阁下苟来日本，仆能保我天皇陛下大度优容。盖我陛下于其臣民之谋逆者，岂仅赦免其罪而已哉？如榎本海军中将，大鸟枢密顾问等，量其才艺，授职封官，类例殊众。今者，非其本国之臣民，而显有威名赫赫之人，其优待之隆，自必更胜数倍耳。第今日阁下之所宜决者，厥有二端：任夫贵国依然不悟，墨守常经，以跻于至否之极，而同归于尽乎？亦或蓄留余力，以为他日之计乎？

从来贵国军人与敌军往返书翰，大都以壮语豪言，互相酬答，或炫其强或蔽其弱，以为能事。仆之斯书，洵发于友谊之至诚，决非草草，请阁下垂察焉。倘幸容纳鄙衷，则待复书赉临。

于实行方法，再为详陈。

谨布上文

明治二十八年一月二十日

伯爵大山岩顿首

伊东祐亨顿首

信件1：丁将军致伊东祐亨

谘日本海军中将伊东祐亨文

革职留任北洋海军提督军门统领全军丁为谘会事：

　　照得本军门前接佐世保提督来函，只因两国交争未便具复。本军门始意决战至船没人尽而后已。今天因欲保全生灵，愿停战事，将在岛现有之船及刘公岛并炮台军械与贵国，只求勿伤害水陆中西官员兵勇民人等命，并许其出岛归乡，是所切望。如彼此允许可行，则请英国水师提督作证。为此具文谘会贵军门，请烦查照，即日见复施行。须至谘者。

右谘

伊东海军提督军门。光绪二十一年正月十八日印。

信件2：伊东祐亨复丁将军

大日本国海军总司令官中将伊东为谘复事：

　　顷接贵军门谘开，因欲保全生灵，愿停战事，等因，准此，本中将自应遵照办理。为此谘复贵军门，请于明日将兵船军械炮台之属悉数交下，本中将当遣一船渡送贵部下将弁兵勇旋返贵国。至贵军门如欲前赴本国，并无不可；他日和局既定，贵军门仍思効力于贵国,亦必惟命是听。贵军门素著盛名,本中将早深钦仰。所有谘商各节,一一深信不疑,断无俟英国水师提督作证。为此谘复贵军门,请为迅赐查照施行。须至谘复者。

右谘 复

大清国北洋海军提督军门丁。明治二十八年二月十二日印。

信件2:丁将军复伊东中将

伊东军门大人阁下:

顷接复函,深为生灵感激,承赐礼物,际兹两国有事,不敢私受,谨以璧还,并道谢忱。来函约于明日交军械炮台船舰,为时过促,因兵勇卸缴军装,收拾行李,稍需时候,恐有不及,请展限定于华历正月二十二日起,由阁下进口,分日交收刘公岛炮台军械并现在所余船舰,决不食言。

专此具复,肃请台安,诸希垂察,不宣。

丁汝昌顿

正月十八日

外缴呈惠礼三件

信件3:伊东祐亨致北洋水师总督书

华历正月十八日(2月12日),接到丁提督派遣之送信人口中获悉丁提督已自杀,甚感悲痛。有关移交船只、炮台、武器之事,丁提督最后请求将日期延至华历正月二十二日(2月16日),将按以下条件应允,即,派全权负责中国官员于今日下午6时(2月13日)至我旗舰,以便达成一致,包括转交船只、炮台和军械，释放在威海卫的中国人和外国人。在我最后写给丁提督的信中，我希望于次日面，商议移交时间和其他细节。我现在希望能与授权的中国官员就这些条件进行协商。但是我明确声明，来我军舰的就此进行商议的必须是中国官员而不是外国人。如果是位中国官员，将会受到热烈的欢迎。

（署名）伊东祐亨

（日期）2月13日

附录G　威海卫投降协定

387　　一、中西水陆文武各官，须开明职衔姓氏，西人须开明国名姓名；其文案书识及兵勇人等，但须开一总数，以便分别遣还中国。

二、中西水陆文武官员，须各立誓，现时不再预闻战事。

三、刘公岛一切器械应聚集一处，别开清折，注明何物在何处。岛中兵士，由驻岛日兵护送登岸；威海各东兵，自二月十四日（西历）五点钟起，至十五日午正止，陆续遣归。

四、请牛道台代承交付兵舰、炮台之任，惟须于十五日正午以前，将舰中军器、台上炮位开一清账，交入日舰，不可遗漏一件。

五、中国中西水陆各官弁，许于十五日正午以后，乘康济轮船，照第十款所载，开返华界。

六、中西各官之私物，凡可以移动者，悉许随带以去；惟军器则不论公私，必须交出，或日官欲加以搜查，亦无不可。

七、向居刘公岛华人，须劝令安分营生，不必畏惧逃窜。

八、日官之应登刘公岛收取各物者，自十六日九点钟为始，
388　若伊东提督欲求其速，可先令兵船入湾内等待。现时中西各官仍可安居本船，俟至十六日九点钟为止，一律迁出；其在船之水师水手人等，愿由威海遵陆而归，可听其便；其送出之期，则与各兵一律从十五日正午为始。

九、凡有老稚妇女之流，欲离刘公岛者，可自乘中国海船，

从十五日正午以后，任便迁去；但日本水师官弁可在门口内稽查。

十、丁军门等各官灵柩，可从十六日正午为始，或迟至廿三日下午以前，任便登康济兵船离岛而去。伊东提督又许康济不在收降之列，即由牛道台代用，以供北洋海军及威海陆路各官乘坐回华。此缘深敬丁军门尽忠报国起见。惟此船未离刘公岛之前，日本水师官可来拆卸改换，以别于炮船之式。

十一、此约既定，战事即属已毕；惟陆路若欲再战，日舰必仍开炮，此约即作废纸。

光绪二十一年二月二十日即阳历一千八百九十五年二月十四日中国候补道牛、日本水师提督伊东在松岛舰画押。此约即以此西文为正。

附录 H 牛道台（昶昞）与伊东往来之书信

牛昶昞与伊东往来之书信一

阁下：

对于您按照您给丁军门回信中所说的允许我们士兵离开刘公岛一事，请允许我向您表达真挚的感谢。我对您在后来两次与我方进行的友好协商表示感谢。我从程璧光处听说阁下指示归还康济号，可以载丁军门灵柩和我们的官兵离开海岛。请接受我深深谢意。

（署名）牛昶昞

（日期）正月二十二日（华历）（2 月 16 日）

牛昶昞与伊东往来之书信二

阁下：

此舰属广东舰队，因不与战斗，去岁季春，李中堂校阅海军，即与广甲、广乙诸舰共来北洋。及事已毕，将直回粤，嗣有两国事，因暂留居北洋。广甲、广乙今已沉坏，粤东三舰只残广丙一舰而已。广东军舰不关今日之事，若沉坏其全舰，何面目见广东总督？愿贵官垂大恩，收其兵器铳炮，以虚舰交返，则感贵德无量，但应向其指挥官表示歉意，不致使程璧光蒙羞。相信阁下重视这个情况，我等待您的回复。

（署名）牛昶昞

附录 I 广岛和平会议

以下为1895年2月6日外务部副部长在帝国议会前提交文件的官方译文。

译文一

大日本帝国皇帝陛下之外务大臣从二位勋一等子爵陆奥宗光，兹将以下之事通知给大清帝国皇帝陛下之钦差全权大臣：

大日本帝国皇帝陛下任命内阁总理大臣从二位勋一等伯爵伊藤博文及本大臣为全权办理大臣，委以与大清帝国皇帝所任命之钦差大臣缔结讲和预定条约之全权。

明治二十八年一月三十一日于广岛
外务大臣子爵陆奥宗光（官印）

译文二

大日本帝国全权办理大臣将于二月一日上午十一时，于广岛县厅与大清帝国钦差全权大臣会晤，而届时将互相交换其所携带之全权委任状。

明治二十八年一月三十一日于广岛
大日本帝国全权办理大臣伯爵伊藤博文
大日本帝国全权办理大臣子爵陆奥宗光
光绪二十一年正月初六

大日本帝国钦命全权办理大臣伯爵伊藤
大日本帝国钦命全权办理大臣子爵陆奥

窃照本大臣奉命恭赍国书出使贵国，于光绪二十一年正月初六日行抵广岛。接准贵大臣来文，敬悉贵大臣奉贵国大皇帝谕旨，特授全权办理大臣与本大臣媾和预定条约缔结等因，弥纫贵国不忘旧好之意。正拟请期相会，旋准来函知照，贵历二月一日午前十一点钟在广岛县厅会晤。本大臣自当届期前往，相应照复，即祈贵大臣查照可也。须至照复者。

大清钦命出使全权大臣尚书衔总理
各国事务大臣户部左侍郎张荫桓
头品顶戴署湖南巡抚邵友濂

译文三

永葆天佑践旨一系帝祚之大日本皇帝睦仁向见此书之有众宣示：

朕为恢复帝国与大清国之和好，以维持东亚全局之和平。兹因所信任之内阁总理大臣从二位勋一等伯爵伊藤博文、外务大臣从二位勋一等子爵陆奥宗光之才能敏捷，简命为全权办理大臣。委以分别或共同与大清国全权委员会同协商，便宜行事，缔结讲和预定条约、署名盖印之全权。然其所议定之各条款，朕亲自加以审阅，认为妥善后批准之。

神武天皇即位纪元二千五百五十五年、明治二十八年一月
三十一日于广岛行宫亲自署名钤玺
（御名国玺）
内阁总理大臣伯爵伊藤博文副署

译文四 备忘录

大日本帝国全权办理大臣现在向大清帝国钦差全权大臣所知照之全权委任状,系包含有关讲和结约事件,由大日本皇帝陛下授与该全权办理大臣之一切权限。关于此事,为尽可能避免他日之误解,并且依据互相之主要意旨,大日本全权办理大臣对大清帝国钦差全权大臣所知照之全权委任状尚未经查验。果真由大清国皇帝陛下授与该钦差全权大臣关于讲和结约事件之一切权限否?望以公文予以确实答复。

明治二十八年二月一日于广岛

译文五

(英文译文附中文原件)

光绪二十一年正月初七日,准贵大臣面交所奉贵国大皇帝敕书一道并节略一件,本大臣均已敬悉。复蒙询及本大臣所奉职任,请以公文赐复等因。本大臣出使贵国所奉敕书,经贵大臣即日互换在案。本大臣系蒙本国大皇帝畀以讲和缔结会商条款、署名画押之全权。至所议各条款,以期迅速办理,自应电奏本国请旨,订期画押。再将所议约本赍回中国,恭候大皇帝亲加披阅,果为妥善,批准施行。相应备文声明,即祈贵大臣查照可也。须至照会者。

光绪二十一年正月初八日

译文六

（由日本政府翻译）

皇帝特命户部侍郎张荫桓、湖南巡抚邵友濂为出使日本议和大臣，即著前赴日本，与日本所派议和全权大臣妥商一切事件，电达总理衙门转奏裁决。所有随往人员，均归节制。此去务宜保全国体，辑睦邦交，竭力尽心，速成和局，无负朕之委任。钦此。

玉玺日期

译文七

（1895年2月2日在会议上由伊藤博文伯爵向张荫桓和邵友濂阁下发表的谈话）

本大臣与陆奥大臣现在所欲采取之处置，在道义上实出于不得已之举，本大臣等固不能负其责任。从来中国与世界各国几乎完全背道而驰，有时或因加入国际团体得享受其利益，但随之而在外交上应负之责任，则往往不自顾及。中国常以孤立不羁猜疑刻薄为政，故于敦睦邻邦之道公明信实二者，盖阙如也。

中国钦差使臣对于外交上与人定约，有时在公开表示同意后，却翻然拒绝签字；或对业己严肃缔结之条约，不声明任何明确理由，即随便加以废除等实例，不遑枚举。

征诸上例，可见当时中国意中并无诚实修睦之心。至其担当谈判重任之钦差使臣，亦不委以必要之权限，历观往事，莫不比比皆然。

故今日之事，我政府鉴于以往事实，对于未合全权定义之中国钦差使臣，决不与之举行一切谈判；故当媾和谈判之前，曾以中国所派使臣必须具有缔结和约之一切全权一款作为先决条件，同时在中国政府保证恪遵此项条件派遣其全权使臣前来我国后，我国天皇陛下即委任本大臣等与中国全权使臣缔结和约并予以签字之全权。

中国政府虽作出此项保证，然两贵使之委任权甚不完备，足见中国政府尚无真正求和之诚意。

昨日在此席上交换之委任状，一见即知双方大相悬殊，虽无须置论，但在此加以指摘当非徒劳。即一方符合文明国家惯用之全权定义，而另一方则缺乏全权委任所必备之条件。加之，两贵使所携带之委任状，既未载明应谈判之事项，亦未予以任何定约画押之权，且对贵使等之行为，中国皇帝陛下关于事后批准亦无一言提及。由此可见，贵使等被委任之职权，仅在听取本大臣等陈述而报告贵国政府而已。事既如此，此后本大臣等决不能再行继续谈判。

或云此次之事，并非违背中国从来之惯例，但本大臣断不能以此解说为是。本大臣对中国国内之惯例，固无置喙之权，然与我国外交上有关事件，即应照万国公法，不能照中国惯例。此不仅为本大臣之权利，亦为本大臣之义务。

况化干戈为玉帛乃至重至大之事，今欲重登和睦之道，为达此目的，不仅有缔结和约之必要，且于互相订立之条约，亦必具有实践之诚意。

关于媾和一事，我帝国固无向中国请求之理，然我帝国因尊重其所代表之文明精神，中国果能采取正当途径进行时，则我帝国亦有接受重修旧好之义务。然对于徒托空谈，或止于一纸空文之媾和，即今后亦必坚决拒绝。我帝国一旦缔结条约，必期实践，断不食言。同时，对于中国亦不能不期其照样履行，永不失信。

故中国如真诚求和，对其使臣授与确实全权，并遴选负有重望官爵并足以保证实行缔结条约之人员当此大任，我帝国当不拒绝再开谈判。

译文八 备忘录

大日本帝国政府曾经由驻东京及驻北京之美利坚合众国公使，屡屡发出声明，内称：为了讲和，必须简命具有可缔结和约全权资格之委员。

然而于本月一日，由大清帝国钦差全权大臣向大日本帝国全权办理大臣所知照之命令状，对其所以发此状之目的，不能不认为极不妥当。因该命令状中，几乎完全不具备普通人所共知的作为全权委任状所不可或缺之要素。

而大日本帝国政府之意见，现今与以前经美利坚合众国特命全权公使所声明之点，尚无不同之处。因而携带有由大日本国皇帝陛下所授予、具有适当而又完全全权委任状之大日本帝国全权办理大臣，不能允诺与仅仅带有只对事件进行会商、呈报给总理衙门请旨遵行之命令状之大清帝国钦差全权大臣举行会议。

是以大日本帝国全权办理大臣宣告，此次会议不得不就此停止。

明治二十八年二月二日于广岛

译文九

（系谈判中止后由中国使团致日本全权代表电）

大日本帝国全权办理大臣阁下：

本日与贵大臣会晤之际，听到伊藤伯爵阁下之演讲。并将该演讲之抄件及有关停止谈判之理由节略书，交给我等。两阁下告诉本大臣等应做好迅速自贵国出发准备，便与本大臣等告别。

本大臣于出发前将此函留给贵大臣，系因本大臣感到此乃对我国政府及本大臣自身应尽之义务。昨日会晤之际，呈递给贵大臣之委任状，如本大臣所详加解释，已授与本大臣以对条约进行谈判之全权。本大臣曾下决心，如此次谈判达到满意结果时，准备与贵大臣一起，共同签署讲和条约。此事已为最初会晤时，由本大臣交给贵大臣之我国皇帝陛下致大日本皇帝国书中，最为严明地予以证实。上述国书，本大臣虽恳求给以特例，将此捧献给贵国皇帝，而贵大臣竟拒绝我之所请。兹捡同该国书之译文一件，随函一并送上。

贵大臣认为因本大臣之委任状中有电呈会谈结果，请求皇帝批准之谕旨，本大臣签署条约之全权便受到限制。此点本大臣不能同意。此项谕旨之目的，如以往所陈述，在于保证条约一经签字盖印，便迅速批准实行。

本大臣关于上述委任状之解释，原来即为本国政府所同意一事，征诸以下事实即可明了。即驻北京之美国公使按照贵国政府之请求，业己收到总理衙门之保证，内称：本大臣确被赋与以对讲和条约谈判与签名盖印之全权。另外，关于本日会晤之际，贵大臣认为上述委任状存在方式上之缺点；本大臣曾提议，须以电报使之补充修改。

呈给贵大臣之委任状,其形式与大清皇帝陛下为对条约进行谈判,向他国派遣全权大臣时,按惯例所授与之委任状完全相同。据本大臣之所知,如此之委任状被拒绝之事,此次尚属第一次。

在关于对清国政府之演讲中,虽含有不友好之言论,但本大臣等系为讲和而出使之使臣,此际议论此事,实觉与身份不适合。本大臣等只拟进一言:我君主之意在于目前两国交困之战争,迅速达到完满之结局。而本大臣等为此所作专心致志之努力,最终归于无效,实觉遗憾。

当结束本函时,本大臣对于身为讲和使节之全权大臣被剥夺按惯例应享有之特权一事,不能不表示惊讶。伊藤伯爵阁下曾告本大臣不可以密码电服与本国政府进行函件往来,又有日本外务省之一官吏曾通知本大臣有密码电报发来,但本大臣如不交出为译此电之本国政府电信密码,则不能转交之。

于本大臣自北京出发以前,驻北京美国公使曾向本大臣肯定说:本大臣根据国际之惯例,得以密码电报与本国政府自由通信。

最后,本大臣对于日本政府为在本市迎接本大臣,屡次增添麻烦,且对停留中蒙款待表示感谢。并向贵大臣表示敬意。

此致

(署名)张荫桓
邵友濂

敬启者:因张荫桓、邵友濂两位阁下之使命,于谈判中途停止而同时告终,伊藤伯爵与陆奥子爵两阁下只有谢绝与张荫

桓及邵友濂两阁下之来往。本官兹奉内阁总理大臣、外务大臣　402
两阁下之命，将另纸附件退还给张荫桓、邵友濂两阁下。兹特
送上。

　此致

外务大臣秘书官中田敬义

（署名）中田敬义

附录 J　停战条款

大日本帝国大皇帝因见有不幸之事，将现在议和之举暂时延缓，今命全权办理大臣应允暂行停战，特派大日本帝国大皇帝全权办理大臣内阁总理大臣从二位勋一等伯爵伊藤博文，外务大臣从二位勋一等子爵陆奥宗光，与大清帝国大皇帝钦差头等全权大臣太子太傅文华殿大学士北洋通商大臣直隶总督一等肃毅伯爵李鸿章，议定停战条款如左：

第一款　大清帝国、大日本帝国政府，现允中日两国所有在奉天、直隶、山东地方水陆各军，均确照以下所定停战条款一律办理。

第二款　两国军队应遵该约暂行停战者，各自须驻守现在屯扎地方，停战期内不得互为前进。

第三款　中日两国现约，在停战期内，所有两国前敌兵队，无论或攻或守，各不加增前进，并不添派援兵及加一切战斗之力，惟两国如有分派布置新兵，非遣往前敌助战者，不在此款之内。

第四款　海上转运兵勇军需，所有战时禁物，仍按战时公例，随时由敌船查捕。

第五款　两国政府于此约签订之后，限二十一日期内，确照此项停战条约办理，惟两国军队驻扎处所有电线不通之处，各自设法从速知照，两国前敌各将领于得信后，亦可彼此互相知照，立即停战。

第六款　此项停战条款，约明于光绪二十一年三月二十六日,即明治二十八年四月二十日,中午十二点钟届满,彼此无须知会。如期内和议决裂,此项停战之约亦即中止。

(日期)下关;明治二十八年三月三十日

光绪二十一年三月初五日

(署名)以下为伊藤博文

陆奥宗光

李鸿章

附录K 和平条约之文件
（摘自北京和天津时报）

和平条约日本首次之草稿

下关，1895年4月1日

大清帝国大皇帝陛下及大日本帝国大皇帝陛下为订定和约，俾两国及其臣民重修平和，共享幸福，且杜绝将来纷纭之端。

（此处为全权大臣的姓名及头衔）

为全权大臣。彼此较阅所奉旨，认明均属妥善无阙，会同议定各条款，开列于左：

第一款 中国认明朝鲜国确为完全无缺之独立自主，故凡有亏损独立自主体制，即如该国向清国所修贡献典礼等，嗣后全行废绝。

第二款 中国将管理下开地方之权，并将该地方所有堡垒、军器工厂及一切属公物件，永远让与日本：

一、下开划界以内，盛京省南部地方：从鸭绿江口起，溯该江流以抵三叉子，从此向北画一直线，抵榆树底下，从此向正西画一直线，以抵辽河，从该线与辽河交会之限起，顺该河流而下，以抵北纬四十一度之线，再从辽河上画线起，顺此纬度以抵东经一百二十二度之线，再从北纬四十一度东经一百二十二度两线交会之限，顺此经度以至辽东湾北岸并辽东湾东岸及黄海北岸属盛京省诸岛屿。

二、台湾全岛及所属各岛屿。

澎湖列岛，即散在于东经一百十九度起至一百二十度、北纬二十三度起至二十四度之间诸岛屿。

第三款　前款所载及粘附本约之地图所划疆界，俟本约批准交换之后，两国应各选派官员二名以上，为公同划定疆界委员，就地踏勘确定划界。若遇本约所订疆界，于地形或治理所关有碍难不便等情，各该委员等当妥为参酌更定，从速办理界务。

以期奉委之后，限一年竣事。

但遇各该委员等有所更定划界，两国政府未经认准以前，应据本约所定划界为正。

第四款　清国约将库平银三万万两交日本作为赔偿军费；该赔款分作五次交完。第一次一万万两，嗣后每次交五千万两；第一次应在本约批准交换后六个月内交清，所余四次应与前次交付之期相同，或于期前交付。又第一次赔款交清后，未经交完之款，应按年加每百抽五之息。

第五款　本约批准交换后，限二年之内，日本准清国让与地方人民愿迁居让与地方之外者，任便变卖所有田地退去界外；但限满之后尚未迁徙者，宜视为日本国臣民。

第六款　日清两国所有约章，因此次失和，自属废绝。清国约俟本约批准交换后，速派全权大臣与日本全权大臣会同订立通商行船章程及陆路通商章程；其两国新订约章，应以清清国与泰西各国现行约章为本。又，本约批准交换之日起，新订约章未经实行之前，所有日本政府官吏、臣民及商业、工艺、行船船只、陆路通商等，与清国最优待之国礼遇护视一律无异。

清国约将下开让与各款从两国全权大臣尽画押盖印日起，六个月后照办。

第一，现清国已开通商口岸之外，应准添设下开各处立为通商口岸，以便日本臣民往来侨寓，从事商业工艺制作等所；添设口岸，均照向开通商海口或向开内地镇市章程一体办理，应得优例及利益等，亦当一律享受：

直隶省顺天府；

湖北省荆州府沙市；

湖南省长沙府湘潭县；

四川省重庆府；

广西省梧州府；

江苏省苏州市；

浙江省杭州府。

日本政府得派领事官于前开各口驻扎。

第二，日本轮船得驶往下开各口，附搭行客，装运货物：

从湖北宜昌溯江以至四川重庆府；

从长江驶进洞庭湖溯入湘江以至湘潭县；

从广东省溯西江以至梧州府；

从上海驶进吴淞江及运河以至苏州府、杭州府。

日清两国未经商定行船章程以前，上开各口行船，务依外国船只驶入清国内地水路现行章程照行。

第三，日本臣民运进清国各口一切货物，随办理运货之人，若货主之便于进口之时，若运进之后，按照货物原价输纳，每百抽二抵代税；所到地方，勿论政府官员、公举委员、私民、公司及有何项设立之名目，为何项利益，所有课征抽税钞课杂派一切诸费，勿论其根由、名止若何，均当豁除。日本臣民在清国所购之经工货件，若自生之物，一经声明，系为出口以至由口岸运出之时，除所需经工货件，若自生之物，运贩清国通商口岸，一经输纳口岸商税钞，除勿庸输纳进出口税外，亦照前开所有抽税钞课杂派一切诸费，均当豁除。但往时所订洋药进口章程，与此款所定毫不相涉。

第四，日本臣民在清国内买经工货件，若自生之物，或将进口商货运往内地之时，欲暂行存栈，除勿庸输纳税钞派征一切诸费外，得暂借栈房存货，清国官员勿得从中干预。

第五，日本臣民在清国输纳税钞及规费，可用库平银核算外，亦得以日本国官铸银圆照公定之价轮纳。

第六，日本臣民得在清国任便从事各项工艺制造，又得将各项机器任便装运进口，止交所订进口税。

日本臣民在清国制造一切货物，其于内地运送税内地税钞课杂派以及在清国内地沾及寄存栈房之益，即照日本国臣民运入清国之货物一体办理；至应享优例豁除，亦莫不相同。

第七，清国约博采专门熟练者之说，务速浚黄浦口、吴淞沙滩，虽在落潮时，亦须足二十幅深，永勿任其阻塞。

第七款　日本军队现驻清国境内者，应于本约批准交换之后三个月内撤回，但须照次款所定办理。

第八款　中国为保明认真实行约内所订条款，听允日本军队暂行占守下开各处：

盛京省奉天府；

山东省威海卫。

日本查收本约所定应赔军费第一、第二两次之后，撤回占奉天府军队，末次赔款交完之后，撤回占威海卫军队；但通商行船约章未经批准交换以前，日本仍不撤回军队。

所有日本军队暂行占守一切需费，应由清国支办。

第九款　本约批准交换后两国应将是时所有俘虏尽数交还，清国约将由日本所还俘虏并不加虐待，或置于罪戾。清国约将认为军事间谍或被嫌逮系之日本臣民即行释放；并约此次交仗之间，所有关涉日本国军队之清国臣民概予宽贷，并饬有司不得擅为逮系。

第十款　本约批准交换之日起，应按兵息战云。

第十一款　本约奉大清帝国大皇帝陛下及大日本帝国大皇陛下批准之后，定于明治二十八年□月□日，在□□互换，一致于两国全权大臣画押盖印于马关副本，明治二十八年。

中国之回复

下关，1895年4月5日（光绪二十一年三月十一日）

大清帝国大皇帝国钦差头等全权大臣，复大日本帝国大皇帝全权办理大臣所拟和约底稿说帖：承示约稿限四日内作复，当经力疾逐细查阅，其最有关系之款，尤为竭力考究，然终恐受伤之后精神尚未复原，本大臣实恐无以上对朝廷倚畀之重，设此说帖内回复之语有不周不备之处，实因伤疾未愈，力不从心，尚祈贵大臣原谅，数日之后必能一一详复也。今将约稿大意合为四大端，以免逐条应对之烦。所谓四端者，即一、朝鲜自主，二、让地，三、兵费，四、通商权利。

一、朝鲜自主

中国已于数月之前声明，欲认保朝鲜为完全无缺之独立自主局外之国，此次立约自应载入，惟日本亦须照认，日本所拟约文自应酌改。

二、让地

查日本所拟讲和条约，序文内有订定和约俾两国及其臣民杜绝将来纷纭之端等语，是第二款内自应照此办理，今查拟请所让之地如果勒令中国照办，不但不能杜绝争端，且必令日后两国争端纷纷而起，两国子子孙孙皆成仇敌，传之无穷矣。我辈既为两国全权大臣，不能不为彼此臣民深谋远虑，自应立一永远和好互相援助之约，以保东方大局。中日系紧邻之国，史册文字艺事商务一一相同，何必结此仇衅，国家所有之地，皆列代相传数千年数百年无价之基业，一旦令其割弃，其臣民势必饮恨含冤，日思报复，况奉天为我朝发祥之地，其南边各处如被日本得去，以为训练水陆各军驻足之地，随时可以直捣京师，凡在中国臣民览此约文，必曰日本取我祖宗之地，以养水陆之兵，为乘隙蹈瑕之计，是欲与我为永远之仇敌也，且彼此边界必多设炮台、多养水陆各军，以资防守，所费不赀，而两国无赖之徒皆以彼此交界为遁逃薮，借端生事，无所不为，添出无数交涉案件。日本与中国开战之时，令其公使布告各国，曰我与中国打仗所争者朝鲜自主而已，非贪中国之土地也，日本如果不负初心，自可与中国将此约稿第二款并以下所指各款酌量更改，成为一永远和好彼此援助之约，屹然为亚洲东方筑一长城，不受欧洲各国之狎侮。日本如不此之图，徒恃其一时兵力，任情需索，则中国臣民势必尝胆卧薪，力筹报复，东方两国同室操戈，不相援助，适来外人之攫夺耳。

三、兵费

此次战事中国并非首先开衅之人，战端已开之后，中国亦并未侵占日本土地，论理似不当责令中国赔偿兵费。惟上年十月间我政府因战争不息，美使愿出调停，有允偿兵费之说，原为息事安民起见，本年正月二十三日（2月17日）又由日本电致美国驻扎北京公使，声明如所定数目公道，本大臣自当应允，载入和约款内。惟据日本声称，此次战事日本之意在于欲令朝鲜自主，然中国于上年十月二十五日（11月22日）业经声明，愿认朝鲜自主，是纵使勒令中国赔偿兵费，亦只应算至中国声明愿认朝鲜自主之日而止，过此不应多索。且所定兵费数目，亦应酌量中国财力能否胜任，如中国财力实在短绌，一时勒令立约画押，后来不能如数赔偿，日本必责中国以负约之罪，兵端必因而复起。现查日本所索兵费数目，必非中国现在财力所能偿，现如将内地赋税加增，百姓必至相率为乱，盖国家屈志求和，百姓已引为深耻，如复横征暴敛，贫民岂能相安？如将洋关之税加增，而现在未届修约之期，各国何能应允？且一时纵可修约，必待各国众谋佥同，方能开办，亦属缓不济急；至商借洋债一节，亦必以新关税款为质，查西历本年三月初一日江海关税务司报称，因借洋债以为战饷，西历一千八百九十五年新关应认还洋债关平银三百九十三万七千四百二十两，九十六年应认还六百二十八万一千六百二十两，九十七年应认还五百一十四万二千二百三十八两，九十八年应认还三百六十四万四千五百一十六两，九十九年应认还三百五十二万七千五百四十六两，二十年之内应由新关认还洋债七千八百零一万七千一百零三两，此系西历本年三月初一日新关应行认还洋债之数，自本年三月以后中国所借洋债尚不在此数之内，中国从前借款甚易，利息亦轻，自中日交兵以后，洋商居奇，中国借债声名大为减色，洋债行息周年竟至七八厘半，其六厘之债为数不多，且须折扣，据殷实银商云，中日和局已定后，中国如拟借洋债，不折不扣周年之息非六厘半至七厘不可，自西历一千八百九十年至九十三年，新关所收正税及子口半税并洋药厘金，拉算每年约得关平银二千二百五十四万八千一百五十两，中间六成应拨归各省督抚，作为本省公用，如将此款挪移，作为赔偿兵费之用，则各省公费必须另筹款项，加赋添税而百姓不愿，如借洋债以偿日本，周年行息六厘半，连本带息限二十年还清，必须关平银六百九十兆，如此巨款，岂中国所能赔偿？且和局已成之后，中国必须办理善后事宜，在在需款，即如遣散兵勇皆成游手，抢劫生事，国家自必设法弹压，且内地百姓不以国家之屈志求和为然，亦必愤而思乱，国家办事必更棘手，不但新添之税难收，且恐原有之税旋失，故必仿用西法训练陆兵，造船简器，重整海军，方可以自保其利权，夫练兵造船二事，非有巨款可指，何从措手？如中国一面须赔兵费，一面须练陆军海军，何能有此财力。至中国拟办内地一切兴利便民之事，更无论矣。故非请日本将拟索兵费之数大加删减不可，且日本所索赔款既名为兵费，似即指此次用兵之费而言，其迄今所费详细数目未睹，官中簿籍虽非外人所能周知，然较之日本所索之数恐不及其小半，日本新报班班可考，似可得其兵费大概之数，如稍有错误，应请贵大臣代为更正。查兵端未开之先，日本大藏省计存现洋三十兆元，中间计用多少作为兵费，外人虽未确知，今姑将全数作为兵费而论；迨兵端既开，日本复借国债洋一百五十兆元，作为兵费，西历本年二月二十日，日本首相伯爵伊藤于广岛和议不成之后，回至东京，在下议政院宣言，曰：照战后现在情形而论，不知和议何时能成，从前所筹兵费恐因日后战事不休，必将告罄，是以不得不请诸公预先筹及等语，据此而言，是第一次国债洋一百五十兆元当时尚未用尽，非至战事不休一时无从告罄，且日本字新报内称，新筹之款现在并无用处，须待至西历本年六七月间方需此款，首相伊藤乘议院未散之先，令其预筹，并非一时急用也等语，西历本年二月二十三日，东京《英字新报》云，第一次国债洋一百五十兆元中，有五十兆元股票尚未销售，其八十兆元股票虽经售出，而银洋究未收齐等语，此外尚有民间报效之款，如大藏省存款所借国债等项，统共合算，日本与中国用兵所费，迄今似必不能过一百五十兆元之数，且日本此次用兵既已得胜，所得中国兵船军械军需折价为数甚巨，自应从拟赔兵费中划出扣除，且限年赔费，复行计息，更属过重不公，亦难照办，本款既巨，复以子母相权，中国财力有限，曷克胜此，尚望贵大臣详细思之。

418　四、通商权利

此款专索通商权利，情节极为繁重，非一时所能遍加考核，以下所陈各节，只照现时所见得及者而言，随后自应酌商增改，惟望贵大臣览此说帖，便知此款中国既有可以照准之处，亦即有必加更改之处，方能照准也。前此通商条约，一经开战，即作罢论，和局既成，自应另立新约，中国之意亦愿以中国与各国现行之条约章程作为底本，惟开端应将两国优待彼此相同一句叙入。第一条、第二条应答之语，现请暂缓作复。第三条拟将子口半税减作值百抽二，并拟将一切税钞豁除等语，查子口半税本系值百抽二五，今将五数除去，是每百两除去五钱，查日本此约拟向中国索赔兵费巨款，非中国现时财力所能胜任，所有中国饷源不但不当令其壅塞，且应为之代筹开源之法，是议减税不如议加税矣。且现在日本方与欧美各国修约，加增税则，岂有令中国将本来甚轻之税再行减轻之理？至洋货一经进口卖与华人之后，尚欲令其免纳一切税钞，此为各国公使久在北京历年要求而不得者，盖所请并无公道故也。最保通商权利者莫如英国，最善谋利者莫如英国之商人。英商屡欲怂恿其公使以免厘为请，迄无成议者，以其短于理也。英国公使额尔金带兵进京，盘踞都城，以战胜攻取自居，气焰甚大，要盟之下何求不得，而不肯以洋货免厘为请，曰洋货既入华人之手，英人何能保其免纳厘金，此理我所未解，是以不愿为之代请，此语见一千八百七十一年英国修定天津条约蓝皮书第四百四十三页。英国通商部，所以监理英国与各国通商之事者也，英国外部令其查核此事，亦云洋货既入华人之手，尚欲令其免纳厘金，英国国家不当为其代请，查通商条约并无此款，内地土货既应遇卡抽厘，洋货何能独免，纵条约显有此语，亦不可遵，何况并无此约，见以上蓝皮书第三百四十七页。威妥玛驻京充当英国公使甚久，人甚能干，中国商务极为熟悉，常谓厘金一税与英国之进款税相仿，外人何可挑剔，国家所入不敷出，自有随时征税之权，旁人何可厚非，今若令各省督抚将厘金除去，用费将从何出，如令中国商人领有洋人之护照便可在中国境内运货，纵横无阻，其理更为不公云云，见以上蓝皮书四百四十四页、四百四十七页。以上数公所陈之说极为秉公合理，想贵大臣见之亦必深以为然,自可将此款更改,只令洋货在洋商之手时方行免厘,此系照最优待之国之约章办理,日本亦应足意。第四款所陈之事无论是否公道,即以办事谨慎而言,亦未见其得计,夫洋商既非地方官所能管辖,而竟深入内地,暂行居住,距通商口岸既远,该国领事鞭长莫及,地方官更觉为难,从前英商亦以此事为请,威妥玛告之曰,此事贪多务得,我万不能准,洋商既不归地方官管辖,即不应请办此事,如洋商聚集内地太多,势将购地作为租界,岂非又添枝节云云,见以上蓝皮书第四百三十五页、四百四十九页。第六条所指之利益系指机器进口改造土货而言,驻扎北京各国公使久经议过,未邀准行,洋商在中国改造土货,久有例禁,各国以此系中国自主之权,亦即听从中国,如准洋商在华改造土货,势必尽夺小民生计,于华商所设制造厂所极有妨碍,国家自不能不出力保护,此事关系中国经久章程,各国公共之事,不能因一时战争遽行更改也。至日本国臣民在华改造土货,运入内地,免完税课一节,于向例既有歧异,即属窒碍难行,如果中国以此等利益准予日本,各国皆援一体均沾之例,则华商之制造厂所立即挤倒矣。第八款末云但通商行船约章未经批准交换以前,日本国仍不撤回军队等语,此款既不公道,又属过虑,第六款内本有新订约章未经实行之前,所有日本政府官吏臣民及商业工艺行船船只等,与清国最为优待之国礼遇护视一律无异等语,既有此款作保,即不必以不撤军队为词。

以上各节,系本大臣将贵大臣交来和约底稿细加察阅之意见,所限时日无多,伤病又未平复,本大臣今已力疾作复,如此直言无隐,似亦不能再求详密,至关系稍轻之款,并未逐细作复者，诚以四大端彼此意见如果相同，其小节细目自可随时相商。本大臣尚有一言，效其忠告，惟贵大臣恕而听之。本大臣回溯服官中外近五十年，现在自顾晚景无多，致君泽民之事恐终于此次之和局，所以极盼约章一切妥善，毫无流弊，两国政府从此永固邦交，民生从此互相亲睦，以副本大臣无穷之愿望。今和局将次议成，两国民生、后来数世之造化命运皆在两国全权大臣掌握之中，故宜遵循天理，以近今各国大臣深谋远虑之心为师法，而保两国民人之利益福泽，方能克尽全权大臣之职分。日本现在国势已甚强盛，而人才众多，尤为方兴未艾，今日赔费数目或多或少，今日思得兵力所到之地以增幅员或广或狭，皆属无关紧要，至于中日两国官民日后或永远和好，或永远雠仇，则有关于日本之国计民生者甚大，不可不深思而熟虑之也。本大臣为中国头等全权大臣，自能代中国决计，与日本全权办理大臣订一周密完善、永远和睦之约章，俾将来嫌隙无从而生，衅端无从而起，如此和局订约者不但不遭后人之唾骂，亦且与有光荣，庶东方两大国百姓日后永远和睦，彼此相安，福泽绵长，实基于此，望贵大臣熟思而图利之。

李鸿章
大清帝国大皇帝头等全权大臣

中国被要求明确表达之提案

1895年4月6日下关

明治二十八年四月初一日大日本帝国大皇帝全权办理大臣，

陈明送交和局条款理宜商定会议之法,俾和约底稿可以按条送交,大清帝国大皇帝头等全权大臣或按条允许,或某条不允,为此按条次第办结之法,惟中国全权大臣再三说明,和约底稿必须全册送交,日本全权大臣因顺从其意起见,即遵照办理,将和约底稿全册送交,并与中国全权大臣约明,限四日内,中国全权大臣声明或全数应允,或某某款不能应允,现在查阅中国全权大臣所交之说帖,见其中无非将中国自家为难之事详细陈叙,并嘱日本全权大臣将和局条款再行细想,日本全权大臣殊为失望,所交说帖不但并非和约底稿复答之词,且亦未将中国全权大臣所欲之意说明。总之,中国自家为难之事并不在此次会议时应议之列,用兵以后所索之款并非寻常议事所可比,不得不将此意再行声明,日本全权大臣惟求将此意申说明白,中国全权大臣勿庸再有延缓,即将已交之和约底稿能否全数应允,或某某款不能应允,实在说明,如欲有更动之处,亦请写在款式也。

中国拟改和约底稿

1895年4月9日

下关(光绪二十一年三月十五日)

大清帝国大皇帝陛下及大日本帝国大皇帝陛下为订定和约,俾两国及其臣民重修平和,共享幸福,且杜绝将来纷纭之端。

(此处为全权大臣的名字及称号)

为全权大臣。彼此校阅所奉旨,认明均属妥善无阙,会定各条款,开列于左:

第一款

中日两国公同认明朝鲜为自主并公同保其作为局外之国,约明或干预朝鲜内务于其自主有碍,或令修贡献典礼于其特立有碍者,嗣后概行停止。

第二款

中国允将管理下开地方之权并将该地方上所有城池、公廨、仓廒、营房及一切属公物件让与日本。

奉天省南边四厅、州、县地方

一、安东县

二、宽甸县

三、凤凰厅

四、岫岩州

以上四厅、州、县所有四至均照原有界址为据。

澎湖列岛北至北纬二十四度止,南至北纬二十三度止,东至英天文台东经一百二十度止,西至英天文台东经一百一十九度止,应照英国海图该经纬四线相交所成小方形之内,兹特声明以免相混。

第三款

前款所载及粘附本约之地图所划疆界,俟本约批准交换之后,两国应各选派官员二名以上为公同划定疆界委员,就地踏勘确定划界。若遇本约所订疆界于地形或治理所关有碍难不便等情,各该委员等当妥为参酌更定,各该委员等当从速办理界务,以期奉委之后限一年竣事。但遇各该委员等有所更定划界,两国政府未经认准以前,应据本约所定划界为正。

第四款

中国允将库平银一万万两交与日本作为偿给用兵之费，该款分为五次交完。第一次交二千八百万两，嗣后每次交一千八百万两。第一次约在本约批准交换后起计六个月内交清，其余四次每次交款之期均与上次相隔一年，共计本约批后四年半内一律交清，或于期前交付，均听其便。

第五款

中国让与日本地方之居民，如欲迁往所让境外居住者，听其任便。变卖产业物件退出界外并不因此勒令输纳公捐税钞等项，今订明自此约批准互换后予限两年俾其办理此事，限满之日其尚未迁徙者，日本可视同日本臣民。至中国臣民已由所让之境退出并不侨居其地而产业物件仍在所让境内者，应由日本政府一律优待保护，与日本臣民之产业物件无异。

第六款

两国前此所有约章均以战停废，今中国日本约明，俟此约批准互换之后，各派全权大臣会商订立水陆通商章程，其新订约章即以中国与泰西各国现行约章为本，所有口岸行船钞茇货输税等项悉照中国所待泰西最优之国无异。又本约批准交换之日起，新订水陆通商约章未经批准之前，所有日本政府官吏商务行船边界通商工作船只臣民等，与中国最为优待之国礼遇护视一律无异，其中国政府官吏商务行船边界通商工作船只臣民等与日本最为优待之国礼遇护视亦当一律无异。

第七款

日本除照本约第八款暂行占领军队外，其现驻中国境内者，应于本约批准交换之后一个月内全行撤回。

第八款

中国为保明认真实行约内所订条款，听允日本军队暂行占守山东省威海卫，俟本约所订应帖军费第一、第二两次交到，日本立将军队一半撤回，未交军费交清立即全撤。

第九款

本约批准交换之后，两国应将是时所有俘虏尽数交还，中国约将由日本国所还俘虏并不加虐待或置于罪戾；中国约将认为军事间谍或被嫌逮系之日本国臣民即行释放，并约此次交仗之间所有关涉日本国军队之中国臣民概予宽贷，并饬有司不得擅为逮系。

第十款

本约一经中日两国全权大臣画押之日应即按兵息战。

第十一款

拟添现为预防将来中日两国更有争端战事或因解释此约或遵行此约彼此歧异，又或会议或解释或遵行第六款内所云之通商行船条约、边界通商条约两国政府意见不合，非会议公牍所能办结者，两国约明应公请友邦保荐公正人作为决断，如两国所拟请之公正友邦仍不能合，则由美国总统保荐一人充当公正人，代为决断，两国约明公正人所下断语必当信实遵行。

第十二款

此约俟进呈大清帝国大皇帝陛下、大日本帝国大皇帝陛下御览，以为妥协并御笔批准后，定于某处某年某月某日互换，今欲有凭两国全权大臣画押盖印，以昭信守。

某年某月某日在下之关订，共计四份

日本对于拟改和约之建议和降低要求之回复

1895年4月10日下关

（光绪二十一年三月十六日）

和约序文

日本全权大臣不愿将原拟和约序文更改

第一款　日本全权大臣以为此款应照前次送交中国头等全权大臣之约稿内所开之第一款办理。

第二款　日本全权大臣查核中国头等全权大臣所拟改之第二款，实在不能照办。然尚愿将日本所原拟者更改如左：

中国将管理下开地方之权并将该地方所有堡垒军器工厂及一切属公物件永远让与日本。一，下开划界以内之盛京省南部地方从鸭绿江口起溯该江流以抵安平河口，从此划线而抵凤凰城、海城及营口，以上所指名之地皆在所让境内；辽东湾东岸及黄海北岸在奉天省所属诸岛屿，亦一并在所让境内。二，台湾全岛及其所有附属各岛屿。三，澎湖列岛，即英国格林尼次东经百十九度至百二十度及北纬二十三度至二十四度之间诸岛屿。

第四款　日本全权大臣不能按照中国全权大臣所拟者办理，然愿将原拟之款更改如左：中国约将库平银二万万两交日本国作为赔偿军费，该赔款分作八次交完。第一次五千万两应在本约批准互换后六个月之内交清，第二次五千万两应在本约批准互换后十二个月之内交清，余款平分六次递年交纳。其法列下：第一次平分递年之款于两年内交清，第二次于三年内交清，第三次于四年内交清，第四次于五年内交清，第五次于六年内交清，第六次于七年内交清，其年分均以本约批准互换之后起算，又第一次赔款交清后未经交完之款应按年加每百抽五之息，但不论何时或将该赔款全数或将几分先期交付均听中国之便。

第五款　日本全权大臣不能应允拟改之第五款。

第六款　日本全权大臣不能按照拟改之第六款办理，然允将原拟之款更改如左：

中日两国所有约章因此次失和自属废绝。中国约俟本约批准交换之后速派全权大臣与日本所派全权大臣会同订立通商行船章程及陆路通商章程，其两国新订约章应以中国与泰西各国现行约章为本，又本约批准交换之日起，新订约章未经实行之前，所有日本政府官吏臣民及商业工艺行船船只、陆路通商等与中国最为优待之国礼遇护视一律无异，中国约将下开让与各款从两国全权大臣画押盖印日起六个月后方可照办。

第一，现今中国已开通商口岸之外应准添设下开各处立为通商口岸，以便日本臣民往来侨寓从事商业工艺制作等，所有添设口岸均照向开通商海口或向开内地镇市章程一体办理，应得优例及利益等亦当一律享受。一、湖北省荆州府沙市，二、四川省重庆府，三、江苏省苏州府，四、浙江省杭州府。日本政府得派遣领事官于前开各口驻扎。

第二，日本轮船得驶入下开各口附搭行客装运货物：

一、从湖北省宜昌溯长江以至四川重庆府；

二、从上海驶进吴淞江及运河以至苏州府、杭州府。

中日两国未经商定行船章程以前，上开各口行船务依外国船只驶入中国内地水路现行章程照行。

第三，日本臣民在中国内地购买经工货件若自生之物或将进口商货运往内地之时欲暂行存栈，除勿庸输纳税钞派征一切诸费外，得暂借栈房存货，中国官员勿得从中干预。

第四，日本臣民在中国输纳税钞及规费可用库平银核算外，亦得以日本官铸银元照标明之价输纳。

第五，日本臣民得在中国任便从事各项工艺制造，又得将各项机器任便装运进口，止交所订进口税。日本臣民在中国制造一切货物，其于内地运送税内地税钞课杂派以及在中国内地沾及寄存栈房之益，即照日本臣民运入中国之货物一体办理，至应享优例豁除亦莫不相同。嗣后如有因以上加让之事应增章程规条即载入本款所称之行船通商条约内。

第七款　日本全权大臣不能应允拟改之第七款。

第八款　日本全权大臣不能应允拟改之第八款，然允将原拟之款更改如左：

中国为保明认真实行约内所订条款，听允日本军队暂行占守山东省威海卫，俟本约所定应赔军费第一、第二两次交清并通商行船约章批准互换之后，中国如将海关进款应允妥商作为尚未交清应赔军费本利之押质，日本即行撤回军队。如无此项押质，其军队应俟军费一律交完方行撤回。但通商行船约章未经批准互换以前，日本仍不撤回军队。所有日本军队暂行占守一切需费应由中国支办。

第十款　日本全权大臣查此款应仍照原拟。

第十一款（新增）　日本全权大臣不能应允此新增之款。

日本之最后通牒

1895年4月11日

下关(光绪二十一年三月十七日)

大清帝国钦差头等全权大臣伯爵李阁下:

昨日递交改正和约条款时面陈之语,理宜再用函牍申明。查所有昨交和约条款实为尽头一著,中国或允或否,务须于四日内告明,其四日限期系从昨日算起。本大臣前接贵大臣说帖中论日本原拟和约条款为难情形,日本全权大臣因而细加斟酌,将原索之款直减至无可再减,实为体谅贵大臣所陈种种为难情形,如果日本仍索原拟之款,中国必有许多难处也。原拟军费现已减去三分之一,缴付之法亦较前轻而易行,暂行占守地方前拟两处,今已改为一处,嗣后中国如不愿以地方为押质,亦可将海关税款为押质以代之。请免厘税并他项内地税一条,并黄浦口挖深拦江沙一条,均全行删去,以上减轻各款,系因贵大臣以中国库款支出为难情形详细见示,故日本亦即不肯坚持原议也。至让地一节,日本亦极力不肯多索,故较之原拟已减去不少,夫战事持之愈久,则花费愈多,此节本大臣已屡向贵大臣申明,日本现在所能允从之款,若迟之又久即不能允从矣。特此奉布,并颂崇祺。

伊藤博文
大日本帝国全权办理大臣

中国最后抗议和请求

1895 年 4 月 12 日

下关（光绪二十一年三月十八日）

大日本帝国全权办理大臣伯爵伊藤博文阁下：

昨承惠函，所论会议和局进步端倪，兹为中国国家并本大臣起见，理应简明布复，方足以昭公允。查前由贵大臣嘱本大臣将日本所索和款中国实在应允不应允先行函复，日本全权大臣方能与本大臣晤面会商和款一节，应请熟记勿忘，今于第一次晤面会议和款，本大臣应与贵大臣面谈之语尚属含意未伸，而日本已将现在贵大臣所催促之尽头条款见示，按照如此情形，将来并不能说已先本大臣以陈明中国国家意见之机会，而后日本方以尽头条款见示也。查日本将原拟索款稍为裁减，实堪欣悦，惟现索之数仍远过于用兵所费之数，且如此重任，中国力不能胜，而中国所拟将来改变内政利国便民之举，必因之而俱废。至让地一节，贵大臣所称大加删减等语，尤为本大臣所未喻，查日本尽头条款内所拟之划线，除略有裁挪外，奉天南边所有日兵曾据之地均已包括无遗，且格外复索日兵所未到之富庶险要省分，如台湾者，此实各国议和所未闻，交涉成案所未有。至通商优例一节，日本全权大臣将经驳各条酌量删去，本大臣固应承认日本全权大臣所办之得体，惟尽头条款内所索商务之款仍有未见向例、未昭公道之处，如拟以军队占守中国地方胁成商约，彼此意见如有异同，不肯听从公正友邦判断，商约未行之先，日本商民之在中国者索照泰西最为优待之国一体优待，而中国商民之在日本者，并不肯认明一律优待，日本商民在离开通商口岸之内地可租栈房，可运进口，并可采买土产，不由华官干预，日本商民可在中国随便何处设立制造厂，所造之货并不完纳内税，以及请准日本银元照标明之价完纳税费之类是也。以上所陈各节，并非徒资辩论，不过因会议和款只有前日一次，日本已将尽头条款交出，本大臣不得不将当日面陈之语，择其简要用函重述一遍，务望贵大臣详审熟思，于贵大臣面约下次会议时见告，届时本大臣当将朝廷旨意，钦遵作复日本所拟之尽头条款也。

李鸿章
大清帝国钦差头等全权大臣

日本之最后答复

1895年4月13日
下关（光绪二十一年三月十九日）

大清帝国头等全权大臣伯爵李阁下：

昨日惠函业经接到，即系回复本大臣前日之函，查本月十一日即中历三月十七日，本大臣作函命意所在，即系日前面告之语，重述一遍，以冀贵大臣于现时实在情形历历深晓，至于贵大臣前此陈说之语，本大臣业已慎思深虑，故将原索之款加以裁减，是此次日本国家索款实为尽头一著，所宜回复者惟有允否两字耳，此节之意，本大臣愿贵大臣详察之也。循诵来函，既称贵大臣复函之意并非徒资辩论，而于日本国家尽头索款及所会议规模加以评议，并令本大臣于贵大臣所指驳者详审熟思等因，诚恐贵大臣于本大臣命意所在尚有误会，理应再行申明。所有本大臣于本月初十日即中历三月十六日面交条款,实系尽头一著,无可再商,战后索款与寻常商议之事不同,日本全权大臣因关切大局,格外和衷,姑许贵大臣将国家索款加以辩论,今实已让到极处,无可再让,如此苦心,如复不蒙相谅,则以后若有变故,本大臣可有辞以自诿矣。现在欲免后来误会,本大臣尚有一言相告,此次本大臣未允将日本索款重加考究者,并非以贵大臣驳辩之语为然也。顺颂崇祺。

伊藤博文
大日本帝国钦命全权办理大臣

图书在版编目(CIP)数据

甲午战争：一个意大利人的记述/（意）弗拉基米尔著；孔祥文译；孔祥茹校订. —北京：商务印书馆，2018（2018.12重印）
ISBN 978 - 7 - 100 - 12352 - 5

Ⅰ.①甲… Ⅱ.①弗… ②孔… ③孔… Ⅲ.①中日甲午战争－研究 Ⅳ.①K256.307

中国版本图书馆CIP数据核字（2016）第156896号

权利保留，侵权必究。

甲午战争——一个意大利人的记述
〔意〕弗拉基米尔 著
孔祥文 译
孔祥茹 校订

商 务 印 书 馆 出 版
（北京王府井大街36号 邮政编码100710）
商 务 印 书 馆 发 行
三河市尚艺印装有限公司印刷
ISBN 978 - 7 - 100 - 12352 - 5

2018年5月第1版　　开本 880×1230　1/32
2018年12月第2次印刷　印张 10

定价：50.00元